汽车技术创新与研发系列丛书

电动汽车传动系统的结构与控制

Electric Vehicle Transmissions: Structure and Control

[美] 袁一卿 著

机械工业出版社

传动系统是电动汽车电驱动系统的重要组成部分。与传统汽车的传动系统相比，电动汽车传动系统在结构和控制方面都有一些不同的特点。本书系统、全面地介绍了电动汽车传动系统的结构和控制设计开发的有关理论、方法、设计原则、经验数据以及一些实际案例。基于整车对传动系统的要求，本书首先介绍了驱动电机的特性和选用原则，分析了传动系统的各种型式，提出了动力匹配及参数的选择和设计原则，指出了电动汽车变速器的总布置方法，并给出了各种典型电动汽车变速器的总布置实例。本书对电动汽车变速器的主要子系统和部件，包括平行轴齿轮系、行星齿轮系、离合器、同步器、换挡执行机构、驻车机构、润滑系统、箱体以及密封，均分别进行了详细论述。本书还介绍了几种主流电动汽车变速器的控制策略、逻辑及算法，并着重论述了换挡过程动力学，阐述了电动汽车变速器产品的测试和验证所涉及的理论和方法。

本书内容不仅适用于纯电动汽车传动系统，也适用于混合动力传动系统、插电式混合动力传动系统以及分布式驱动电机的传动系统，对传统汽车传动系统的开发也有一定的参考价值。

本书对于从事电动汽车减速器、电动汽车多挡变速器及集成式电驱动系统、混合动力系统、插电式混合动力系统开发的工程技术人员和学术研究人员均有重要的指导意义和参考价值，也可以用作高等院校和科研机构相关专业的本科生和研究生的参考书。

图书在版编目（CIP）数据

电动汽车传动系统的结构与控制/（美）袁一卿著. —北京：机械工业出版社，2020.7
（汽车技术创新与研发系列丛书）
ISBN 978-7-111-66809-1

Ⅰ.①电… Ⅱ.①袁… Ⅲ.①电动汽车-电力传动系统-系统结构 ②电动汽车-电力传动系统-控制系统 Ⅳ.①U469.720.3

中国版本图书馆 CIP 数据核字（2020）第 202498 号

机械工业出版社（北京市百万庄大街22号　邮政编码100037）
策划编辑：赵海青　责任编辑：赵海青　谢　元
责任校对：潘　蕊　责任印制：邸　敏
盛通（廊坊）出版物印刷有限公司印刷
2020年11月第1版第1次印刷
169mm×239mm・16.75印张・2插页・349千字
0001—2000册
标准书号：ISBN 978-7-111-66809-1
定价：139.00元

电话服务　　　　　　　　　网络服务
客服电话：010-88361066　　机　工　官　网：www.cmpbook.com
　　　　　010-88379833　　机　工　官　博：weibo.com/cmp1952
　　　　　010-68326294　　金　　书　　网：www.golden-book.com
封底无防伪标均为盗版　　　机工教育服务网：www.cmpedu.com

谨以此书献给我的父亲、母亲和家人。感谢他们的养育、鼓励和启迪！

作为汽车动力传递的枢纽环节，传动系统是汽车动力系统不可或缺的重要组成部分，对整车动力性、经济性和舒适性均有直接影响。特别是面向增效节能这一永恒话题，现代汽车产品为进一步提升整体输出效率，对于动力系统的每个环节都提出了更高的要求。有鉴于此，传动系统也愈发受到重视，其技术也一直在不断发展和进步。

当前，新一轮科技革命正在驱动全球汽车产业发生前所未有的全面重构。其中，新能源汽车的快速发展，即汽车动力源向电动化的转型，是最重要的演进方向之一。如果说，传动系统对于传统汽车的重要性已经广为人知，那么对于电动汽车而言，传动系统的重大改变和关键作用则有待更深入和更充分的认知。

实际上，电动汽车传动技术是本轮电动化发展中重要的新兴技术领域之一。一方面，传动系统广泛应用于各种驱动形式的电动汽车之中，这是由其传递动力的本质属性所决定的。另一方面，由于动力源与内燃机完全不同，电动汽车的传动系统面临诸多新的技术要求，亟须形成新的设计开发理念，并攻克多项技术难题。例如，电动汽车需要针对电池和电机不同于内燃机的动力输出特性，并结合不同的动力构型，重新设计传动系统，以更合理的结构确保实现高效的动力传递。又如，基于不同的驱动形式，电动汽车传动系统需要在动力分配以及储能等方面实现更大的灵活性。同时，随着电动汽车传动技术向多挡化和高速化方向发展，如何有效应对换挡控制、NVH性能改善以及传动结构部件优化等成为技术发展的新挑战。诸如此类的新技术需求无疑为电动汽车传动技术的创新发展提出了新课题、带来了新挑战并孕育着新价值。

从产业维度来看，电动汽车传动系统的发展将为新能源汽车的快速发展提供有力支撑。基于汽车传动技术的历史积累和电驱动技术全新的特性需求，开发高效的新型传动系统将有效提升电驱动动力系统整体的动力性和经济性，最终让消费者充分感受到电动汽车优良的驾乘体验。同时我们也必须看到，动力总成的技术进步一直是制约我国汽车产业发展的瓶颈之一。而电动汽车对传动技术提出了新的需求，适应动力源电动化的传动系统变革，对全球汽车企业来说都是全新的领域，这无疑为我们在动力传动领域实现技术创新并助力电动汽车实现引领型发展提供了巨大的历史机遇。另外，我们也必须认识到在面向电动化的传动技术升级之时，工程师们必须回归汽车传动的本质去思考诸多工程问题，这既要基于原有经验，更要满足全新需求开发出适合电动汽车的新型传动系统。这是一个复杂的系统工程，它涉及结构、部件、材料与工艺等的全面创新与技术升级。

因此，电动汽车传动技术领域的创新与突破挑战巨大，要求相关工程技术和科研人员必须更新已有知识体系，识别核心技术方向，探讨前沿技术，并最终将科研成果应用于产业实践，以满足产业发展的迫切需求。在此过程中，及时对该领域最新的科研进展与产业实践进行系统梳理和总结是一项非常重要的工作，将为后续该技术的持续发展与进步提供坚实的基础和有益的参照。从这个意义上讲，本书的问世可谓正当其时。

袁一卿博士曾在美国克莱斯勒公司工作多年，长期从事变速器、发动机及动力总成的研发工作，在汽车传动技术领域积累了丰富的经验。2009 年初，袁博士在中国科学院电动汽车研发中心的创建和发展过程中发挥了关键作用。他领导研发了电动汽车专用减速器等多款产品，并主导了电动汽车专用双转子电机无级变速器等一系列发明。2014 年后，袁博士在同济大学汽车学院新能源汽车工程中心担任特聘教授，进一步潜心钻研电动汽车传动技术，完成了高速工况电路径零分流的双模混合动力构型、双电机 EVT 工作模式下"准堵转"控制方式等多项新成果。袁博士兼具海外与国内、传统与新兴、学术研究与产业实践的技术背景和丰硕成果，使本书内容质量有了可靠的保障。

我相信，这本汇聚袁一卿博士在电动汽车传动技术领域多年耕耘的知识和经验的集大成之作，必将成为该领域工程技术和科研人员不可多得的参考书，并在方兴未艾的新能源汽车技术创新发展过程中起到有益的推动作用。

清华大学汽车产业与技术战略研究院院长
世界汽车工程师学会联合会主席
赵福全
2020 年 1 月 29 日

序二

今天，席卷全球的汽车电动化潮流蔚为壮观，正在重塑整个汽车产业！

2008年以前，中国的新能源汽车虽然还只是涓涓细流，却有一位海归毅然投身其中并作出不可磨灭的贡献，他就是袁一卿博士。我和袁博士是20世纪90年代末在底特律一次朋友聚会上认识的，那时我是通用汽车公司大中华地区首席科技官和总工程师，非常关注自动变速器。袁博士曾在底特律生活工作多年，是克莱斯勒公司自动变速器和动力总成研发的骨干，卓有建树。我多次和他讨论汽车自动变速器，也了解到他的确是当时底特律华人中屈指可数的汽车变速箱专家之一。2008年，他当之无愧地担任了底特律中国工程师协会（DCEA）秘书长，在那个汽车工程师多如牛毛的城市，没有实力是坐不到这个位置的。

2009年初，他决然放弃了在美国已经建立的生活和事业，回到中国科学院深圳先进技术研究院担任电动汽车研发中心副主任，领导了数个中国科学院知识创新工程重大项目。他带领团队研发了力帆620纯电动汽车，在2010年上海世博会上作为唯一参会的纯电动乘用车成功示范运行，扩大了电动汽车的全球影响。他还应邀代表中国在上海世博会的中国与瑞士科学对话上发表主旨演讲，并在其后的一系列国际学术会议上介绍国内电动汽车技术的状况和发展趋势，增进了国内外电动汽车技术和产业交流及合作。

作为既有深厚学术素养又有丰富工程经验的知名汽车传动技术专家，袁一卿博士取得了诸多令人耳目一新的研究和产业化成果，有以下5个例子为证：

1）在国际上首创双转子电机电气无级变速器（DRMEVT）及其控制原理，获国际专利，领导团队开展了基于该项专利的中国科学院知识创新工程重大方向性项目，样机在中国高新技术博览会上荣获优秀产品奖。

2）领导团队研发了电动汽车专用机械式自动变速器（AMT）产品，为国内首款带电控驻车挡（P挡）的2挡AMT，在国内同类产品中率先实现纯电动乘用车配套。

3）领导团队开发了电动汽车2速双离合变速器（eDCT）以及基于行星齿轮系的2速动力换挡变速器（PST），使国内电动汽车高端变速器技术跃居国际先进水平。

4）首创双电机电气无级变速（EVT）模式及"准堵转"控制策略，为进一步提高双电机驱动的纯电动汽车和插电式混合动力汽车在纯电工作模式下的整车动力性、经济性并降低系统成本提出了全新的方法。

5）发明了同轴并联与行星齿轮相结合的双模混合动力创新构型（DHS），以模块化结构、高速纯发动机驱动模式下电路径零分流、非 EVT 模式下完全多速比化在国内外独树一帜，为下一代更高效、动力性更好的插电式混合动力汽车（PHEV）变速器奠定了基础。

十多年来，袁博士潜心学术研究和产品开发，本书正是其在电动汽车传动技术领域的开山力作，它对有关学术前沿问题、研究进展以及技术与产品开发的知识、经验都进行了总结和阐述。本书不仅对新能源汽车电驱动系统的学术研究及工程技术人员极具指导意义，而且对从事传统自动变速器工作的专业人员也有一定的参考价值。我相信本书的出版对于国内电动汽车传动技术和产业的发展将起到应有的推动作用，也将为国内新能源汽车核心技术的创新和进步作出贡献。

亚仕龙汽车科技（上海）有限公司创始人兼总经理

刘小稚

前言
PREFACE

  时光荏苒，十年前的汽车电动化这一涓涓细流今日已然变为澎湃大潮，现在回想起来依然对于当年决意跨入这一划时代的潮流感到十分庆幸，因为它无疑终将推动汽车永远驶出化石燃料的滚滚烟尘，而这应该是每个汽车工程技术人员的道德追求，对于像本人这样热能工程专业背景的技术人员更应如此，因为他们最应懂得目前的内燃机技术对这个星球上生命的诸多伤害。

  电动汽车驱动电机的特性和传统内燃机有着很大的区别，这对与之匹配的传动系统结构和控制都有不可忽视的影响。电动汽车变速器挡位少、输入转速高、噪声要求高、可与驱动电机高度一体化集成等特点，使其在设计开发等方面都面临独特的问题。然而，一直以来，这个崭新的领域缺乏针对性强的专业参考书，本人深感有必要为此付出心力。

  我的技术团队开发了电动汽车减速器、2 速机械式自动变速器（AMT）、2 速双离合自动变速器（DCT）、2 速动力换挡自动变速器（PST）、双转子电机电气无级变速器（EVT）以及相关电驱动总成等产品，在该领域积累了较为丰富的实践经验。在同济大学工作期间，结合教学和产品开发，本人得以对电动汽车传动系统的学术和技术问题进行了系统性思考，对相关基础理论和最新成果进行了总结提炼，本人的课题组和技术团队也就这一领域的多个重要问题开展了研究。本书汇集了这些研究工作所取得的部分成果。

  本书系统、全面地介绍了电动汽车传动系统的结构和控制设计开发的有关理论、方法、设计原则、经验数据以及一些实际案例。基于整车对传动系的要求，首先介绍了驱动电机的特性和选用原则，分析了传动系统的各种型式，提出了动力匹配及参数的选择和设计原则，指出了电动汽车变速器的总布置方法，然后给出了各种典型电动汽车变速器的总布置实例。对于电动汽车变速器的主要子系统和部件，包括平行轴齿轮系、行星齿轮系、离合器、同步器、换挡执行机构、驻车机构、润滑系统、箱体以及密封，均分别进行了详细论述。分别介绍了几种主流电动汽车变速器的控制策略、逻辑及算法，并着重论述了换挡过程动力学。还阐述了电动汽车变速器产品的测试和验证所涉及的理论和方法。

  本书内容不仅适用于纯电动汽车传动系统，也适用于混合动力系统、插电式混合动力系统以及分布式驱动电机的传动系统，对传统内燃机汽车传动系统的开发也有一定的参考价值。

本书对于从事电动汽车减速器、电动汽车多挡变速器及集成式电驱动系统、混合动力系统、插电式混合动力系统开发的工程技术人员和学术研究人员均有重要的指导意义和参考价值，也可以用作高等院校和科研机构相关专业的本科生和研究生的参考书。

在本书的写作过程中，得到了技术团队张寅、伍国强、何祥延、吕川威、苏红涛等高级工程师以及同济大学原课题组张凌明、史林杰、侯舒野、王立、魏少辰、周文宇、庞涵泽、张建军等研究生的支持和协助，在此一并表示衷心感谢！

希望本书的出版能够对电动汽车传动系统的发展和相关产品开发起到一定的推动作用，为汽车的电动化贡献本人的绵薄之力。由于水平有限，错误和不足在所难免，还望广大读者批评指正。

国家新能源汽车技术创新中心
袁一卿
2019 年 12 月 16 日

目录 CONTENT

序一
序二
前言

第1章　电动汽车整车对传动系统的要求 …… 1
第2章　电动汽车的驱动电机及其控制器 …… 4
2.1　电动汽车对驱动电机的要求 …… 4
2.2　驱动电机的特性 …… 5
2.3　各种驱动电机的比较 …… 9
2.4　驱动电机的设计和选用原则 …… 9
2.5　驱动电机系统额定电压的选择 …… 10
2.6　驱动电机额定参数的确定 …… 10
2.7　驱动电机峰值参数的确定 …… 11
2.8　驱动电机的设计要求 …… 13
2.9　驱动电机的选择 …… 14
2.10　驱动电机的控制方法 …… 15
参考文献 …… 16

第3章　电动汽车传动系统型式 …… 17
3.1　电动汽车传动系统的布置型式 …… 17
3.2　适合电动汽车特点的传动型式 …… 18
3.3　单速比减速器和多挡位变速器的比较 …… 22
3.4　电气无级变速器（EVT）的结构型式 …… 24
参考文献 …… 27

第4章　动力匹配及参数的选择和设计 …… 30
4.1　传动系统参数设计 …… 30
4.2　电动汽车的动力性 …… 31
4.3　传动比的设计 …… 34

4.4 电动汽车的能量经济性 …… 42
4.5 多挡变速器挡位数的设计 …… 44
4.6 电气无级变速器的动力匹配 …… 46
参考文献 …… 47

第5章 电动汽车变速器的总布置设计 …… 48
5.1 变速器的结构型式 …… 48
5.2 变速器基本特征参数的确定 …… 50
5.3 总布置的设计原则 …… 52
参考文献 …… 53

第6章 电动汽车变速器主要子系统和部件设计 …… 55
6.1 平行轴齿轮系的设计 …… 55
参考文献 …… 78
6.2 行星齿轮系的设计 …… 78
参考文献 …… 89
6.3 多片离合器设计 …… 89
参考文献 …… 97
6.4 同步器的设计 …… 98
参考文献 …… 105
6.5 换挡执行机构的设计 …… 105
参考文献 …… 114
6.6 驻车机构的设计 …… 115
参考文献 …… 119
6.7 液压润滑系统设计 …… 119
参考文献 …… 145
6.8 箱体的设计 …… 146
参考文献 …… 152
6.9 密封的设计 …… 152
参考文献 …… 160

第7章 电动汽车变速器的控制 …… 162
7.1 控制软件概述 …… 162
7.2 系统启动的控制逻辑与算法 …… 163
7.3 驾驶意图和加速踏板策略 …… 164
7.4 挡位决策 …… 166
7.5 起步控制策略 …… 173
7.6 换挡品质控制 …… 179
7.7 在挡控制 …… 206

7.8 信号采集与处理 …………………………………………………………… 207
7.9 校验与诊断 ………………………………………………………………… 209
7.10 故障安全和系统停机 ……………………………………………………… 209
7.11 电气无级变速器的控制 …………………………………………………… 211
参考文献 ………………………………………………………………………… 217

第8章 电动汽车变速器换挡过程动力学 …………………………………… 219
8.1 换挡品质评价标准 ………………………………………………………… 219
8.2 无离合器机械式自动变速器（AMT）换挡过程动力学 ………………… 220
8.3 双离合自动变速器（DCT）换挡过程动力学 …………………………… 226
8.4 动力换挡变速器（PST）换挡过程动力学 ……………………………… 230
参考文献 ………………………………………………………………………… 233

第9章 电动汽车变速器产品的测试和验证 ………………………………… 235
9.1 系统可靠性理论简介 ……………………………………………………… 235
9.2 设计验证试验的项目 ……………………………………………………… 241
9.3 主要验证试验的原理及方法 ……………………………………………… 244
参考文献 ………………………………………………………………………… 252

第 1 章 电动汽车整车对传动系统的要求

电动汽车传动系统通常由单速比或多速比变速器、主减速器、差速器和传动轴组成。

为了使电动汽车整车适应使用时的各种工况和路面条件，其传动系统一般应满足以下 7 项主要功能要求：

（1）驻车　通常需要传动系统提供独立于驻车制动器以外的驻车机构，形成双重保险，防止在机构之一失效时发生驻车失效，保证车辆、车内驾乘人员以及车外其他人员人身、财产安全。

（2）倒车　对于电动汽车而言，倒车通常由传动系统前进挡结合驱动电机反向驱动实现，无需设置专门的倒挡机构。

（3）起步　应有蠕进功能，且最好有坡道自适应起步能力，避免溜坡。

（4）加速、爬坡　由传动系统前进挡结合驱动电机正向驱动实现。

（5）减速　减速时通常需要驱动电机进入制动能量回馈模式进行发电，即工作于第四象限，这就要求传动系统具有双向传递转矩的功能，一些不具备这种功能的传动件（例如单向离合器）构成的传动路径则无法支持制动能量回馈。

（6）过弯　过弯时要求内外侧的车轮以不同的角速度转动，对于集中式驱动的电动汽车而言，该功能通常由机械式差速器实现，因此在主减速器下游一般集成有差速器。

（7）空挡　切断驱动电机至驱动轮的动力传输，最好能切断二者之间的机械连接，提高拖车时的安全性。

另外，电动汽车整车还有动力性、燃油经济性、舒适性、污染物排放、安全性、环境适应性、可靠性、耐久性、适装性、轻量化、维修方便性和成本等方面的要求，因此要求传动系统满足以下各项要求：

1）起步、加速、爬坡、越障、最高车速性能好，因此传动比设计要合理，换挡迅速、快捷，为了提高这些性能，有时会采用多个前进挡速比（一般为 2~4 个速比），也可以采用多电机与单速比减速器、多挡变速器或行星齿轮系相结合进行驱动。

2)尽可能降低能耗,使续驶里程最大化,为此传动系统不仅要尽量使驱动电机在其高效区工作,而且要将其内部的寄生损失降到最低,使机械传动效率最大化。

3)为保证整车运行的舒适性,传动系统应具有优越的NVH性能,在挡、换挡或工作模式切换时均要舒适、安静、平顺,避免出现异响和顿挫,手动操作应省力、方便。

4)对于插电式混合动力汽车,尽可能使发动机工作在低排放区。

5)必须达到必要的安全防护级别,通常应达到尘埃无法侵入传动系统并且在常温常压下暂时浸泡在1m深的水里将不会造成有害影响的标准,即IP67。

6)具有必要的环境适应性,包括在低温、高温、高原、盐雾、涉水和电磁等条件下传动系统正常工作的能力,达到一定的电磁兼容性并具有抗电磁干扰能力。

7)具有高可靠性,常用一定保证度下的可靠度来度量,尽可能防止故障发生,即使在出现故障时也能"跛行"回家或前往4S店。

8)具有高耐久性,常用一定不失效概率下的使用寿命来度量。

9)为了适合整车的安装空间,传动系统要尽可能减小体积和各向尺寸,对于前置前驱的横置传动系统要特别注意限制其轴向长度,对于后置后驱的传动系统要特别注意限制其径向尺寸。

10)作为整车轻量化的一部分,传动系统的设计也要尽可能减轻其重量,为此要从结构、材料等角度对设计进行优化。

11)尽可能在使用寿命到达之前免维护,或者尽可能减少传动系统的维护次数和维护成本,同时整个系统应具有可维修性,且易于维修。

12)应尽可能降低传动系统的成本,为此应注意在设计中贯彻标准化、通用化、模块化和一体化的原则,传动系统的机械结构和控制器常常与驱动电机及其控制器、整车控制器等其他系统高度集成,尽可能采用成熟技术、常见材料、普通工艺和加工设备,合理制订零部件的设计公差和加工精度。

上述电动汽车整车对传动系统的各项要求主要适用于集中式驱动电动汽车,也同样适用于带减速机构的内转子式轮毂电机或轮边电机驱动的分布式驱动电动汽车。

针对电动汽车传动系统的上述要求,电动汽车传动系统基本技术指标见表1-1。

表1-1 电动汽车传动系统基本技术指标

技术指标	技术指标
布置形式(前置前驱、中置后驱或后置后驱)	换挡时间(仅限于变速器)
前进挡位数	安全防护等级
最大输入转矩	噪声级
最大输出转矩(仅限于多动力源传动系统)	润滑油种类及注入量
最高输入转速	寿命(年数或里程数)
机械传动效率	尺寸(长×宽×高)
各前进挡传动比	重量
主减速比	工作温度范围
是否带驻车挡	

电动汽车传动系统有着与驱动电机及其控制器高度集成为三合一电驱动总成的发展趋势，未来甚至可能会将更多电气系统和电控部件集成在一起。对于三合一电驱动总成，电动汽车传动系统的基本技术指标通常会包含在电驱动总成的基本技术指标中。电动汽车电驱动总成基本技术指标见表1-2。

表 1-2　电动汽车电驱动总成基本技术指标

技术指标	技术指标
布置形式（前置前驱、中置后驱或后置后驱）	最大输出转矩（仅限于多动力源系统）
电机类型	是否有驻车挡
电机峰值功率、峰值转矩	换挡时间（仅限于变速器）
电机持续功率、持续转矩	安全防护等级
电机最高转速	噪声级
电机持续功率、持续转矩	润滑油种类及注入量
系统最高效率	寿命（年数或里程数）
前进挡位数	系统尺寸（长×宽×高）
各前进挡传动比	系统重量
工作温度范围	

第 2 章 电动汽车的驱动电机及其控制器

2.1 电动汽车对驱动电机的要求

驱动电机在电动汽车上的应用需要考虑的主要系统指标如下：

(1) 电机的比功率　电机的比功率是指单位电机质量所输出的电机轴功率。

(2) 电机的功率密度　电机的功率密度是指单位电机体积所输出的电机轴额定功率。

(3) 电机的转矩密度　电机的转矩密度是指单位电机体积所输出的电机轴额定转矩。

为了满足电动汽车的功能、性能和续驶里程等方面的要求，驱动电机的性能、参数和特点需要考虑以下 6 点：

(1) 起动转矩　为了满足整车起步、加速的要求，驱动电机的起动转矩应该尽可能大。考虑到在整车上布置的适宜性，电机的转矩密度越大越好。

(2) 效率和高效区的范围　为了使整车的续驶里程最大化，驱动电机的最高效率越高越好，高效区越宽广越好。

(3) 体积和重量　为使电机在整车中易于布置，其体积应尽可能减小，即电机的功率密度应该尽可能大。为提高整车的续驶里程，各子系统都需要轻量化设计，因此电机越轻越好，即电机的比功率应越大越好。

(4) 运行状态　为适应整车前进、倒车和制动能量回馈等各种工况的要求，驱动电机一般应该具有四象限运行的能力。

(5) 调速范围和响应速率　为保证整车的最高运行车速要求，驱动电机应有较大的调速范围。为使换挡迅捷，驱动电机的调速响应越快越好。

(6) 运行安静平稳　为了使整车运行的舒适性，驱动电机运行时的振动、噪声越小越好，输出转矩的脉动要控制得尽可能低。

另外，驱动电机还要有很好的密封性、对恶劣环境的耐受性和维修方便性。

2.2 驱动电机的特性

电动汽车的驱动电机通常包括直流有刷电机、直流无刷（BLDC）电机、异步感应交流电机（IM）、永磁同步交流电机（PMSM）以及开关磁阻电机（SRM）等类型。以下就各种电机的特点和特性逐一进行分析。

2.2.1 直流有刷电机

直流有刷电机的励磁方式分为永磁式和电励磁式。其中，电励磁式又可分为他励、并励、串励和复励等不同方式。各种不同励磁方式下直流有刷电机的机械特性如图 2-2-1 所示。串励直流有刷电机不适合车辆驱动的要求，因为当转速 n 上升时，转矩 T 迅速下降。并励直流有刷电机在供电电压下降时会造成磁场的减弱，导致反电动势下降，使转速升高，但供电电压的降低在一些情况下对转速的影响很小，这使得这种电机难以控制，因此也不适合电动汽车驱动。他励直流有刷电机的磁通和供电电压可以独立控制，在任何转速下转矩 T 都可以相对自由地获得，因此在电动汽车的驱动中曾得到过相当广泛的应用。直流有刷电机的控制一般都采用脉冲宽度调制（PWM）斩波器，方法简单，技术成熟，价格便宜，控制特性优良，可以实现转矩闭环、回馈制动等控制功能。

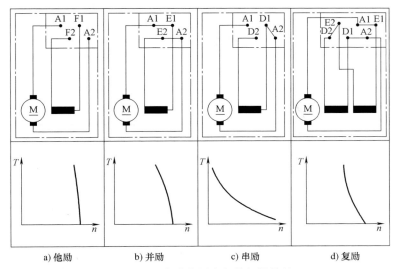

图 2-2-1　直流有刷电机的机械特性

直流有刷电机的主要优点是电磁转矩控制特性优良，调速较为方便，容易控制，控制器简单，成本低。

直流有刷电机的缺点是结构较复杂，体积和重量较大，效率较低，价格贵，电刷、换向器等易磨损，限制了其转速的提高，可靠性较差，需要经常维护和修理。由于上述诸多缺点，目前电动汽车已较少采用直流有刷电机驱动。

在应用于电动汽车驱动时，他励直流有刷电机的机械特性如图 2-2-2 所示[1,2]。按照转速的大小可分为两个区域：一是当转速低于基速时的恒转矩区，这时一般采用电枢电压控制，保持电枢电流和励磁电流不变，随着转速的增加，电枢电压成正比增加；二是当转速大于基速时的恒功率区，通常采用励磁控制，这时随着转速的增加，磁场减弱，而反电动势和电枢电流保持不变，以维持恒定的功率输出。

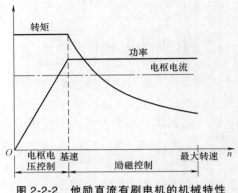

图 2-2-2 他励直流有刷电机的机械特性

2.2.2 直流无刷（BLDC）电机

直流无刷（BLDC）电机实际上是一种交流永磁电机。其定子电动势和电流分别呈梯形和矩形（也叫拟方波）脉冲波形[3-4]，如图 2-2-3a 所示。与之不同的是，交流永磁同步电机（PMSM）的定子电动势和电流分别呈正弦波形，如图 2-2-3b 所示。

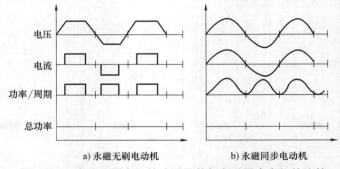

a) 永磁无刷电动机　　b) 永磁同步电动机

图 2-2-3　直流无刷电机的波形及其与永磁同步电机的比较

直流无刷电机的优点是，当采用电流反馈控制时，它的输出功率比相同尺寸的永磁同步交流电机（PMSM）大 15%；当转速相同时，其输出转矩比永磁同步交流电机（PMSM）大 15%。

直流无刷电机的缺点是，若输出波形不好，则转矩脉动较大，低速性能不好，噪声大。另外，由于这种电机的弱磁能力有限，其恒功率范围较小，其最高转速与基速之比通常小于 2，不易满足电动汽车的性能要求，需要多挡位变速器来弥补这一缺陷[2]。通过附加励磁绕组的方法可以扩展恒功率的范围，这种以永磁体和励磁绕组共同进行弱磁控制的直流无刷电机又叫永磁混合式电机[2]。

直流无刷电机（永磁混合式）的机械特性如图 2-2-4 所示。

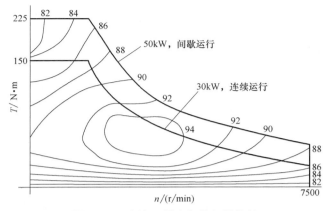

图 2-2-4 直流无刷电机的机械特性

2.2.3 异步感应交流电机（IM）

异步感应交流电机（IM）通常是指三相异步电机，这种电机在技术上是无换向器电机中最成熟的类型。异步感应交流电机分为绕线转子和笼型两种，由于绕线转子异步电机有成本高、需维护、耐久性不好等缺点，因此笼型异步电机在电动汽车上的应用较为广泛。笼型异步电机结构不使用永磁材料，不仅可以避免对永磁材料的依赖，而且不会发生退磁等永磁电机的常见问题。由于高速时无需进行弱磁控制，其高速低转矩运行时效率高。其价格便宜，维修简单方便。另外，其功率等级范围较大，适合应用在各种车型上，尤其适合大型或重型车辆的大功率驱动要求。异步感应交流电机的主要缺点是轻载时功率因数较低，调速性能稍差。

在应用于电动汽车驱动时，一般采用转差频率矢量控制方法对异步感应交流电机进行控制。其机械特性如图 2-2-5 所示。按照转速的大小可以分为三个区域：一是基速以下的恒转矩区，通常以 PWM 波进行控制；二是基速以上的恒功率区，通常以方波进行控制，随着转速的增大，转矩会减小（与转速成反比），维持功率基本不变；三是转速超过标称最大转速后，通常仍以方波进行控制，但转差率（滑差）不能进一步升高，必须使其保持不变，其结果是随着转速的增加，功率会逐步下降，转矩则会迅速减小[7]。

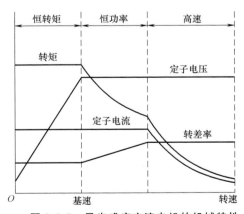

图 2-2-5 异步感应交流电机的机械特性

2.2.4 永磁同步交流电机（PMSM）

永磁同步交流电机又叫永磁磁阻同步交流电机（PMRS），也是一种三相交流电机，根据转子的形式不同可分为凸装式、嵌入式和内埋式三种类型。电动汽车上的驱动电机以内埋式最为常见，这种结构的机械强度高，磁路气隙小，适合弱磁。虽然在结构和原理上，永磁同步交流电机（PMSM）与直流无刷（BLDC）电机很相似，但是其定子电动势和电流都呈正弦波形，如图 2-2-3b 所示。

永磁同步交流电机的主要优点是动态特性好。

永磁同步交流电机的主要缺点是，在振动、过载、温度超限（例如钕铁硼永磁体温度过高或铁氧体永磁体温度过低）等情况下，永磁材料的导磁性能有可能下降，严重时甚至出现不可逆退磁，导致其性能下降，这会影响其过载能力。

其机械特性如图 2-2-6 所示。

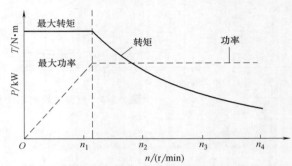

图 2-2-6　永磁同步交流电机的机械特性

2.2.5 开关磁阻电机（SRM）

开关磁阻电机（SRM）是一种技术上有待完善但在电动汽车上很有应用前景的电机。

开关磁阻电机的主要优点是转子上没有永磁体，结构简单、坚固，在高速下不会发生离心力导致的结构失效，可以在很高的转速下运行。另外，其起动电流小，高效率区范围宽，控制简单，定子绕组和逆变器的上下开关串联的控制器拓扑结构可以避免直通短路故障[7]，不会发生高温失磁和低频时的转速波动，允许转子在较高的温度下工作。

开关磁阻电机的主要缺点是转矩脉动和噪声振动较大，主要来自定子极和转子极之间磁场力的变化，可以通过适当的设计措施加以抑制[7]。另外，其控制和引线较为复杂。

对于电动汽车驱动的应用场合，开关磁阻电机的机械特性如图 2-2-7 所示。按照转速的大小可以分为三个区域：一是转速低于第一临界转速的恒转矩区，通常采用电流斩波控制（CCC）方式；二是转速处

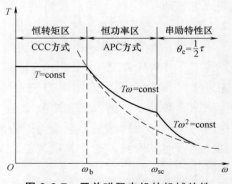

图 2-2-7　开关磁阻电机的机械特性

于第一临界转速和第二临界转速之间的恒功率区,通常采用角度位置控制(APC)方式,随着转速的增加,转矩会减小(与转速成反比);三是转速大于第二临界转速的串励特性区,通常采用串励直流方式进行控制,保持导通角不变,随着转速的增加,转矩迅速减小(与转速的二次方成反比)[7]。

2.3 各种驱动电机的比较

基于 2.2 节中的分析,在此将 5 种常见的驱动电机进行比较,见表 2-3-1[1-6]。

表 2-3-1 5 种常见的驱动电机之比较

性能和特点	直流有刷电机	直流无刷 (BLDC)电机	异步感应交流 电机(IM)	永磁同步交流 电机(PMSM)	开关磁阻电机 (SRM)
功率密度	低	高	中	高	较高
过载能力(%)	200	300	300~500	300	300~500
最高效率(%)	85~89	95~97	94~95	95~97	90
负载效率(%)	80~87	85~97	90~92	85~97	78~86
功率因数(%)	—	90~93	82~85	90~93	60~65
恒功率区	1:3~1:2	1:2.25	1:5	1:2.25	1:3
转速范围/(r/min)	4000~6000	4000~10000	12000~20000	4000~18000	>15000
可靠性	一般	良	良	良	良
结构坚固性	差	一般	良	一般	优
外形尺寸	大	小	中	小	小
电机质量	重	轻	中	轻	轻
控制操作性能	优	良	良	良	良
控制器复杂性	低	一般	高	高	一般
控制器成本	低	一般	高	高	一般
转矩脉动	小	大	小	小	大
噪声和振动	大	中	小	小	中

2.4 驱动电机的设计和选用原则

根据电动汽车整车的技术指标,首先要进行动力匹配计算,确定驱动电机和传动系统的基本参数,通常包括挡位数、传动比以及电机的额定功率、峰值功率、峰值转矩、最高工作转速、极限转速等机械特性指标,同时可以确定相应于一定路谱或标准工况循环的电机工作点。关于动力匹配计算的基本方法可参考第 4 章。

电机的额定功率是指电机能够持续运行的最大功率,通常应至少满足电动汽车在无坡度路面以标称最高车速持续运行的功率要求。

电机的峰值功率是指电机能够短时间运行的最大功率，一般应持续 30s～3min，用于满足电动汽车在大坡度路面上坡的要求。

电机的峰值转矩是指电机能够短时间输出的最大转矩，一般应持续 30s～3min，用于满足电动汽车起步时全加速或越过较大障碍物时的驱动力要求。

最高工作转速是指整车设计中电机正常运行的最高转速，电机在各挡位运行时的换挡转速以及在最高挡位以最高车速运行时的转速均不应超过最高工作转速。

极限转速是指电机可以安全运行的瞬时最高转速，通常应该比电机的最高工作转速高出 5%，在包括系统失效的任何情况下，电机转速都不应超过极限转速。

2.5 驱动电机系统额定电压的选择

驱动电机系统的额定电压应该在满足整车绝缘安全性的前提下尽可能高一些，对于一定的额定功率，这样做的好处是不仅可以减小电流，有利于减小动力电池组的容量及其在驱动时的放电倍率，而且可以采用更细的线束、插接件和开关等电气元器件，从而节省空间和材料成本。但是，这对电机控制器的电力电子元器件的耐压等级、电机元器件的绝缘设计等都提出了更高的要求，也会对系统的成本造成影响。因此，应该综合整车、动力电池的各项参数以及成本等因素综合确定驱动电机的额定电压。

目前国内外电动汽车绝大多数车型的驱动电机都采用永磁同步交流电机，也有极少数采用异步感应交流电机。

电动乘用车驱动电机系统的额定电压已有推荐性国家标准。现行标准规定了从 36V 到 750V 的多个电压等级，其中优选的电压等级为 144V、288V、312V、336V、384V 及 600V。目前电动乘用车驱动电机多采用 336V 或 384V，而电动商用车驱动电机多采用 600V。

2.6 驱动电机额定参数的确定

电机在基速、低转矩范围内的效率和功率因数较高，因此在电动汽车设计中一般原则上使整车的常规车速对应驱动电机的基速，而使最高车速对应电机额定功率下的最高转速[8]，以保证整车在最高车速下能够持续运行，并且使整车在常规车速下的效率最大化。需要注意的是，驱动电机在额定功率下的基速 n_{rb} 与其在峰值功率下的基速 n_{pb} 不一定相等，如图 2-6-1 所示，虽然很多情况下可以认为它们相等，

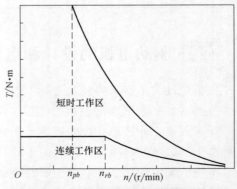

图 2-6-1 驱动电机的转矩特性及基速

即 $n_{pb} = n_{rb}$。

根据这一原则，驱动电机的额定功率必须至少满足整车在无坡度路面上的标称最高持续运行车速（例如30min最高车速）的功率要求，因此

$$P_{rated} \geq \left(m_a g f + \frac{C_d A V_{max}^2}{21.15}\right)\frac{V_{max}}{3600\eta_T} \tag{2-6-1}$$

式中，P_{rated} 是驱动电机额定功率（kW）；m_a 是整车总质量（kg）；f 是滚动摩擦系数；C_d 是整车的空气阻力系数；A 是整车迎风面积（m²）；V_{max} 是最高车速（km/h）；η_T 是传动效率。

另外，驱动电机的额定转速通常对应于整车的常规车速，即

$$n_{rated} = \frac{i_g i_{fd} V_n}{0.377 R_d} \tag{2-6-2}$$

式中，n_{rated} 是电机的额定转速（r/min）；i_g 是减速器或变速器的传动比；i_{fd} 是主减速比；V_n 是常规车速（km/h）；R_d 是车轮动态半径（m）。

根据以上驱动电机的额定功率和额定特性下的基速，可以得到其额定转矩

$$T_{rated} = \frac{9554.3 P_{rated}}{n_{rb}} \tag{2-6-3}$$

式中，P_{rated} 是电机额定功率（kW）；T_{rated} 是电机额定转矩（N·m）；n_{rb} 是额定特性下的基速（r/min）。

2.7 驱动电机峰值参数的确定

驱动电机的峰值功率必须能够保证整车在几个短时间功率需求较大的工况下的动力性：①0~50km/h、50~80km/h 或 0~100km/h 等加速时间；②在高速公路上以高速行驶时快速超车；③以最高短时车速运行（一般为30s~3min）；④在较大坡度路面以较高车速短时间爬坡。另外，驱动电机的峰值转矩还必须能够满足整车最大爬坡度的要求。

2.7.1 满足 0~50km/h、50~80km/h 以及 0~100km/h 等加速时间的峰值参数计算

全加速性能通常以 0~50km/h、50~80km/h 或 0~100km/h 加速时间等标准加以衡量。由于车速 V 与电机转速 n 有如下关系：

$$V = \frac{3\pi R_d n}{25 i_g i_{fd}} \tag{2-7-1}$$

式中，V 是车速（km/h）；R_d 是车轮动态半径（m）；n 是电机的转速（r/min）；i_g 是减速器或变速器的传动比；i_{fd} 是主减速比。

驱动电机的峰值转矩 T_{peak} 一般要求满足整车起步时全加速以及最大爬坡度的驱

动力要求。需要注意的是，驱动电机能够输出的最大转矩 T_{max} 并不总是等于 T_{peak}，在恒功率区它取决于电机的转速 n，即

$$T_{max} = \begin{cases} T_{peak} & n \leq n_{pb} \\ \dfrac{30 P_{peak}}{\pi n} & n > n_{pb} \end{cases} \qquad (2\text{-}7\text{-}2)$$

式中，T_{max} 是电机最大输出转矩（N·m）；T_{peak} 是电机峰值输出转矩（N·m）；n 是电机的转速（r/min）；n_{pb} 是峰值特性所对应的基速（r/min）；P_{peak} 是电机峰值输出功率（W）。驱动电机的最大输出功率

$$P_{max}(V) = \begin{cases} \dfrac{5 i_g i_{fd} T_{peak}}{18 R_d} & V \leq V_{pb} \\ P_{peak} & V > V_{pb} \end{cases} \qquad (2\text{-}7\text{-}3)$$

式中，P_{max} 是电机最大输出功率（W）；V_{pb} 是电机峰值特性基速所对应的车速（km/h）。

结合式（2-7-1）~式（2-7-3），考虑到加速时间测试在坡度为零的道路进行，因此加速时间可由下式求得，

$$t_{50} = \dfrac{1}{3.6} \int_0^{50} \dfrac{\delta m_a}{\dfrac{3600 \eta_T P_{max}(V)}{V} - \left(m_a g f + \dfrac{C_d A V^2}{21.15} \right)} dV \qquad (2\text{-}7\text{-}4)$$

类似地，

$$t_{50\text{-}80} = \dfrac{1}{3.6} \int_{50}^{80} \dfrac{\delta m_a}{\dfrac{3600 \eta_T P_{max}(V)}{V} - \left(m_a g f + \dfrac{C_d A V^2}{21.15} \right)} dV \qquad (2\text{-}7\text{-}5)$$

$$t_{100} = \dfrac{1}{3.6} \int_0^{100} \dfrac{\delta m_a}{\dfrac{3600 \eta_T P_{max}(V)}{V} - \left(m_a g f + \dfrac{C_d A V^2}{21.15} \right)} dV \qquad (2\text{-}7\text{-}6)$$

式中，t_{50} 是从静止加速到 50km/h 的时间（s）；$t_{50\text{-}80}$ 是从 50km/h 到 80km/h 车速所需的时间；t_{100} 是从静止加速到 100km/h 的时间（s）；δ 是整车的旋转质量换算系数；m_a 是整车总质量（kg）；η_T 是传动效率；f 是滚动摩擦系数；C_d 是整车的空气阻力系数；A 是整车迎风面积（m²）。

需要注意的是，对于多挡变速器而言，其传动比会随着车速 V 的改变而改变，例如从一挡传动比 i_{g1} 变为二挡传动比 i_{g2}。利用式（2-7-3）~式（2-7-6）可以求得满足一定加速性能要求的电机峰值输出功率 $P_{1,peak}$（kW）、峰值特性基速 $n_{1,pb}$（r/min）以及峰值输出转矩 $T_{1,peak}$（N·m）。

2.7.2　满足在高速公路上以高速行驶时快速超车的峰值参数计算

考虑在坡度为零的高速公路上以超过最高限速 10% 车速运行时的整车功率需求，

可以求得电机峰值输出功率

$$P_{2,peak} = \left(m_a gf + \frac{C_d A V_{lmt}^2}{21.15}\right) \frac{1.1 V_{lmt}}{3600 \eta_T} \qquad (2\text{-}7\text{-}7)$$

式中，V_{lmt} 是高速公路最高限速（km/h）。

2.7.3 满足以最高短时车速运行（一般为 30s~3min）的峰值参数计算

考虑在坡度为 0 的路面上以最高短时车速运行的整车功率需求，可以求得电机峰值输出功率

$$P_{3,peak} = \left(m_a gf + \frac{C_d A V_{st}^2}{21.15}\right) \frac{V_{st}}{3600 \eta_T} \qquad (2\text{-}7\text{-}8)$$

式中，V_{st} 是整车最高短时车速（km/h）。

2.7.4 满足在较大坡度路面以较高车速短时间爬坡的峰值参数计算

考虑电动汽车运行地区道路特点，确定需要以较高车速短时间通过的路面坡度和车速，则可以求得电机峰值输出功率

$$P_{4,peak} = \left(m_a gf\cos\alpha + m_a g\sin\alpha + \frac{C_d A V_{grade}^2}{21.15}\right) \frac{V_{grade}}{3600 \eta_T} \qquad (2\text{-}7\text{-}9)$$

式中，$P_{4,peak}$ 是电机的峰值功率（kW）；α 是坡道角度（rad）；V_{grade} 是整车在坡道上的爬坡车速（km/h）。

2.7.5 满足整车最大爬坡度要求的驱动电机峰值参数计算

考虑在最大爬坡度路面上坡时气动阻力可忽略，电机峰值输出转矩

$$T_{5,peak} = (m_a gf\cos\alpha + m_a g\sin\alpha) \frac{R_d}{i_g i_{fd} \eta_T} \qquad (2\text{-}7\text{-}10)$$

2.7.6 驱动电机峰值功率和峰值转矩的确定

将 2.7.1~2.7.4 小节中得到的电机峰值输出功率中的最大值定为电机峰值输出功率，即

$$P_{peak} = \max(P_{1,peak}, P_{2,peak}, P_{3,peak}, P_{4,peak}) \qquad (2\text{-}7\text{-}11)$$

将 2.7.1 和 2.7.5 小节中得到的电机峰值输出转矩中的最大值定为电机峰值输出转矩，即

$$T_{peak} = \max(T_{1,peak}, T_{5,peak}) \qquad (2\text{-}7\text{-}12)$$

2.8 驱动电机的设计要求

根据上述驱动电机的性能指标和电机工作点，可以有针对性地设计电机的基速

和高效区。电机的高效区通常是指效率在 85% 以上的区域。需要注意的是，尽管提高电机效率是设计中十分重要的考虑，但是其高效区的大小及其相对于上述电机工作点的重合性实际上也很关键。高效区的大小通常以 85% 以上效率区域占整个运行区域的百分比来衡量，这个比例越大越好，一般应大于 50%。

电机的转矩、转速闭环控制精度和响应速率对于满足整车加速时的转矩需求、缩短换挡时间、保证换挡机构零部件的可靠性和寿命很重要，通常包括以下 5 项典型的技术指标：

1）输出峰值转矩时，在 0~90% 最高工作转速范围内任一工作点的转矩不得小于目标转矩的 95%。
2）输出持续功率时，转矩控制误差不超过 ±5N·m。
3）基速以下时，转速精度在 ±50r/min 以内。
4）基速以上时，转速精度在 1% 以内。
5）额定转速下，目标值为额定转矩时，电机电流阶跃响应时间 ≤10ms。

另外，驱动电机还要满足温度、湿度、防水和防尘等环境适应性要求，一般的技术指标如下：

1）在 -30~85℃ 环境温度下，电机及其控制器应能正常工作。
2）在 0~100% 环境相对湿度下，电机和电机控制器应能正常工作。
3）在表面温度低于露点时，电机及其控制器应能安全工作。
4）电机及其控制器应具备至少 IP67 的防水和防尘能力。

驱动电机必须满足整车噪声要求，并且能够在一定的振动条件下正常工作至设计寿命。驱动电机在全部运行范围内不允许出现啸叫和异响，其噪声辐射一般要求在 70dB 以下。车用驱动电机的设计寿命通常不低于 30 万 km。电机及其控制器应该满足的最低抗振要求可参照国家相关标准，此处从略。

另外，驱动电机还要满足绝缘以及电磁兼容性等电气性能要求，驱动电机的绝缘等级至少应达到 H 级。电磁兼容性的最低标准可参照国家相关标准，此处从略。

电机控制器必须具备能量回馈功能，包括比例再生制动控制能力和再生制动过压保护。

2.9 驱动电机的选择

就驱动电机的选择来说，除了满足上述基本的特性参数外，还要综合考虑电机的调速范围、调速响应速率、可靠性、耐久性以及环境适应性等指标。

对于效率要求高、最高车速较大、驱动功率不是特别大、安装空间有限、成本控制不是特别严苛的应用场合，应该首先考虑永磁同步交流电机。因为这种电机效率高，功率密度大，可以达到很高的转速，虽然成本稍高，但仍然是最具竞争力的技术。

对于效率要求较高、驱动功率特别大、成本控制较为严苛、可靠性要求特别高的应用场合,可以考虑异步感应交流电机。

对于综合性能要求较高、成本控制很严苛、振动噪声要求不是特别高的应用场合,应该考虑开关磁阻电机。

2.10 驱动电机的控制方法

驱动电机的控制一般有转矩闭环、转速闭环以及转矩转速双闭环三种。

转矩闭环是最常见的驱动电机控制方法。根据整车控制器给出的实时转矩需求,电机控制器通过位置传感器、电流传感器等信息,产生门控信号,使电机得到所需的相电流。这种控制方法常用于采用固定速比减速器、无定速巡航功能的电动汽车。

转速闭环是根据整车控制器给出的实时目标转速,与转速传感器采集的实际转速相比较,再经过传统控制器(例如 PI 控制器)或人工智能控制器(例如电流斩波或 PWM 控制器)确定转矩的修正量,用于控制相电流。这种控制方法多见于采用多挡位变速器或具备定速巡航功能的电动汽车。

转矩转速双闭环是根据整车控制器给出的实时转矩需求和目标转速,由电机控制器基于采集的传感器信号给出相电流控制量。该方法一般用于双转子电机电气无级变速器(EVT)[9]或其他双电机驱动系统中,其典型特征是系统具有双自由度,例如在双转子电机电气无级变速器中,可以对内转子进行转矩闭环控制,而对外转子进行转速闭环控制,从而使双自由度系统的转矩和转速都实时控制在最佳工作点上。

由于电机在机械结构和控制上都很容易实现正转和反转,通常电动汽车的传动系统不设计倒车挡位。在这种情况下,为了适应驱动、制动等不同工况的要求,电动汽车的驱动电机一般必须具备在全部四个象限工作的能力,即以正转、正转制动、反转、反转制动等四种状态运行。当转速与转矩方向相同时,电机处于驱动状态;而当转速与转矩方向相反时,电机处于制动状态,即回馈发电状态。具体来说,在横轴为电机转速、纵轴为电磁转矩构成的平面坐标系中,如图 2-10-1 所示,第一象限是正向驱动,此时转矩与转速的方向相同(定义此方向为正),这是通常的电动模式;第二象限是反转制动,电机反向转动,但转矩与转速方向相反,电机处于制动(即回馈发电)状态;第三象限是反向驱动,此时转速与转矩的方向相同,但方向均为负,这是反转驱动模式;第四象限是正向制动,这时电机正向转动,但转矩与转速方向相反,电机处于制动(即回馈发电)状态。

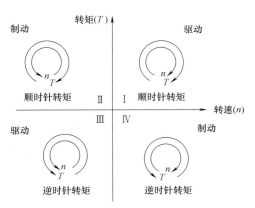

图 2-10-1 驱动电机的工作象限

然而,当电动汽车的传动系统设计有倒车挡位时,驱动电机可以仅限于两象限运行,即在第一和第四象限中正向运行[7]。

参 考 文 献

[1] LARMINIE J, LOWRY J. Electric vehicle technology explained [M]. England:John Wiley & Sons Ltd., 2003.

[2] EHSANI M, GAO Y, EMADI A. 现代电动汽车、混合动力电动汽车和燃料电池汽车-基本原理、理论和设计 [M]. 北京:机械工业出版社, 2010.

[3] 陈全世, 朱家琏, 田光宇. 先进电动汽车技术 [M]. 北京:化学工业出版社, 2007.

[4] 张金柱. 混合动力汽车结构、原理与维修 [M]. 北京:化学工业出版社, 2008.

[5] 陈清泉, 孙逢春, 祝嘉光. 现代电动汽车技术 [M]. 北京:北京理工大学出版社, 2002.

[6] GOTTLIEB I M. Electric motors and control techniques [M]. Pennsylvania:TAB Books, 1994.

[7] 徐国凯, 赵秀春, 苏航. 电动汽车的驱动与控制 [M]. 北京:电子工业出版社, 2010.

[8] 李征, 周荣. 电动汽车驱动电机选配方法 [J]. 汽车技术, 2007 (2).

[9] 陈新文, 袁一卿, 伍国强. 电动汽车用EVT动力系统控制策略及其仿真研究 [C]. 北京:第十七届中国电动车辆学术年会, 2012.

第 3 章

电动汽车传动系统型式

3.1 电动汽车传动系统的布置型式

电动汽车传动系统的布置型式取决于动力源的个数和位置。与传统汽车不同的是，电动汽车的动力源可以超过一个，因此其布置更加灵活，因而型式多种多样。

一般而言，电动汽车的驱动型式可分为集中式和分布式两种。

集中式驱动可以采用一台或两台驱动电机，每台驱动电机都有一台变速器（或减速器）与其配合工作，并通过差速器将动力传递到两侧车轮。图 3-1-1 是单电机或双电机与变速器（或减速器）构成的集中式电驱动系统的典型布置形式。

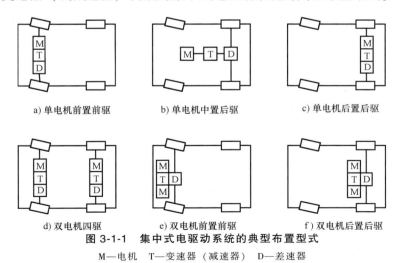

图 3-1-1 集中式电驱动系统的典型布置型式
M—电机　T—变速器（减速器）　D—差速器

分布式驱动可以分为轮毂电机和轮边电机两类。轮毂电机直接安装在车轮中，外转子轮毂电机的电机直接驱动车轮，而内转子轮毂电机一般通过减速器驱动车轮。

轮边电机一般通过减速器和传动轴驱动车轮。无论轮毂电机还是轮边电机，通常采用两台或四台电机与纵轴线呈对称布置。图 3-1-2 是分布式电驱动系统的典型布置形式。

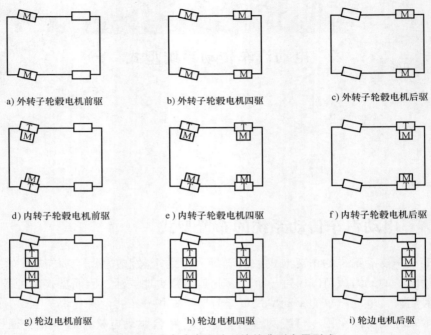

图 3-1-2　分布式电驱动系统的典型布置型式
M—电机　T—变速器（减速器）

除了上述两种典型的驱动型式之外，还有将两种驱动型式结合起来的三电机四驱驱动布置型式。图 3-1-3 是集中式与分布式结合的电驱动系统典型布置型式。

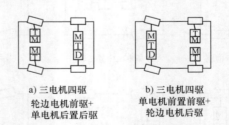

图 3-1-3　集中式与分布式结合的电驱动系统典型布置型式
M—电机　T—变速器（减速器）　D—差速器

3.2　适合电动汽车特点的传动型式

常见的传动型式包括固定速比的减速器以及多挡位的变速器，减速器和变速器各有不同的特点,具体采用何种型式取决于整车的市场定位、动力性能和能量经济性要求、遵循的标准和成本等多种因素。另外,采用两台电机或双转子电机驱动时,可以采用电气无级变速器(EVT)的传动型式。

减速器的主要特点是采用平行轴齿轮或行星齿轮系实现减速增矩,传动比固定不变。3种减速器的典型结构型式如图3-2-1所示。

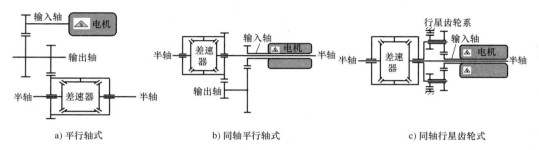

图 3-2-1　平行轴式减速器示意图

手动变速器(MT)、液力变矩器式自动变速器(AT)、无级变速器(CVT)等种类的传统燃油汽车多挡位变速器并不适用于电动汽车。

手动变速器(MT)的主要特点是采用平行轴布置型式,通常以单个干式离合器配合同步器进行换挡,换挡过程完全由驾驶人手动控制,如图3-2-2所示。手动变速器用于电动汽车有诸多缺点:①挡位数过多。通常手动变速器有至少5个前进挡位,但电动汽车不需要这么多挡位,这是因为驱动电机的高效区普遍较燃油发动机宽广。②换挡机构不合理。电动汽车变速器通常不需要离合器,而手动变速器则采

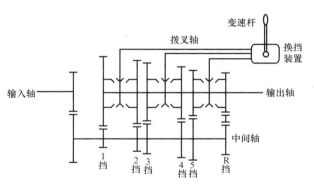

图 3-2-2　手动变速器示意图

用离合器换挡,离合器增加了系统的复杂度、重量、体积、成本,还降低了可靠性;③换挡品质差。手动换挡过程很大程度上取决于驾驶人的经验和操作熟练性,无法保证换挡的平顺性和动力中断的最小化;④能量经济性差。无法精准掌握换挡时机,无法保证在最佳时机换挡。

液力变矩器式自动变速器(AT)的主要特点是以液力变矩器起步,以湿式多片式离合器控制几套相互连接的行星齿轮系的传动元件的分离或锁止实现换挡,如图3-2-3所示。液力变矩器式自动变速器用于电动汽车的主要缺点:①效率低,自动变速器的效率通常在90%左右,与单速比减速器和多挡位变速器96%~97%的传动效率相比差距较大,主要是因为液力变矩器、油泵、湿式离合器、液压系统中的寄生

损失会造成不必要的能量浪费；②挡位数过多，通常至少是 4 个前进挡位，但正如前文中所述，电动汽车通常不需要这么多挡位，这直接导致系统过于复杂，增加了不必要的重量、体积和成本。

无级变速器（CVT）的主要特点是以 V 形金属带在两个锥轮之间传递转矩，常用液力变矩器起步，如图 3-2-4 所示。无级变速器用于电动汽车的缺点是：①机械传动效率不高。虽然与燃油发动机匹配时系统效率较高，但这主要是因为其速比可以无级变化造成的，其机械传动效率较低，因为其中的液力变矩器、油泵等部件会造成较大的寄生损失。②系统过于复杂。驱动电机本身就有很好的电气无级变速特性，没必要与无级变速器的机械式无级变速器相匹配，因为过高的系统复杂性会降低可靠性，还增加了不必要的重量、体积和成本。③目前无级变速器适用的最大输入转矩有一定的限制，不适合较大型车辆的应用场合。

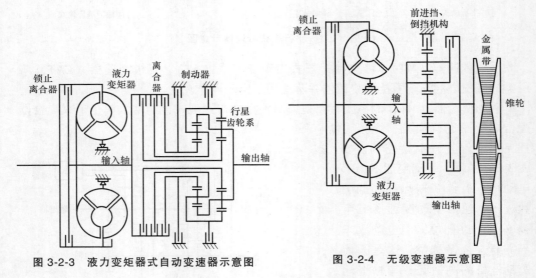

图 3-2-3　液力变矩器式自动变速器示意图　　　图 3-2-4　无级变速器示意图

因此，除了单速比减速器之外，目前比较适合用于电动汽车多挡位有级变速器包括机械式自动变速器（AMT）、双离合自动变速器（DCT）或行星齿轮式动力换挡变速器等。

机械式自动变速器（AMT）的主要特点是采用平行轴式齿轮副，用离合器配合同步器进行换挡，换挡过程完全由变速器控制器（TCU）自动进行。由于采用单个离合器，换挡过程存在动力中断现象。在电动汽车应用中，由于驱动电机的转速控制比传统燃油发动机的转速控制响应更快、精度更高，常常不设置离合器，仅以驱

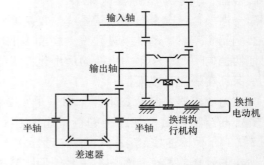

图 3-2-5　一种 2 速机械式自动变速器示意图

动电机配合同步器进行换挡。一种典型的 2 速机械式自动变速器结构如图 3-2-5 所示。

双离合自动变速器（DCT）的主要特点是采用平行轴式齿轮副，通过双离合器将动力传递到双输入轴，配合同步器进行换挡，换挡过程完全由变速器控制器（TCU）自动进行。由于采用双离合器，换挡过程不存在动力中断。在电动汽车应用中，若是仅两个前进挡位，则有时会省去同步器，这在效果上相当于传统燃油汽车双离合自动变速器的预选挡位，即只要切换离合器就可实现换挡，不仅可以缩短换挡时间，而且可以简化结构，降低成本。典型的 2 速双离合自动变速器结构如图 3-2-6 所示。

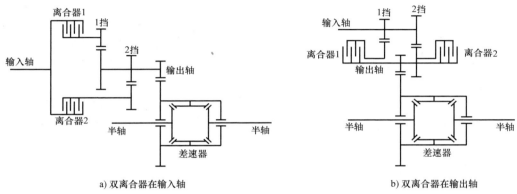

图 3-2-6 一种 2 速双离合自动变速器示意图

行星齿轮式动力换挡变速器的主要特点是采用行星齿轮系配合离合器或制动器等锁止装置进行换挡。由于行星齿轮系传动的功率密度高，当传递一定转矩时，其结构较平行轴式更加紧凑，体积和重量都较小。换挡过程完全由变速器控制器（TCU）自动进行，且不需要选挡，换挡原理与液力变矩器式自动变速器相同，其过程不存在动力中断。两种典型的两速行星齿轮式动力换挡变速器结构如图 3-2-7 所示。

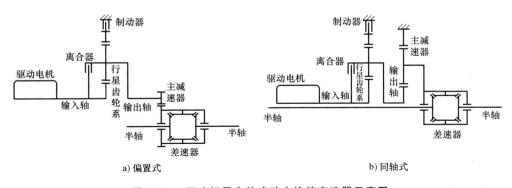

图 3-2-7 两速行星齿轮式动力换挡变速器示意图

另外，还有一些变速器将平行轴齿轮与行星齿轮系结合在一起，这些变速器或者采用同步器换挡，或者采用离合器、制动器与行星齿轮配合换挡，有的还采用单向离合器对传递的动力方向进行选择。因其换挡原理与上述平行轴或行星齿轮式变速器类似，在此从略。

电气无级变速器的结构型式见 3.4 节。

3.3 单速比减速器和多挡位变速器的比较

单速比减速器是目前电动汽车上最常见的传动系统型式。其主要优点是机械传动效率高、结构简单、体积小、重量轻、成本低，主要缺点是起步转矩小、无法使电驱动系统经常在高效区工作、爬坡能力较低、对逆变器要求高、成本高等。为了保证整车的最高车速，减速器的速比往往选择得较小，使驱动电机经常处于高转矩、大电流工作状态，在这种工况下不仅电机的效率较低，造成电池能量浪费，使续驶里程减小[2]，而且对电池放电倍率的要求较高，影响电池的使用寿命。

电动汽车采用多挡位变速器可以提高其起步、加速、爬坡、最高车速等性能，并且提高整车的能量经济性。然而，提高的幅度受到许多影响因素的支配，对于不同车型经常有所不同，有时差别甚至很大。

一方面，多挡位变速器对起步、爬坡、最高车速的影响较为确定，这是因为与单速比减速器相比，多挡位变速器通常有着较大的 1 挡速比，这就直接提高了其起步、爬坡性能；另一方面，多挡位变速器通常有着更小的最高挡速比，这就直接提高了其能够达到的最高车速。

多挡位变速器对加速的影响则比较复杂。以两挡变速器为例，假定该变速器的 1 挡速比大于减速器的固定速比，而其 2 挡速比小于减速器的固定速比。那么对于该两挡变速器来说，整车从静止加速到电机恒转矩区最高转速点所对应的车速时所需的加速时间较减速器的情况更短，这是由于在电机的恒转矩区经 1 挡传动比增矩后的车轮转矩较减速器更大，然而一旦电机进入恒功率区，无论两挡变速器处于哪个挡位，其车轮转矩基本相同，并且与减速器的车轮转矩相差无几，这是因为均受限于电机的峰值功率。换句话说，只要电机在恒功率区工作，那么采用两挡变速器和减速器对加速的影响不大。因为对于一定的车速，传动比较大时电机转速较高，电机转矩则较小；而传动比较小时电机转速较低，电机转矩则较大。因此，传递到车轮上的转矩在这两种情况下基本相等。另外，有些变速器换挡时存在动力中断或动力减弱现象（因降低驱动电机转矩造成）。因此，若两挡变速器与电机配合在恒转矩区加速相比减速器所节省的时间不足以弥补动力中断或动力减弱所损失的时间，则可能导致其从静止到 100km/h 的加速时间比减速器更长。需要指出的是，只要两挡变速器设计合理且换挡时间控制在合理范围内，一般而言其加速时间都会比减速器的加速时间更短。

多挡位变速器对整车能量经济性的影响则更加复杂。影响因素一般包括驱动电机的转矩和效率特性、变速器和传动系统的传动比以及效率、换挡规律、整车几何与质量参数、行驶工况等。

关于2挡变速器对电动汽车性能的影响，国内外已有不少研究。

对一种行星齿轮式2挡自动变速器的主要性能以及在NEDC（循环）下的整车运行效率的仿真研究表明，与单速比减速器相比，0—50km/h加速时间缩短13.3%，0—100km/h加速时间缩短4%，爬坡能力提高14.6%，最高车速提高22%，动力传动系统效率提高5.4%，电机最高转速从高于9000r/min降低到小于6500r/min[1]。

另一项仿真研究结果显示，与单速比减速器相比，一种两挡自动变速器的性能和能量经济性均显著改善，其0—50km/h加速时间缩短4.7%，最高车速提高20.8%，其ECE循环下的整车能耗降低6.6%，续驶里程延长7.1%[2]。

还有一项对整车能耗影响的仿真研究结果表明，多挡位变速器与单速比减速器相比，在NEDC下单速比减速器的能耗为8.33kW·h/100km，而2挡自动变速器能耗为8.10kW·h/100km，提升幅度仅为2.71%。这一幅度不甚显著有可能是因为其速比和换挡规律均是任意选定而非通过动力匹配计算得到[3]。

将一种称为I-AMT 2挡自动变速器的动力性能和能量经济性与单速比减速器相比，仿真研究结果显示其0—50km/h加速时间缩短8.3%，0—100km/h加速时间缩短19.6%，最高车速提高31.1%。整车能量经济性在NEDC下提高11.4%，在UDDS循环下提高7.31%，在1015循环下提高8.61%[4]。

国外也有关于2挡自动变速器对整车动力性能和能量经济性影响的研究，数据表明提升效果显著。与单速比减速器相比，其0—50km/h加速时间缩短7.7%，0—100km/h加速时间缩短3.5%，爬坡能力提高37.4%，最高车速提高11.9%。整车能量经济性在NEDC下提高10.1%，在FTP循环下提高7.00%，在1015循环下提高6.69%[5]。

将以上研究结果汇总于表3-3-1中，可以看出采用2挡自动变速器时，整车加速和爬坡能力均有不同程度提高，最高车速提高10%~20%，在各种工况循环下的能量经济性提升幅度不等，在NEDC下甚至可提高10%以上。由于电驱传动系统效率提高使单位里程的平均能耗降低，从而使续驶里程相应增加。

表3-3-1 与单速比减速器相比2挡自动变速器对整车性能及能量经济性的影响

变速器类型	前进挡数	0—50km/h加速提高幅度(%)	0—100km/h加速提高幅度(%)	爬坡能力提高幅度(%)	最高车速提高(%)	工况循环	整车能耗降低幅度(%)	续驶里程提高幅度(%)	参考文献
AMT	2	13.27	4.05	14.60	22.04	EUDC	5.36	—	[1]
不详	2	4.68	-11.82	—	20.76	ECE	6.60	7.10	[2]
不详	2	—	32.24	—	—	NEDC	2.71	—	[3]
I-AMT	2	8.30	19.60	—	31.10	NEDC	11.40	—	[4]
						UDDS	7.31		
						1015	8.61		

(续)

变速器类型	前进挡数	0—50km/h加速提高幅度（%）	0—100km/h加速提高幅度（%）	爬坡能力提高幅度（%）	最高车速提高（%）	工况循环	整车能耗降低幅度（%）	续驶里程提高幅度（%）	参考文献
SED	2	7.70	3.50	37.40	11.90	NEDC	10.10	—	[5]
						FTP75	7.00	—	
						UDDS	6.69	—	
DCT	2	—	—	—	—	EUDC	5~10	—	[6]
						NEDC	—	3.63	[11]

3.4 电气无级变速器（EVT）的结构型式

电气无级变速器是一种全新的电驱动系统。和前文中所述的多挡变速器不同，电气无级变速器的传动比可以在一定的范围内连续调节变化，因而不会有任何换挡冲击。

电气无级变速器通常是机械结构和电气部件高度集成的电驱动系统，以满足整车布置所需的紧凑性要求。

3.4.1 电气无级变速器的分类

根据应用车型的不同，电气无级变速器可以分为两大类——混合动力电气无级变速器和纯电动电气无级变速器。

混合动力电气无级变速器的主要特点是，它一般有两个机械端口，其中之一用于从发动机获得机械能，另一个用于输出动力至主减速器和车轮。它可以不设电气端口，这种情况下发动机的机械能是驱动车辆的唯一能量源。然而，随着增程式和插电式混合动力汽车的发展，它需要有一个电气端口与储能系统交换能量。这类变速器的另一特点是有一套功率变换装置，用于在两个机械端口之间以电能形式实现能量交换。

纯电动电气无级变速器的主要特点是，它仅有一个机械端口和一个电气端口。其机械端口用于输出动力至主减速器和车轮，而其电气端口用于与储能系统交换能量。

两类电气无级变速器结构特点的比较见表 3-4-1。

表 3-4-1 两类电气无级变速器结构特点的比较

结构特点	混合动力电气无级变速器	纯电动电气无级变速器
机械端口数量/个	2	1
行星齿轮机构	无	有
耦合机制	电气	电气+机械

3.4.2 混合动力电气无级变速器的结构型式

混合动力电气无级变速器是用于混合动力汽车的一种无级变速驱动装置，它将发动机、电机等动力源发出的驱动力耦合起来并根据整车工况的要求、车速以及驾驶人意图提供合适的转矩驱动车辆运行，它一般还兼有发电以及起动发动机等功能。它除了传统变速器的变速传动增矩作用外，还常常与一两台电动机或发电机高度一体化地集成在一起，具有传统变速器不具备的驱动和发电功能。

典型的混合动力电气无级变速器由一个定子和两个转子同心布置组成，结构如图 3-4-1 所示。机械连接包括：①发动机曲轴通过主轴连接到内转子；②外转子通过副轴连接到输出端的传动装置（例如差速器）将动力传递到车轮。电气连接包括：①内转子到电源；②电源到定子。显然，发动机的机械能经主轴传递给内转子，由内转子与定子构成的电机系统转化为电能，其中一部分能量通过集流环、电刷、主变频器给电源充电，或者通过副变频器再进入定子，然后在外转子中转化为机械能输出；其中另一部分能量可以通过定子到外转子之间的电磁场耦合再转变为机械能，并通过副轴的机械连接直接输出。

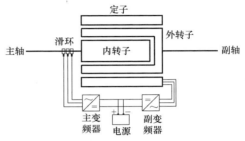

图 3-4-1 典型的混合动力电气无级变速器结构

除了电气无级变速器（EVT）之外[15-16]，还有四象限换能器（4QT）[17]、双机械端口电机（DMP）[18]、发电齿轮箱（DEG）[19] 等几种不同名称的装置。另外，华南理工大学提出了电磁耦合无级变速系统（EMCVT）[20]，中国科学院电工研究所则研究了双机械端口电机[21-24]。这些装置的结构方案均与图 3-4-1 所示类似，实质上都是电气无级变速器。其内、外转子和定子的结构特点的比较见表 3-4-1。由表 3-4-1 可知，其内转子均分布有三相绕组，通过滑环与主变频器相连，其作用是将发动机的机械能转换为电能；定子也大都分布有三相绕组，引出线与副变频器相连，其作用是产生可控磁场；外转子内、外两侧分别装有永磁体，如图 3-4-2 所示，通过内、外转子气隙磁场与内转子和定子交换电磁能量，其作用是将电能转换为机械能，

表 3-4-2 6 种混合动力电气无级变速器的比较

EVT 类型	内转子	外转子	定子
电气无级变速器（EVT）	三相绕组	笼型绕组	三相绕组
四象限换能器（4QT）	三相绕组	永磁体	三相绕组
双机械端口电机（DMP）	三相绕组	永磁体	三相绕组
发电齿轮箱（DEG）	三相绕组	导磁笼条与导电笼条	多于 2 套三相绕组
华南理工大学电磁耦合无级变速系统（EMCVT）	三相绕组	永磁体	直流励磁
中国科学院电工研究所双机械端口电机	三相绕组	永磁体	三相绕组

用于驱动整车。

除了可以采用图 3-4-1 所示的径向磁场结构外，根据不同的需求，电气无级变速器还可采用轴向磁场结构和混合磁场结构，此处从略。

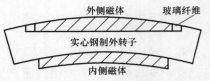

图 3-4-2　外转子上永磁体的分布

3.4.3　纯电动电气无级变速器的结构型式

纯电动电气无级变速器是主要用于纯电动汽车的一种无级变速驱动装置[25-27]。它将双转子电机的两个动力源发出的驱动力用行星齿轮装置耦合起来，并根据整车工况的要求、车速以及驾驶人意图在一定范围内提供可连续变化的最佳传动比驱动车辆运行，在制动能量回馈工况下，它还可进入发电模式工作。与主减速器相结合，它不仅具有传统变速器的变速传动增矩作用，而且实际上是一套高集成度的电驱动总成。

典型的纯电动电气无级变速器由一个双转子电机与一个行星齿轮耦合器组成，如图 3-4-3 所示。其中，定子和内外转子呈同心布置，内转子与太阳轮相连，外转子与齿圈相连，行星架与减差总成连接，然后再连接到驱动轮。实际上，定子不仅可以布置在内外转子之间，而且可以布置在外转子的外侧。当定子中间采用绝磁材料时，与内外转子作用的磁场之间可以解耦；当不采用绝磁材料时，与内外转子作用的磁场之间存在耦合关系。定子上分布有三相绕组，内外转子上均装有永磁体。

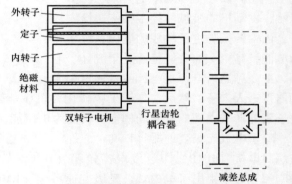

图 3-4-3　典型的纯电动电气无级变速器结构

显然，内外转子的机械能分别通过太阳轮和齿圈输入，在行星架上耦合后，通过减差总成驱动整车。在制动能量回馈工况下，整车的机械能通过减差总成在行星齿轮耦合器中分流，分别通过内外转子与定子构成的电机系统转化为电能。

双转子电机电气无级变速系统的主要特点包括：①在任一时刻，系统都可以在动力性优先和经济性优化所对应的不同传动比之间连续切换，这种无级变速功能可以避免有级变速器的换挡冲击，提高了驾乘舒适性；②通过选择内外两个电机分系统的工作点，可让系统在最佳综合效率或最大输出动力等不同策略下运行，有助于提高整车的经济性和动力性，提高整车的续驶里程、加速及爬坡性能；③可轻易解决单电机和轮毂电机等传统电驱系统的某些难以实现的工况，例如坡上保持工况，即在松开制动踏板、踩下加速踏板在坡上保持静止，不受电机堵转的时间限制。其原理如图 3-4-4 所示。在这种工况下，一般电机需要输出堵转转矩以平衡下坡力造成的转矩,而电机堵转时间非常有限,通常仅数十秒;④当内外转子分别连接到太阳轮、行星架而通过齿圈输出时,该系统还可以实现一些传统电驱系统不具备的功能,例如超速传动和正向倒车传动。EVT 超速传动的工作原理如图 3-4-5 所示,系统输出转速高于各个转子的转速,这是一个有一定工程价值的特点——电机的最高转速不必太高就可以获得很高的车速,可以降低对电机的技术要求,有助于提高电机的可靠性和寿命。EVT 正向倒车的工作原理如图 3-4-6 所示,正向倒车传动时电机的内外转子均以正向转动,而输出轴却可以逆向转动,实现倒车工况。这意味着采用此方法可以用两象限运行的电机驱动车辆以实现车辆的全部工况要求。

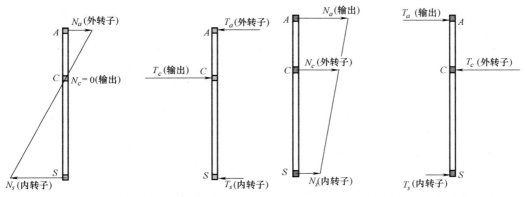

图 3-4-4　EVT 坡上保持的工作原理　　　　图 3-4-5　EVT 超速传动的工作原理

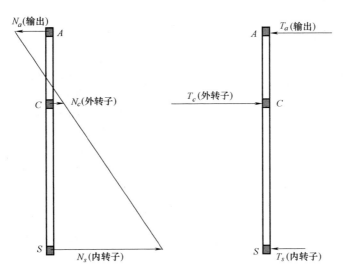

图 3-4-6　EVT 正向倒车的工作原理

参 考 文 献

[1]　黄伟,王耀南,冯坤,等. 纯电动汽车两挡自动变速器研究开发 [J]. 汽车技术,2001

（10）：17-21.

[2] 秦大同，周保华，胡明辉，等. 两挡电动汽车动力传动系统的参数设计[J]. 重庆大学学报，2011，34（1）：1-6.

[3] REN Q, CROLLA D A, MORRIS A. Effect of transmission design on electric vehicle（EV）performance. IEEE Vehicle Power and Propulsion Conference, 2009, 1260-1265.

[4] GAO B, LIANG Q, XIANG Y, et al. Gear ratio optimization and shift control of 2-speed I-AMT in electric vehicle, Mechanical Systems and Signal Processing, 2015, 50-51：615-631.

[5] STUBBS B. Multi-speed transmissions for electric vehicles. Niche Vehicle Symposium, 2012.

[6] New two-speed electric vehicle transmission for improved performance. Range and Battery Life, Green Car Congress, 2009.

[7] EHSANI M, GAO Y, EMADI A. 现代电动汽车、混合动力电动汽车和燃料电池汽车-基本原理、理论和设计[M]. 北京：机械工业出版社，2010.

[8] 陈全世，朱家琏，田光宇. 先进电动汽车技术[M]. 北京：化学工业出版社，2007.

[9] Harald Nauheimer. 汽车变速器理论基础、选择、设计与应用[M]. 宋进桂，龚宗洋，译. 北京：机械工业出版社，2013.

[10] 熊明洁，胡国强，闵建平. 纯电动汽车动力系统参数选择与匹配[J]. 汽车工程师，2011（5）.

[11] ZHOU X, WALKER P, ZHANG N, Performance improvement of a two speed EV through combined gear ratio and shift schedule optimization[J]. SAE Paper 2013-01-1477, 2013.

[12] 胡明辉，谢红军，秦大同. 电动汽车电机与传动系统参数匹配方法[J]. 汽车工程，2013，35（12）：1068~1073.

[13] 余志生. 汽车理论[M]. 北京：机械工业出版社，2009.

[14] HOEI jmakers M J, FERREIRA J A. The electrical variable transmission. 39th IAS Annual Meeting, Seattle, USA, 2004.

[15] Hoeijmakers M J, RONDEL M. The electrical variable transmission in a city bus. 35th Annual Power Electronics Specialists Conference, Aachen, Germany, 2004.

[16] NORDLUND E, SADARANGANI C. The four quadrant energy trandsducer. 37th Industry Applications Society Annual Meeting, Pittsburg, USA, 2002.

[17] XU L Y. A new breed of electric machines-basic analysis and applications of dual mechanical port electric machines. 8th Int. Conf. Electrical Machines and Systems, Nanjing, China, 2005.

[18] RODENHUIS G T. Dynamoelectric gear：EP 1154551 A2[P]. 2000.

[19] 李毓洲，罗玉涛，赵克刚，等. 电磁耦合无级变速系统的结构及仿真. 华南理工大学学报（自然科学版），2007，35（2）.

[20] 赵峰，温旭辉，刘钧，等. 永磁-永磁型双机械端口电机系统建模[J]. 中国电机工程学报，2007，27（21）：59-65.

[21] 温旭辉，赵峰，范涛，等. 基于双机械端口电机的新型电力无级变速系统研究[J]. 电工技术学报，2007，7（22）：24-28.

[22] 赵莉，郭秋鉴，赵峰. 混合动力汽车用双机械端口电机及其相关技术[J]. 变频器世界，2008（4）：12-16.

[23] 赵莉，郭秋鉴，温旭辉，等. 双机械端口电机线性解耦控制[J]. 电工技术学报，2009，3（24）：67-73.

［24］ 袁一卿. 电动汽车用双转子电机及相关行星齿轮无级变速系统和控制方法：2010283847．7 ［P］. 2011.

［25］ YUAN Y. Dual-Rotor Motor for Electric Automobile, Associated Stepless Speed Change System with Planet Gear and Control Method：PCT/CN2011/076434，US20130190961 ［P］2011.

［26］ 陈新文，袁一卿，伍国强. 电动汽车用 EVT 动力系统控制策略及其仿真研究 ［C］. 第十七届中国电动车辆学术年会，2012：38-46.

第 4 章 动力匹配及参数的选择和设计

电动汽车动力匹配的目的是通过电机和变速器参数的选择和优化，保证整车达到要求的性能、能量经济性以及舒适性。

4.1 传动系统参数设计

一般而言，为了提高驱动电机的效率、减小其体积和重量，电机的设计会使其转速显著高于电动汽车的车轮转速，而其输出转矩则大大低于车轮转矩。因此，电动汽车传动系统的主要作用是减速增矩。对于采用多动力源时联合驱动的情况，传动系统还可以起到将多动力源的动力高效地耦合起来驱动整车的作用。

传动系统参数的设计主要考虑满足整车的四方面性能要求：

（1）最高车速　一般要求至少满足国标所规定的最高车速，不同车型的最高车速不同。乘用车的最高车速一般超过 120km/h。

（2）加速性能　通常包括 0—50km/h 加速时间，0—100km/h 加速时间等。

（3）爬坡性能　常见的要求为最大爬坡度，一般是指短时间维持 10km/h 车速行驶的最大坡度。有时还规定通过 4%坡度时的车速、通过 12%坡度时的车速等。

（4）常规车速下的最佳能量经济性　通常为一定工况循环（例如 NEDC）下的能耗。

传动系统的总传动比 i 是变速器传动比 i_g 和主减速比 i_0 的乘积，即

$$i = i_g i_0 \tag{4-1-1}$$

传动系统的设计原则通常是要保证满足整车性能要求前提下整个动力传动系统效率的最大化。动力传动系统效率 η_{sys} 是驱动电机效率 η_m、电机控制器效率 η_c 以及传动系统效率（即机械传动效率）η_t 的乘积，即

$$\eta_{sys} = \eta_m \eta_c \eta_t \tag{4-1-2}$$

由此可知，其中某一项效率高并不意味着整个动力传动系统效率就一定高。不

过，若是其中有一项效率较低，则动力传动系统效率就会受到较大的影响，例如无级变速器（CVT）的情况。

4.2 电动汽车的动力性

4.2.1 电动汽车的行驶阻力

电动汽车在道路上行驶时，必须克服路面滚动阻力、空气阻力、坡度阻力以及加速阻力。

整车所受的滚动阻力 F_f 通常可以表示为

$$F_f = mgf\cos\alpha \tag{4-2-1}$$

式中，m 是整车质量，一般是整备质量与装载质量之和；g 是重力加速度；f 是滚动阻力系数；α 是道路坡度角。滚动阻力系数 f 与路面条件、车速、轮胎类型、材料、气压等因素有关，对于良好的沥青或混凝土路面，以中、低车速（140km/h 以下）运行时，$f = 0.01 \sim 0.018$。对于车速大于 140km/h 的电动乘用车，可采用以下公式估算[1]：

$$f = c\left[f_0 + f_1\left(\frac{V}{100}\right) + f_2\left(\frac{V}{100}\right)^4\right] \tag{4-2-2}$$

式中，V 是车速（km/h）；系数 f_0、f_1、f_2 可以根据车速的范围在表 4-2-1 中选取；c 为路面粗糙度修正系数，对于良好的沥青路面，$c = 1.2$，对于粗糙的混凝土路面，$c = 1.3 \sim 1.4$[1]。

表 4-2-1 滚动阻力系数 f 计算公式中各系数与车速的关系

车速/(km/h)	f_0	f_1	f_2
140~180	0.0072~0.012	0.00025~0.00028	0.00065~0.002
180~210	0.0081~0.0098	0.0012~0.0025	0.0002~0.0004
>210	0.0085~0.012	0.0025~0.0034	0.0005~0.001

道路的坡度 i 通常以百分数表示，它与道路坡度角 α 的关系为

$$i = \tan\alpha \tag{4-2-3}$$

整车所受的空气阻力 F_w 可以表示为

$$F_w = \frac{1}{2}\rho C_D A V^2 \tag{4-2-4}$$

式中，ρ 是空气密度（kg/m³）；C_D 是空气阻力系数；A 是整车迎风面积（m²）；V 是车速（m/s）。表 4-2-2 中列出了不同车型空气阻力系数和迎风面积的典型值。为了提高电动汽车的续驶里程，在车身设计中应该尽量减小空气阻力系数，例如通用汽车的电动汽车 EV1 的空气阻力系数仅为 0.19。

表 4-2-2 不同车型空气阻力系数及迎风面积的典型值

车型	C_D 典型值	迎风面积 A/m^2
乘用车	0.3~0.41	1.7~2.1
货车	0.6~1.0	3~7
客车	0.5~0.8	4~7

整车所受的坡度阻力 F_s 的表达式为

$$F_s = mg\sin\alpha \tag{4-2-5}$$

式中，m 是整车质量；g 是重力加速度；α 是道路坡度角。

整车所受的加速阻力 F_a 实际上是为克服其质量加速的惯性力所需的力，所需考虑的质量包括平移质量和旋转质量两部分，平移质量的加速产生惯性力，旋转质量的加速则产生惯性力矩。为方便计算，通常将旋转质量等效为平移质量，整车的加速阻力 F_a 可以表示为

$$F_a = \delta m \frac{dv}{dt} \tag{4-2-6}$$

式中，δ 是整车的旋转质量换算系数，$\delta > 1$；m 是整车质量（kg）；v 是整车车速（m/s）；t 是时间（s）。

$$\delta = 1 + \frac{1}{m} \frac{\sum_{i=1}^{n} I_{wi} + \sum_{j=1}^{k} I_j i_{gj}^2 i_0^2 \eta_j}{R_d^2} \tag{4-2-7}$$

式中，I_{wi} 是第 i 个车轮的转动惯量（kg·m²）；n 是车轮个数；I_j 是传动系统第 j 根轴上所有旋转质量的转动惯量（kg·m²）；k 是旋转轴的个数；i_{gi} 是第 i 根轴到输出轴的传动比；i_0 是主减速比；η_j 是从第 i 根轴到车轮的机械传动效率；R_d 是车轮的动态半径（m）。常见的 δ 值为 1.01~1.06。

整车行驶的总阻力为

$$F_r = F_f + F_w + F_s + F_a \tag{4-2-8}$$

4.2.2 电动汽车的驱动力-行驶阻力平衡图

电动汽车的行驶方程式为

$$F_t = F_r = F_f + F_w + F_s + F_a \tag{4-2-9}$$

即

$$F_t = \frac{T_e i_g i_0 \eta_T}{R_d} = mgf\cos\alpha + \frac{1}{2}\rho C_D A V^2 + mg\sin\alpha + \delta m \frac{dv}{dt} \tag{4-2-10}$$

式中，F_t 是驱动力，实际上是驱动电机的转矩经传动系统传递至车轮上引起的地面对驱动轮的反作用力（N）；T_e 是驱动电机的输出转矩（N·m）；i_g 是变速器输入轴到输出轴之间传动比；η_T 是变速器机械传动效率。图 4-2-1 是典型 2 挡变速器驱动力与行驶阻力平衡图。

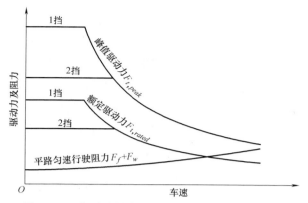

图 4-2-1 典型 2 挡变速器驱动力-行驶阻力平衡图

4.2.3 路面的附着条件

电动汽车行驶时的驱动力虽然来源于驱动电机，但其受到地面附着条件的制约。当地面附着条件差时，过大的驱动力会导致车轮打滑。

地面对轮胎的切向反作用力的极值通常称为附着力 F，计算公式如下：

$$F_\varphi = \varphi F_z \tag{4-2-11}$$

式中，F_z 是驱动轮受到地面的反作用用力在接触面法向的分量（N）；φ 是附着系数。各种路面的附着系数见表 4-2-3[3]。

表 4-2-3 各种路面的附着系数

路面	附着系数 φ	路面	附着系数 φ
沥青和混凝土（干燥）	0.8~0.9	泥土（潮湿）	0.55
沥青（潮湿）	0.5~0.7	砾石	0.6
混凝土（潮湿）	0.8	雪地（压实）	0.2
泥土（干燥）	0.68	结冰	0.1

电动汽车的附着条件是

$$F_t \leq F_\varphi \tag{4-2-12}$$

式中，F_t 是驱动力（N）。

若不满足式（4-2-12）的附着条件，则驱动轮会发生打滑。由式（4-2-11）和式（4-2-12）得知，

$$F_t \leq \varphi F_z \tag{4-2-13}$$

或

$$\frac{F_t}{F_z} \leq \varphi \tag{4-2-14}$$

常常将 $\dfrac{F_t}{F_z}$ 称为驱动轮的附着率 C，即

$$C_\varphi = \dfrac{F_t}{F_z} \tag{4-2-15}$$

附着率是汽车直线行驶时充分发挥驱动力所需的最低附着系数。值得注意的是，整车在不同车速、不同坡度的路面上行驶时的附着率是不同的。在进行电动汽车动力匹配时，必须对附着率进行校核，确保其值不超过设计路面的附着系数。

4.2.4 电动汽车的功率平衡

电动汽车行驶时，除了 4.2.3 小节中所述驱动力和行驶阻力的平衡之外，驱动电机的功率与机械传动损失功率加上整车行驶阻力所耗功率也始终保持着平衡，即

$$P_e \eta_T = P_f + P_w + P_s + P_a \tag{4-2-16}$$

或

$$P_e = \dfrac{1}{\eta_T}\left(mgfV\cos\alpha + \dfrac{1}{2}\rho C_D A V^3 + mgV\sin\alpha + \delta m V \dfrac{\mathrm{d}v}{\mathrm{d}t}\right) \tag{4-2-17}$$

式中，P_e 是驱动电机功率（W）；V 是车速（m/s）。图 4-2-2 是典型 2 挡变速器电动汽车功率平衡图[4]。

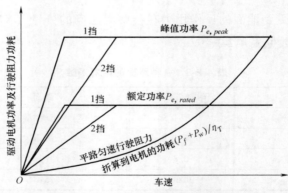

图 4-2-2 典型 2 挡变速器电动汽车功率平衡图

对于电动汽车减速器或变速器而言，机械传动效率通常为 95%~98%。保守起见，一般取 η_T 值为 0.95。

4.3 传动比的设计

4.3.1 单速比减速器传动比的设计

单速比减速器传动比的设计原则是驱动电机在达到最高转速时使整车达到最高

车速[5]，遵循这一设计原则可以实现整车加速、爬坡性能在满足最高车速要求前提下的最大化。

因此，减速器的总传动比

$$i = i_g i_o = \frac{3\pi N_{max} R_d}{25 V_{max}} \quad (4\text{-}3\text{-}1)$$

式中，N_{max} 是电机的最高转速（r/min）；V_{max} 是最高车速（km/h）；R_d 是车轮动态半径（m）。

4.3.2 多挡变速器最小传动比的设计

最小传动比的选择主要考虑满足整车最高车速要求，而整车的最高车速包括短时间最高车速以及持续最高车速两种指标。

整车的短时间最高车速主要取决于驱动电机的峰值功率和最高转速等技术参数。

因为电机不能在峰值功率下长时间运行，所以整车的持续最高车速主要取决于驱动电机的额定功率和最高转速等技术参数。

整车传动系统最小传动比的选择，可根据最高车速及其功率平衡图来确定。

首先，对于有 n 个前进挡的多挡变速器，其最小传动比 i_n 应满足整车的最高车速要求，因此

$$i_n = i_{gn} i_o \leq \frac{3\pi N_{max} R_d}{25 V_{max}} \quad (4\text{-}3\text{-}2)$$

根据式（4-3-2），可以得到满足持续最高车速要求的最小传动比 $i_{n,c}$，以及满足短时间最高车速要求的最小传动比 $i_{n,i}$。因此，同时满足这两个最高车速要求的最小传动比为

$$i_{n,i} \leq i_n \leq i_{n,c} \quad (4\text{-}3\text{-}3)$$

其次，为了提高驱动电机的功率利用率，还必须计算其在不同传动比下与行驶阻力功率的平衡，图 4-3-1 是典型的功率平衡图。其中 i_{n1}、i_{n2}、i_{n3} 分别是满足式（4-3-3）的三个最小传动比，并且 $i_{n1} < i_{n2} < i_{n3}$。需要注意的是，电机功率曲线与行驶阻力功率曲线的交点必须处于电机恒功率区的最大功率线上，否则表明最小传动比选择过大。电机功率曲线 1 对应的整车后备功率最小，曲线 3 对应的整车后备功率最大，曲线 2 对应的整车后备功率居中。因此，最小传动比为 i_{n3} 时的整车动力性最好。

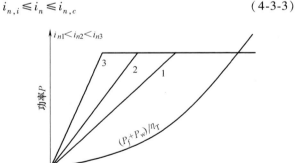

图 4-3-1 不同传动比下典型的功率平衡图

最后，最小传动比的确定还要考虑动力性与能量经济性之间的权衡。在动力传

动系统其他参数不变的条件下，针对满足式（4-3-3）的最小传动比的几个候选值，可以做出如图 4-3-2 所示的能量经济性-加速时间曲线。由图 4-3-2 可见，$i_{n1} < i_{n2} < i_{n3} < i_{n4} < i_{n5}$。当选择最小传动比为 i_{n3} 时，可以兼顾能量经济性和动力性；若选择较小的最小传动比（例如 i_{n1}）时，能量经济性改善但动力性较差；若选择较大的最小传动比（例如 i_{n5}）时，动力性改善但能量经济性较差。

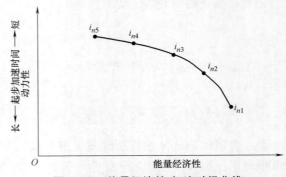

图 4-3-2 能量经济性-加速时间曲线

对于传统汽车变速器，变速器的最小传动比通常选取为 $i_{gn} \leq 1$。当 $i_{gn} = 1$ 时，该挡位称为直接挡，变速器的输出轴转速与输入轴转速相等。直接挡对于行星齿轮变速器而言机械效率很高，因为太阳轮、行星轮、齿圈之间的啮合处没有相对运动；当 $i_{gn} < 1$ 时，该挡位称为超速挡，变速器的输出轴转速高于输入轴转速。当发动机功率充足时，超速挡可以降低发动机转速，提高其燃油经济性。

对于电动汽车变速器，是否使用超速挡需要视情况而定，因为这与驱动电机高效区相应的电机转速相对于其最高转速的比例有关。一般来说，行星齿轮变速器最小传动比可以选择为直接挡，即 $i_{gn} = 1$，以便使机械效率最大化。

为了使高速巡航时的能量经济性最大化，在满足最高车速的前提下，最小传动比的选择应该尽可能使整车在其常用高速巡航车速（例如 80~120km/h）的工作点落在驱动电机高效区内，即

$$i_n = i_{gn} i_o \approx \frac{3\pi N_{effmax} R_d}{25 V_{highway}} \quad (4\text{-}3\text{-}4)$$

式中，N_{effmax} 是驱动电机效率最高点对应的电机转速（r/min）；$V_{highway}$ 是常用高速巡航车速（km/h）。需要注意的是，最小传动比 i_n 必须同时满足式（4-3-2）。

在满足动力性能要求的前提下，为了使整车的能量经济性最大化，还需要根据 4.3.7 小节和 4.3.8 小节中阐述的优化设计方法得到最小传动比。

4.3.3 多挡变速器最大传动比的设计

最大传动比为变速器的一挡传动比与主减速比的乘积，即

$$i_1 = i_{g1} i_o \quad (4\text{-}3\text{-}5)$$

该速比的选取主要应考虑满足整车起步加速和爬坡性能要求，以及满足整车在道路条件很差（阻力大）的情况下仍能行驶的性能要求。

整车爬坡的性能要求通常以一定坡度上整车应能达到的最低车速表示。常见的指标为最大爬坡度，即能够维持 10km/h 车速长时间运行的最大坡度。另外，有时还

要满足12%坡度上维持一定车速长时间运行、4%坡度上维持一定车速长时间运行等要求。

考虑到爬坡性能要求的多挡变速器最大传动比

$$i_1 = i_{g1}i_0 = \frac{\left(m_a g \sin\alpha_{max} + m_a g f \cos\alpha_{max} + \dfrac{C_d A V_{min}^2}{21.15}\right) R_d}{T_{peak} \eta_T} \quad (4\text{-}3\text{-}6)$$

式中，m_a是整车总质量（kg）；f是滚动摩擦系数；α_{max}是最大爬坡角度（rad）；C_d是整车的空气阻力系数；A是整车迎风面积（m²）；V_{min}是爬坡时的最低车速（km/h），通常取10km/h[6]；η_T是传动系效率；R_d是车轮动态半径（m）；T_{peak}是驱动电机峰值转矩（N·m）。

根据式（4-3-6），可以得到满足最大爬坡度要求的1挡传动比$i_{1,max}$，满足12%坡度上最小车速要求的1挡最大传动比$i_{1,12}$，以及满足4%坡度上最小车速要求的1挡最大传动比$i_{1,4}$，则可以确定满足爬坡性能要求的1挡传动比

$$i_{1,g} \geq \max(i_{1,max}, i_{1,12}, i_{1,4}) \quad (4\text{-}3\text{-}7)$$

为了满足平地起步加速性能的要求，还需要计算出相应的1挡传动比

$$i_1 = i_{g1}i_0 = \frac{\left(\delta m_a \dfrac{\mathrm{d}V}{\mathrm{d}t} + m_a g f + \dfrac{C_d A V^2}{21.15}\right) R_d}{T_{peak} \eta_T} \quad (4\text{-}3\text{-}8)$$

式中，V是车速（km/h）。求解非线性常微分方程（4-3-8），可以得到满足0~50km/h加速时间要求的1挡传动比$i_{1,50}$。需要注意的是，计算时假设0~50km/h加速均以1挡行驶，以便确定传动比的下限。100km/h的加速时间要求需要在各挡传动比都确定后再进行校验，因为其结果取决于各挡传动比的数值、换挡时间和换挡规律等设计参数。因此，同时满足加速性能要求的1挡传动比

$$i_{1,a} \geq i_{1,50} \quad (4\text{-}3\text{-}9)$$

此外，1挡传动比还必须满足驱动力不超过地面附着极限的要求，即最大牵引力F_{max}不大于附着力F_{adh}。最大牵引力

$$F_{max} = \frac{T_{peak} i_1 \eta_T}{R_d} \quad (4\text{-}3\text{-}10)$$

这里，F_{max}的单位是N。地面附着力F_{adh}则根据驱动轮上的轴荷W_d进行计算

$$F_{adh} = W_d g f_{adh} \quad (4\text{-}3\text{-}11)$$

式中，F_{adh}是地面附着力（N）；W_d是驱动轮上的轴荷（kg）；f_{adh}是附着系数，通常$f_{adh} = 0.7 \sim 0.75$。

因此，满足地面附着条件要求的1挡传动比

$$i_{1,adh} \leq \frac{W_d g f_{adh} R_d}{T_{peak} \eta_T} \quad (4\text{-}3\text{-}12)$$

综合式（4-3-7）、式（4-3-9）、式（4-3-12）的结果，可以得到满足加速、爬坡、地面附着条件的1挡传动比

$$\max(i_{1,g}, i_{1,a}) \leq i_1 \leq i_{1,\text{adh}} \quad (4\text{-}3\text{-}13)$$

在满足动力性能要求的前提下，为了使整车的能量经济性最大化，还需要根据 4.3.5 小节中阐述的优化设计方法得到最大传动比。

4.3.4 中间传动比的设计

对于三挡及更多传动比的情形，需要确定除最大和最小传动比之外中间各挡的传动比，这涉及反映两个相邻挡位之间传动比关系的一个重要设计参数——速比级差 φ （ratio step），有时又称速比间隔，

$$\varphi = \frac{i_{n-1}}{i_n} \quad (4\text{-}3\text{-}14)$$

1. 乘用车变速器的中间传动比

乘用车变速器通常采用渐进速比级差，其计算公式为

$$\varphi = \varphi_1 \varphi_2^{n-k} = \varphi_2^{0.5n-k+1} \sigma_{\text{ratio}}^{\frac{1}{n-1}} \quad (4\text{-}3\text{-}15)$$

式中，n 是变速器最高挡位数；k 是某中间挡位数；σ_{ratio} 是传动比阔度（ratio spread），又称传动比范围，$\sigma_{\text{ratio}} = i_1/i_n$；$\varphi_1$ 和 φ_2 是基本速比变化系数，其关系为

$$\varphi_1 = \varphi_2^{-0.5(n-2)} \sigma_{\text{ratio}}^{\frac{1}{n-1}} \quad (4\text{-}3\text{-}16)$$

中间挡传动比可以用下式估算：

$$i_k = i_n \varphi_1^{n-k} \varphi_2^{0.5(n-k)(n-k-1)} \quad (4\text{-}3\text{-}17)$$

一般而言，φ_1 和 φ_2 的典型值为 $\varphi_1 = 1.1 \sim 1.7$，$\varphi_2 = 1.0 \sim 1.2$。设计中间挡传动比时，先用 φ_1 和 φ_2 的典型值以及式（4-3-14）~式（4-3-15）算出初始值，然后根据齿数必须为整数以及相啮合齿轮副的齿数之间不能有公约数的设计原则对传动比的初始值进行微调。考虑到齿轮加工时根切的问题，齿数应不少于 11。

采用渐进速比级差时，各挡位最高车速之差基本保持不变，如图 4-3-3 所示。

对于传统燃油乘用车而言，由于速比级差太大时会造成换挡困难，速比级差一般不超过 1.7~1.8，通常在 1.1~1.7 范围内。因此，当传动比阔度增加时，挡位数也相应增多。然而，对于电动汽车来说，速比级差可以不受这一限制，这是因为驱动电机的输出转矩、输出转速的响应速率大大高于传统燃油发动机，即使速比级差超出上述范围，也能实现快速平顺换挡。有研究者建议，电动汽车的速比级差可以两倍于传统燃油汽车，即在 2.2~3.4 范围内进行选择[6]，见表 4-3-1。

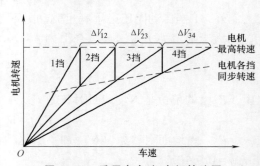

图 4-3-3 乘用车车速-电机转速图

表 4-3-1　7 种 2 速变速器的总传动比和主减速比统计

设计案例序号	1 挡总传动比	2 挡总传动比	主减速比	速比级差	数据来源
1	11.42	6.72	6.72	1.7	[5]
2	13.40	4.22	—	3.175	[6]
3	7	2.8	3.5	2.5	[7]
4	10.64	5.12	3.94	2.08	[8]
5	11.3	5.5	—	2.05	[9]
6	9.40	4.83	—	1.95	[10]
7	20.49	14.03	5.74	1.46	[11]

2. 商用车变速器的中间传动比

在商用车变速器中通常采用几何速比级差，其计算公式为

$$\varphi = \sigma_{ratio}^{\frac{1}{n-1}} \quad (4\text{-}3\text{-}18)$$

因此，各挡位的传动比可由下式得到

$$i_k = i_n \varphi^{n-k} = i_n \sigma_{ratio}^{\frac{n-k}{n-1}} \quad (4\text{-}3\text{-}19)$$

根据齿数必须为整数且应不少于 11 以及相啮合齿轮副的齿数之间不能有公约数的设计原则对传动比的初始值进行微调后，实际的速比级差会稍稍偏离式（4-3-18）、式（4-3-19）给出的初始值。

采用几何速比级差时，相邻挡位的最高车速会随着挡位的升高而加大，如图 4-3-4 所示。

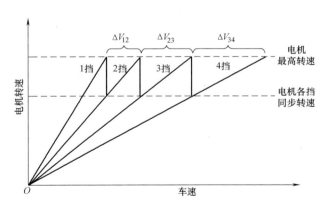

图 4-3-4　商用车车速-电机转速图

4.3.5　各传动比的优化设计

该优化问题以传动比（$i_1, \cdots, i_n$）为优化变量，而作为整车能量经济性的表征，理论上应以消耗的动力电池电量为优化目标函数。然而为简单起见，在实际工

程设计中一般在计算中可以忽略动力电池充放电效率的影响,以电机控制器在一定工况循环下的输入总能耗 E_{bus} 为优化目标函数。因此,目标函数为

$$\min E_{bus} = \min \int_0^{t_{cyc}} W_{bus}(n_m, T_m) \mathrm{d}t \qquad (4\text{-}3\text{-}20)$$

式中,W_{bus} 是电机控制器消耗的来自直流母线的总功耗,它是电机的转速 n_m (r/min) 和转矩 T_m (N·m) 的函数;t_{cyc} 是工况循环的总时间。

$$W_{bus} = \frac{P_m(n_m, T_m)}{\eta_m(n_m, T_m)} \qquad (4\text{-}3\text{-}21)$$

$$P_m = \frac{\pi n_m T_m}{30} \qquad (4\text{-}3\text{-}22)$$

式中,P_m 是电机的输出功率(W);η_m 是电机及其控制器的系统效率。

在仿真计算时,工况循环被分为 N 个采样点,每个采样点的时间步长为 Δt,则式(4-3-20)可离散化为

$$\min E_{bus} = \min \sum_{j=1}^{N} W_{bus}(n_m, T_m) \Delta t \qquad (4\text{-}3\text{-}23)$$

对于一定的工况循环,整车的车速 $V(j)$ 与加速度 $\dfrac{\mathrm{d}V(j)}{\mathrm{d}t}$ 已知,因此有

$$n_m = \frac{i(j)V(j)}{R_d} \qquad (4\text{-}3\text{-}24)$$

$$T_m = \frac{\left(\delta m_a \dfrac{\mathrm{d}V(j)}{\mathrm{d}t} + m_a g f + \dfrac{C_d A V^2(j)}{21.15}\right) R_d}{i(j) \eta_T} \qquad (4\text{-}3\text{-}25)$$

式中,传动比 $i(j)$ 在工况循环会因换挡而变化,应该依据使电机效率最大化的原则选择挡位[2],由此确定第 j 个采样点时的传动比 $i(j)$。关于最佳能量经济性换挡规律的制订方法可参考 7.4.3 小节。

传动比的优化主要有粒子群优化算法、遗传算法等,均已广泛应用于电动汽车变速器设计之中。

1. 遗传优化算法

遗传算法(GA)的优点是可以高效地搜寻到全局最优解,鲁棒性好,并且支持并行计算。

遗传算法的寻优过程如下:

(1)编码 在优化模型中将编码串长度设定为所需优化的传动比数量。以 3 挡为例,编码串长度 $l_3 = 3$,编码串可表示为 $s = \{i_1, i_2, i_3\}$,其中 i_1、i_2、i_3 分别为 1 挡、2 挡、3 挡传动比。

(2)种群规模的选择 种群规模是指种群中个体的数目。规模过小会影响其多样性,从而导致过早收敛;规模过大则搜索速度会降低。因此,应该选择合适的种群规模,典型的种群规模为 40~400。

(3)种群的初始化 初始种群虽然可以随机生成,但若选取合适则可大大减少

搜索时间并避免早熟。选取原则是尽可能使个体之间保持距离，从而避免因多样性不足导致陷入局部最优。如果已知可能的最优解或近似最优解，则应尽量纳入。以 3 挡为例，应选择 6 组传动比的初始值 $\{i_1^1, i_2^1, i_3^1\}$、$\{i_1^2, i_2^2, i_3^2\}$、$\{i_1^3, i_2^3, i_3^3\}$、$\{i_1^4, i_2^4, i_3^4\}$、$\{i_1^5, i_2^5, i_3^5\}$、$\{i_1^6, i_2^6, i_3^6\}$ 作为初始化种群。

（4）交叉运算　交叉运算的目的是在遗传过程中保证优秀的基因能够保留到下一代，从而为生成更优质的基因的新个体提供可能。交叉概率过小会使新个体产生速度变慢；交叉概率过大则会损坏优良基因的遗传，抑制进化。因此，交叉概率可选取中等偏大的值，一般在 0.4~0.9。

（5）选择运算　根据优胜劣汰的自然选择原则，选择种群中适应度较高的个体遗传到下一代，从而将进化过程中的历代最优解保留下来。一般选择遗传代沟为 0.9。

（6）变异运算　变异运算可以改善遗传算法的局部搜索能力，有效避免过早收敛。按一定的概率将个体的一个或多个基因进行更改，生成新的子个体。变异概率过小会造成新个体生成能力下降，难以抑制过早收敛；变异概率过大则会破坏优秀基因的遗传。一般而言，变异概率取 0.001~0.1，以 0.01~0.1 最为常见。

（7）适应度函数的计算　将目标函数通过一定形式转变为适应度函数，计算出结果，进而确定个体遗传到下一代的概率。

（8）终止条件的判断　常用的终止条件有两种：一种是设定最大进化代数，一般取 100~1000 代；另一种是根据群收敛程度，在种群进化成熟、不再有明显变化时终止。判断子代群体是否满足程序终止条件，若满足则计算结束；若不满足则继续计算。

2. 粒子群优化算法

粒子群优化（PSO）算法的优点是找到问题全局最优解的概率较大，计算效率高且易实现。

由 4.3 节可知，多挡变速器的传动比需满足 $\max(i_{1,g}, i_{1,a}) \leq i_1 \leq i_{1,adh}$ 以及 $i_{n,c} \leq i_n \leq i_{n,i}$。由于中间挡位的传动比可以根据 4.3 节的公式确定，该优化问题的搜索空间实际上是二维空间。

基于粒子群优化算法构建 m 个粒子（代表传动比）组成的一个种群 $S = \{x_1, x_2, \cdots, x_j, \cdots, x_m\}$，$x_j$ 表示第 j 个粒子的位置 $(i_1, i_n)_j$，则迭代公式如下：

$$x_j^{k+1} = v_j^{k+1} + x_j^k \tag{4-3-26}$$

$$v_j^{k+1} = wv_j^k + c_1 r_1 (p_j - x_j^k) + c_n r_n (p_g - x_j^k) \tag{4-3-27}$$

式中，j 是粒子的标号，$j = 1, 2, \cdots, m$；k 是迭代次数；v_j^k 是粒子的速度，应满足 $v_{min} \leq v_j^k \leq v_{max}$，以防止粒子逸出搜索空间；$p_j$ 是第 j 个粒子自身搜索到的最好点，其适应值为 p_{best}；p_g 是粒子群搜索到的最好值，其适应值为 g_{best}，而其对应的粒子编号为 g；w 为惯性权重因子，其值的选取应兼顾收敛速度和收敛精度；c_1、c_n 为学习因子，$c_1 = c_n = 2$；r_1、r_n 为介于 0~1 之间的随机数[2]。

将 x_j 代入目标函数式（4-3-23），计算出每个粒子的适应值，用于决定粒子搜索点的好坏。由于优化目标是电机控制器输入功耗，因此适应值越小表明搜索到的点越好。

粒子群优化算法的步骤如下：

1）在 $\max(i_{1,g}, i_{1,a}) \leq i_1 \leq i_{1,\mathrm{adh}}$ 以及 $i_{n,c} \leq i_n \leq i_{n,i}$ 构成的搜索域内初始化 m 个粒子的位置 x_j^1 和速度 v_j^1。

2）计算每个粒子的适应值、初始化个体最优值 p_{best} 以及全局最优值 g_{best}。在计算适应值时，对于工况循环中的每个工况点，以 x_j 代替式（4-3-24）和（4-3-25）中的 $i(j)$，得出电机的转速和转矩，再根据电机效率曲线插值得到该工况点的效率，进而由式（4-3-21）和式（4-3-22）求得电机控制器输入功耗，即对应 x_j 的适应值。x_j 按照电机效率最大化的原则选择挡位，将输出轴转速（或车速）与电机转矩图上的这些挡位分布点连接起来即构成此 x_j 下的换挡规律。

3）以式（4-3-26）和式（4-3-27）进行迭代计算，更新 p_j、p_{best}、p_g、g_{best}，直至满足终止条件。

4.3.6 主减速比的设计

单级减速的主减速比在 2.0~7.0 之间，若想得到更大的主减速比，则可以采用两级主减速齿轮副[11]。传统动力乘用车的主减速器多采用圆柱齿轮和锥齿轮，圆柱齿轮主减速器的主减速比 i_0 一般在 3.0~5.5 之间[7]，锥齿轮主减速器的主减速比 i_0 一般在 2.5~5.0 之间[12]。然而，对于电动汽车来说，有时会采用更大的主减速比。

根据 4.3.3 小节中的阐述，对于行星齿轮汽车变速器，最高挡采用直接挡时，主减速比 i_0 可以由下式确定：

$$i_0 = \frac{3\pi N_{max} R_d}{25 V_{max}} \tag{4-3-28}$$

主减速比的选取还受到变速器和整车结构尺寸的制约。当主减速比过大时，主减速器被动齿轮的直径过大会导致变速器的尺寸过大，给整车布置及保证离地间隙带来困难。

4.4 电动汽车的能量经济性

4.4.1 电动汽车能量经济性的度量

电动汽车能量经济性 C 采用单位行驶距离所耗电网的能量来度量，即

$$C = \frac{E}{D} \tag{4-4-1}$$

式中，E 是充电期间来自电网的能量（W·h）；D 是充满电后的续驶里程（km）。在实际工程实践中，常采用百公里所耗能量 C_{100} 来代替，即

$$C_{100} = 0.1C \tag{4-4-2}$$

C_{100} 的单位为 kW·h/100km。

电动汽车能量经济性的上述指标通常在等速法或工况法的条件下测量计算获得。根据车辆不同类型，等速法是以 60km/h 或 40km/h 的车速匀速进行，而工况法则按照一定的工况循环进行，如图 4-4-1a 所示的 NEDC 或图 4-4-1b 所示的 WLTC。

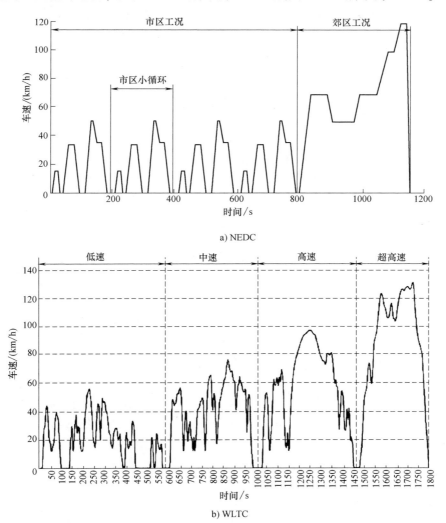

图 4-4-1 工况法续驶里程测试遵循的工况循环例子

4.4.2 影响电动汽车能量经济性的因素

对于电动汽车能量经济性，与传动系统相关的主要影响因素包括变速器的机械传动效率、挡位数、各挡传动比以及换挡规律。

变速器的机械传动效率 η_t 对动力传动系统效率的影响见 4.1 节，由式（4-1-2）给出。变速器的机械传动效率是由变速器的各种寄生损失决定的，为了提高机械传动效率，必须减少寄生损失。关于变速器的寄生损失，可参考 6.7.3 节"变速器的寄生损失"。

变速器的挡位数及各挡传动比影响驱动电机及其控制器运行的工作点，进而影响电机和电机控制器的运行效率 η_m 和 η_c，从而间接影响整个动力传动系统效率。关于变速器挡位数对整车能量经济性的影响程度，见 4.2 节。另外，变速器在不同挡位工作时，变速器的机械传动效率 η_t 也会发生变化。

自动变速器的换挡规律决定了换挡的时机，适当的换挡规律可以使驱动电机及其控制器经常在效率较高的区域工作，从而提高整个动力传动系统的效率。关于自动变速器的换挡规律的制订，可以参考第 7 章的有关内容。

4.5 多挡变速器挡位数的设计

挡位数的设计原则是必须满足整车动力性和经济性的要求。

4.5.1 整车动力性对挡位数的要求

挡位数的选择首先要考虑满足整车动力性的要求。

对于一定质量的整车而言，其动力性取决于整车驱动力与行驶阻力之差值，该值越大说明动力性越好。

整车动力性的主要指标包括加速时间、上坡能力和最高车速等。

为了满足最高车速要求，变速器的挡位数 k_g 取决于电机最高转速和基频的比值 N_{max}/N_{rated}。当 $N_{max}/N_{rated} \geq 2.5$，意味着电机从基频向上调速的范围足够大，此时仅用一个挡位即可满足最高车速要求，如图 4-5-1a 所示；当 $1.8 < N_{max}/N_{rated} < 2.5$，电机从基频向上调速的范围不够大，此时需要增加一个挡位，以满足最高车速要求，如图 4-5-1b 所示；当 $N_{max}/N_{rated} \leq 1.8$，电机从基频向上调速的范围较窄，即便增加

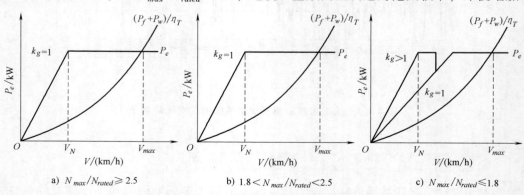

a) $N_{max}/N_{rated} \geq 2.5$　　　b) $1.8 < N_{max}/N_{rated} < 2.5$　　　c) $N_{max}/N_{rated} \leq 1.8$

图 4-5-1　电机调速范围影响挡位数的功率平衡图[4]

一个挡位还是无法保证车速增加时功率保持恒定，此时需要考虑再增加一个或更多个挡位，也可以考虑重新选择电机参数[4]，如图4-5-1c所示。

整车的加速性能一般用其在水平良好路面上行驶时能达到的加速度来评价，可以通过公式（4-2-10）整理计算得到。图4-5-2是全加速时2挡变速器电动汽车的典型加速度曲线。在升挡过程中，配置动力换挡变速器的电动汽车加速度将有所降低，但依然为正值；而配置非动力换挡变速器的电动汽车加速度会在短暂时间内降为零。为方便起见，整车的加速时间通常采用0-50km/h的加速时间或0-100km/h的加速时间等指标衡量。当采用单速比减速器无法满足这些指标要求时，则可以通过增加一个或多个挡位加以改善，其原理实际上是通过重复利用驱动电机的恒转矩区来提升驱动力。必须指出的是，换挡时经常出现动力的中断或转矩的下降都会对驱动力造成影响。

整车的上坡能力通常用最大爬坡度来衡量。当采用单速比减速器无法满足这一指标要求时，则可以通过增加一个或多个挡位加以改善。图4-5-3是2挡变速器电动汽车的典型爬坡度曲线。

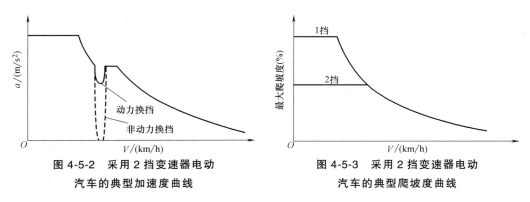

图 4-5-2 采用2挡变速器电动汽车的典型加速度曲线

图 4-5-3 采用2挡变速器电动汽车的典型爬坡度曲线

4.5.2 整车能量经济性对挡位数的要求

当单速比减速器匹配驱动电机所能够提供的整车能量经济性不能满足设计要求时，可以考虑采用2挡或多挡变速器。

驱动电机工作区域如图4-5-4所示[2]。可以看出，与图4-5-4a所示的单速减速器相比，图4-5-4b所示的2挡变速器可以使驱动电机更经常地工作在高效区，从而提高整车的能量经济性。

4.5.3 多挡变速器挡位数的选择

变速器的挡位数取决于整车的性能、能量经济性、驱动电机的特性、安装空间和成本等因素。一般而言，挡位数的增加有利于提高动力传动系统效率，然而，挡位数的增加也会导致系统复杂性增加、体积和重量增加、成本上升等。

目前常见的电动汽车自动变速器挡位数从2挡到4挡不等。

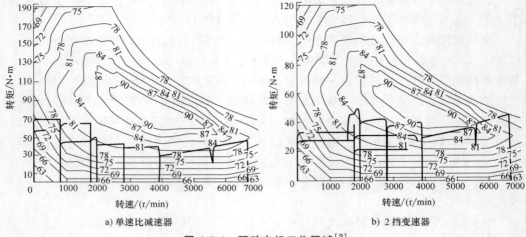

图 4-5-4 驱动电机工作区域[2]

4.6 电气无级变速器的动力匹配

根据 3.4 节中阐述,电气无级变速器分为混合动力和纯电动两类。在此仅限于讨论纯电动电气无级变速器的动力匹配问题。

双转子电机电气无级变速器的动力匹配取决于内、外转子与行星齿轮系的连接关系。对于图 3-4-3 所示的构型,则关于功率的设计原则为

$$P_{peak} = P_{1,peak} + P_{2,peak} \quad (4\text{-}6\text{-}1)$$

式中,P_{peak} 是根据整车功率平衡关系式 (4-2-17) 得到的对短时功率需求最大工况下的电机峰值功率;$P_{1,peak}$、$P_{2,peak}$ 分别是内、外电机分系统的峰值功率。

由此可见,按照式 (4-6-1) 的设计原则,双转子电机电气无级变速器可以将内、外电机分系统的峰值功率叠加起来使用,满足某些工况下整车对峰值功率的短时需求,并充分利用内、外电机的峰值功率特性。

另外,当忽略传动系统摩擦转矩损失时,则关于转矩的设计原则为

$$T_{1,peak} = \frac{T_{2,peak}}{K} = \frac{T_{c,max}}{K+1} \quad (4\text{-}6\text{-}2)$$

式中,$T_{1,peak}$、$T_{2,peak}$ 分别是内、外电机分系统的峰值转矩;K 是行星排特性参数,即齿圈齿数和太阳轮齿数的比值;$T_{c,max}$ 是行星架最大输出转矩,可根据整车驱动力关系式 (4-2-10) 求得对短时转矩需求最大的工况下的转矩后再计算得到。按照式 (4-6-2) 的设计原则可充分利用内、外电机的峰值转矩特性。其中,行星排特性参数 K 可通过与电机设计迭代进行的方法加以确定。

因行星排的转速满足以下关系式

$$\omega_1 + K\omega_2 = (K+1)\omega_c \quad (4\text{-}6\text{-}3)$$

可见，将内、外电机分系统的基速 $\omega_{1,b}$、$\omega_{2,b}$ 设计为满足式（4-6-3）时，则可使行星架转速 ω_c 达到峰值功率所允许的上限，即

$$\omega_{1,b}+K\omega_{2,b}=(K+1)\frac{P_{peak}}{T_{c,max}} \quad (4\text{-}6\text{-}4)$$

据此可选择确定内、外电机分系统的基速。

内、外电机分系统的额定功率、额定转矩可以根据整车驱动力关系式（4-2-10）和功率平衡关系式（4-2-17）得到的对连续运行工况下的最大功率和转矩按照与上述类似的设计原则选择确定。

参 考 文 献

［1］ 余志生. 汽车理论［M］. 北京：机械工业出版社，2009.
［2］ 杨耀先，张建武，巫少方，等. 电动车用两档 AMT 传动比粒子群优化的研究［J］. 传动技术，2016，30（1）：3-8.
［3］ EHSANI M，GUO Y M，EMADI A. 现代电动汽车、混合动力电动汽车和燃料电池汽车-基本原理、理论和设计［M］. 北京：机械工业出版社，2010.
［4］ 熊明洁，胡国强，闵建平. 纯电动汽车动力系统参数选择与匹配［J］. 汽车工程师，2011（5）.
［5］ 黄伟，王耀南，冯坤，等. 纯电动汽车两挡自动变速器研究开发［J］. 汽车技术，2001（10），17-21.
［6］ 秦大同，周保华，胡明辉，等. 两挡电动汽车动力传动系统的参数设计［J］. 重庆大学学报，2011，34（1）：1-6.
［7］ REN，Q，CROLLA D A，MORRIS A. Effect of transmission design on Electric Vehicle (EV) performance，Vehicle Power and Propulsion Conference，2009，VPPC'09，IEEE，7-10 Sept. 2009，1260-1265.
［8］ GAO B，LIANG Q，XIANG Y，et al，Gear Ratio Optimization and Shift Control of 2-speed I-AMT in Electric Vehicle，Mechanical Systems and Signal Processing，50-51，2015，615-631.
［9］ STUBBS B. Multi-speed Transmissions for Electric Vehicles，Niche Vehicle Symposium，2012.
［10］ ZHOU X，WALKER P，ZHANG N. Performance Improvement of a Two Speed EV through Combined Gear Ratio and Shift Schedule Optimization，SAE Paper 2013-01-1477. 2013.
［11］ 陈全世，朱家琏，田光宇. 先进电动汽车技术［M］. 北京：化学工业出版社，2007.
［12］ Harald Nauheimer 等著. 汽车变速器理论基础、选择、设计与应用［M］. 宋进桂，龚宗洋，等译. 北京：机械工业出版社，2013.
［13］ 胡明辉，谢红军，秦大同. 电动汽车电机与传动系统参数匹配方法［J］. 汽车工程，2013，35（12）：1068-1073.

第 5 章

电动汽车变速器的总布置设计

变速器总布置设计的主要任务是确定主要部件的结构型式和尺寸参数，这些部件包括传动副、轴系、轴承、换挡执行机构、主减速器、差速器以及箱体拓扑等。在设计初期对这些部件的尺寸参数进行估算并制订出相应的布置方案，绘出变速器总布置草图，有助于对变速器在整车中的适配性作出评估。在详细设计阶段，变速器的三维装配模型也随之建立起来，可以更加精准地对其各向尺寸、空间结构及其在整车中的适配性进行确认。

5.1 变速器的结构型式

一般而言，电动汽车变速器的结构型式可分为两种，一种是固定轴式，又称平行轴式（Layshaft 或 Countershaft）；另一种是旋转轴式，主要是行星齿轮式（Epicyclic 或 Planetary Gear）。平行轴式变速器所有轴的位置相对于变速器箱体都是固定的，而行星齿轮式变速器的行星轮轴相对于变速器箱体则是转动的。

平行轴式变速器以两轴式最为常见，例如图 5-1-1 所示的单速比减速器

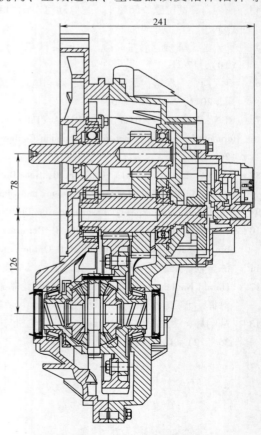

图 5-1-1 单速比减速器实例

和图 5-1-2 所示的 2 挡 AMT。这种结构包括输入轴、输出轴及主减速器，主减速器的主动齿轮布置在输出轴上。

行星齿轮式变速器以简单行星齿轮系最为常见，图 5-1-3 所示为 2 挡动力换挡变速器（PST）。在该例子中，输入轴和输出轴在同一轴线上，且主减速器的主动齿轮布置在输出轴上。

另外，3.3.3 小节中所述的双转子电机电气无级变速器实例如图 5-1-4 所示。

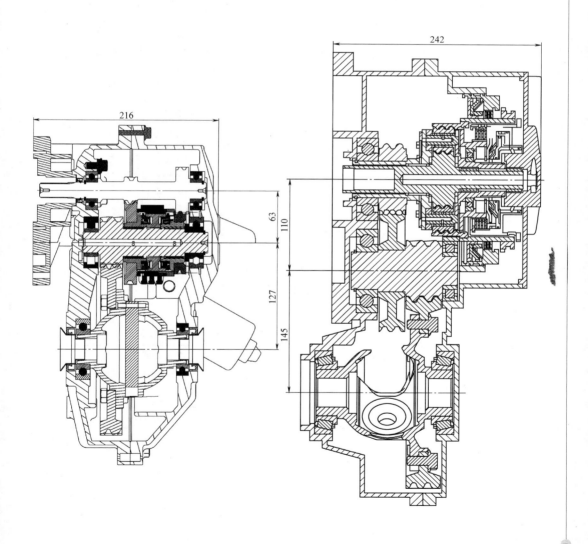

图 5-1-2　2 挡 AMT 实例　　　　图 5-1-3　2 挡 PST 实例

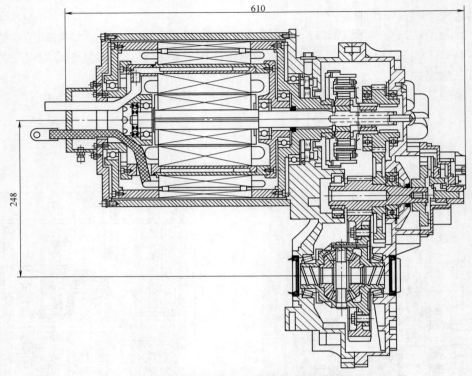

图 5-1-4 双转子电机电气无级变速器实例

5.2 变速器基本特征参数的确定

表 5-2-1 不同车型的中心距系数[1]

车型/变速器型式	中心距系数K_A
乘用车	8.9~9.3
商用车	8.6~9.6
多挡变速器	9.5~11.0

对于平行轴式变速器而言，中心距是最重要的基本特征参数。它对变速器的总体尺寸有着重要影响。一般而言，中心距越大，则变速器的尺寸、体积、重量和成本也越大。

中心距与变速器传递的转矩大小有关，传递的转矩越大，则中心距越大。

在总布置设计时，首先需要初步选择中心距。以往的文献给出了以下四个经验公式。

公式一[1]：

$$A = K_A(T_{imax} i_1 \eta_T)^{1/3} \quad (5\text{-}2\text{-}1)$$

式中，A 是中心距（mm）；K_A 是中心距系数，根据表 5-2-1 中进行选择；T_{imax} 是变速器输入轴最大转矩（N·m）；i_1 是变速器 1 挡传动比；η_T 是变速器传动效率，一般取 96%[1]。

公式二[2]：

$$A = K_A \left[T_{imax} \frac{(i_1+1)^4}{i_1} \right]^{1/3} \quad (5\text{-}2\text{-}2)$$

式中，K_A 是中心距系数，根据表 5-2-2 中进行选择[2]。

表 5-2-2　不同车型的中心距系数[2]

车型	中心距系数 K_A
乘用车	0.255
货车	0.278

公式三[3]：

对于同轴两级中间轴式变速器有

$$A = 11.483(T_{imax} i_1)^{0.271} \quad (5\text{-}2\text{-}3)$$

公式四[4]：

$$A = K_A(T_{imax})^{1/3} \quad (5\text{-}2\text{-}4)$$

式中，K_A 是中心距系数，根据表 5-2-3 中进行选择[4]。由于公式一、公式二和公式三给出的结果过于保守，在此推荐使用公式四，即式（5-2-4）。

表 5-2-3　不同车型的中心距系数[4]

车型	中心距系数 K_A
乘用车	14.5~16.0
货车	17.0~19.5

由上述公式计算得到的中心距 A 通常圆整为整数，以方便检测。

对于行星齿轮式变速器而言，齿圈的分度圆直径是基本特征参数，它在很大程度上决定了变速器的径向尺寸。齿圈的分度圆直径可以根据其与变速器最大输入转矩的统计关系进行初步估算，一些行星齿轮变速器基本特征参数的统计结果如图 5-2-5 所示。

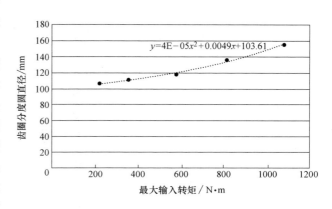

图 5-2-5　行星齿轮变速器基本特征参数的统计结果

5.3 总布置的设计原则

上面给出了电动汽车变速器的基本布置型式——平行轴式和行星齿轮式，另有一些变速器采用的型式则是这两种基本型式的组合。

变速器的总布置设计还要考虑其在整车中的布置方式，例如前置前驱、后置后驱、中置后驱等。前置前驱变速器尤其要注意限制轴向尺寸，保证其在前舱中的适配性，而中置后驱或后置后驱变速器则要注意限制径向尺寸，减小其对地板高度和离地间隙造成负面影响。

关于轴系、轴承、同步器、齿轮布置的基本概念和原则如下：

1）在传动路径上增加或减少一级齿轮副会造成输出轴转动方向逆转。

2）将承受高转矩的齿轮副尽可能布置在靠近轴承处，以减小轴在受载时的变形。

3）尽可能减小轴承之间的距离，以减小轴在受载时的变形，避免齿面接触印痕偏向一侧造成有效接触宽度的减小及接触应力增加。

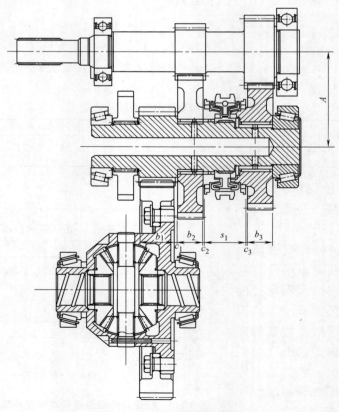

图 5-3-1 轴向间隙示意图

4）轴系间距由对应于最大传动比的齿轮副的中心距确定。

5）同步器可以布置在输入轴、中间轴或输出轴上，但布置在输出轴上较为常见，而输入轴上齿轮较小，布置同步器有困难。

6）以图 5-3-1 为例，同步器组件的总长度 s_1 通常由同步器供应商提供，各齿轮的宽度 b_1、b_2、b_3 由齿轮设计确定，而齿轮与齿轮、齿轮与同步器之间的轴向间隙 c_1、c_2、c_3 一般取 1.5~2mm。

为了减小减速器或变速器的径向尺寸，有时采用同轴式的布置方案，即输入轴和左右半轴的中心线相互重合[5-6]。图 5-3-2 是采用平行轴齿轮系的同轴式减速器布置方案的一个例子[6]。

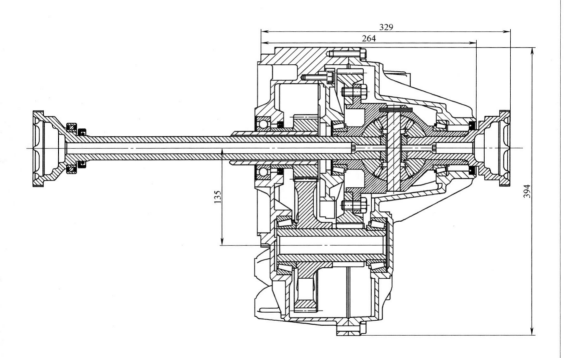

图 5-3-2　一种平行轴齿轮系同轴式减速器实例

参 考 文 献

[1]　王望予. 汽车设计 [M]. 3 版. 北京：机械工业出版社，2000.

[2]　NAUNHEIMER H, BERTSCHE B, RYBORZ J, et al. Automotive transmissions：fundamentals, selection, design and application [M]. 2nd ed. Berlin：Springer, 2011.

[3]　NAUNHEIMER H, BERTSCHE B, RYBORZ J, 等. 汽车变速器理论基础、选择、设计与应用 [M]. 宋进桂，译. 北京：机械工业出版社，2014.

[4]　刘惟信. 汽车设计 [M]. 北京：清华大学出版社，2001.

[5] SCHNEIDER D I E, FICKEL D I F, CEBULSKI D I B, et al. Highly integrative and flexible electric drive unit for electric vehicles [J]. Automobil Technische Zeitschrift (ATZ) Worldwide, 2011, 113 (5): 10-15.

[6] ZAERS C, HÄNICHE A, ABSENGER M. 用于 Volvo XC90 T8 的吉凯恩新型高性能 eAxle [Z]. 国际 CTI 第五届中国论坛（上海），2016.

第 6 章 电动汽车变速器主要子系统和部件设计

6.1 平行轴齿轮系的设计

自动变速器齿轮的发展趋势是越来越紧凑、轻巧。由于车辆行驶时的变工况特性,对于传统燃油汽车变速器而言,由于前进挡有较多传动比,载荷较大的齿轮副在整车工作寿命的大部分时间内都处于空载或轻载状态,因此变速器齿轮的设计原则是使得其中载荷最大的齿轮获得可以接受的有限寿命。然而,与传统燃油汽车变速器相比,电动汽车变速器的前进挡位数大为减少,这就导致每对齿轮副的承载循环比例更高,对其疲劳寿命提出了更大的挑战。显然,在单传动比减速器中,全部齿轮副的寿命都必须长于整车寿命。

纯电动汽车不存在发动机噪声的掩蔽作用,变速器噪声问题常常会突显出来。另外,因为前进挡传动比少,为了满足最高车速的要求,电动汽车驱动电机的最高工作转速普遍高于燃油发动机,这些均对变速器齿轮 NVH 设计提出了更高的要求。

为达到结构紧凑、安静、耐用等设计目标,电动汽车变速器普遍采用变位齿轮,而非标准齿轮,这一点和传统燃油汽车变速器类似。加工变位齿轮造成的齿轮刀具成本的增加可以由大批量制造而摊薄。

总之,电动汽车变速器齿轮设计要求紧凑、重量轻、噪声小、寿命长、成本低。

6.1.1 平行轴齿轮系的详细设计

由于电动汽车变速器挡位较少,变速器的轴向尺寸较为宽裕,因此其齿轮的设计原则从传统燃油汽车变速器以弯曲强度为优先转变为以 NVH 性能为优先。考虑到齿轮重合度对 NVH 性能的重大影响,基于传动比及最大输入转矩已知,电动汽车变速器平行轴齿轮系的设计分为以下 11 个步骤:

1)初选中心距。

2）计算小齿轮、大齿轮节圆直径。
3）初选小齿轮和大齿轮齿数齿宽、齿数和压力角。
4）选择螺旋角并估算确定法向模数。
5）计算小齿轮、大齿轮基圆直径、齿顶圆直径。
6）计算基圆节距。
7）初算端面重合度和纵向重合度。
8）计算并确定小齿轮和大齿轮变位系数。
9）根据变位系数更新中心距、重合度等参数。
10）校核轮齿弯曲强度。
11）校核齿面接触应力。

1. 初选中心距

可采用式（5-2-4）对中心距进行初步估算。

2. 计算小齿轮、大齿轮节圆直径

根据 1 挡传动比 i_1 及上一步骤初选的中心距 A，可按下式初步计算小齿轮节圆直径 d_1

$$d_1 = \frac{2A}{1+i_1} \tag{6-1-1}$$

大齿轮节圆直径 d_2 为

$$d_2 = i_1 d_1 \tag{6-1-2}$$

3. 初选小齿轮和大齿轮齿数齿宽、齿数和压力角

小齿轮的齿宽可以根据 d_1 进行估算，即

$$b_1 = 0.65 d_1 \tag{6-1-3}$$

假定大齿轮齿宽与小齿轮齿宽相同，则大齿轮齿宽为

$$b_2 = b_1 \tag{6-1-4}$$

齿数的选择对齿轮的强度、重合度等都会产生影响。一般而言，随着小齿轮齿数增加，其法向模数减小，从而导致弯曲疲劳强度降低，齿高也相应减小，使切削量和滑动率下降。另外，重合度则会提高，使传动更加平稳、安静。

根据是否是标准齿轮，初选小齿轮齿数 z_1。若采用标准齿轮，其不产生根切的最小齿数为 17，因此一般选择 $z_1 \geq 17$；若采用变位齿轮，则可以采用更少齿数，但最小齿数通常不少于 11，即 $z_1 \geq 11$。对于乘用车，$z_1 = 15 \sim 17$；对于商用车，$z_1 = 12 \sim 17$。

压力角 α 的选择要考虑其对齿轮强度和振动、噪声的影响。当压力角较大时，轮齿的弯曲强度、接触强度均提高，但也导致不根切的最小齿数减少，重合度下降，噪声增大。虽然国家规定的标准压力角为 20°[1]，电动汽车减速器和变速器齿轮常会采用更小的压力角，以改善振动和噪声性能。压力角 α 可根据表 6-1-1 进行选择。

表 6-1-1　齿轮螺旋角、压力角的推荐值

设计参数	乘用车	商用车
螺旋角	20°~25°（两轴式）[2] 22°~34°（中间轴式）[2] 25°~45°（普通）[3] 25°~30°（高档）[4]	18°~26°（货车）[2] 20°~30°（货车）[3]
压力角	14.5°,15°,16°,16.5°,17°,17.5°,20°（普通）	20°（货车）

4. 选择螺旋角并估算确定法向模数

螺旋角 β 的选择对齿轮副工作的强度和振动、噪声有着重要影响。当螺旋角较大时，齿轮副的重合度增大，工作平稳，噪声低，但也造成轴向力增加，尤其是超过 30°时轮齿的抗弯强度会降低。螺旋角 β 可根据表 6-1-1 进行初步选择。

一旦初步确定螺旋角 β，则可根据下式估算法向模数 m_n

$$m_n = \frac{2A\cos\beta}{z_1+z_2} \tag{6-1-5}$$

然后，将此法向模数 m_n 估算值圆整到表 6-1-2 中的标准值。其中，应优先选择第一系列法向模数值。值得注意的是，对于大批量生产的电动汽车变速器齿轮，常常采用非标准模数齿轮，以提高齿轮的强度和 NVH 性能。

表 6-1-2　齿轮法向模数标准值

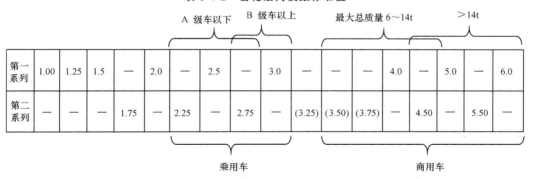

接着，根据圆整后的法向模数 m_n 利用下式更新螺旋角 β（单位为°）

$$\beta = \frac{180}{\pi}\arccos\frac{m_n(z_1+z_2)}{2A} \tag{6-1-6}$$

再将其圆整到最近的整数或半度。下一步，再根据下式计算小齿轮、大齿轮节圆直径以及中心距的更新值

$$d_1 = \frac{z_1 m_n}{\cos\beta} \tag{6-1-7}$$

$$d_2 = \frac{z_2 m_n}{\cos\beta} \tag{6-1-8}$$

$$A = \frac{d_1+d_2}{2} \tag{6-1-9}$$

最后，将小齿轮、大齿轮节圆直径的更新值代入式（6-1-3）和式（6-1-4）得到齿宽的更新值。

5. 计算小齿轮、大齿轮基圆直径、齿顶圆直径

先根据前述压力角（即法向压力角）α 计算端面压力角

$$\alpha_t = \arctan \frac{\tan\alpha}{\cos\beta} \tag{6-1-10}$$

再计算小齿轮、大齿轮基圆直径

$$d_{b1} = d_1 \cos\alpha_t \tag{6-1-11}$$

$$d_{b2} = d_2 \cos\alpha_t \tag{6-1-12}$$

齿顶高为

$$h_a = h_a^* m_n \tag{6-1-13}$$

式中，h_a^* 为齿顶高系数，取 $h_a^* = 1$。

小齿轮、大齿轮齿顶圆直径则为

$$d_{a1} = d_1 + 2h_a \tag{6-1-14}$$

$$d_{a2} = d_2 + 2h_a \tag{6-1-15}$$

6. 计算基圆节距

可根据下式计算基圆节距

$$p_b = \frac{2\pi r_{b1}}{z_1} \tag{6-1-16}$$

7. 初算端面重合度和纵向重合度

由于和齿轮噪声的高度相关性，重合度在电动汽车变速器齿轮设计中的重要性非常突出。

渐开线圆柱斜齿轮的总重合度 ε 由两部分组成，即端面重合度 ε_α 和纵向重合度 ε_β。

端面重合度 ε_α 又称接触比，其物理意义是作用线（又称啮合线）长度 L_{act} 与基圆节距 p_b 的比，即

$$\varepsilon_\alpha = \frac{L_{act}}{p_b} \tag{6-1-17}$$

对于相互啮合的两个渐开线圆柱斜齿轮（小齿轮1和大齿轮2），端面重合度 ε_α 的计算公式为[1]

$$\varepsilon_\alpha = \frac{0.5\left(\sqrt{d_{a1}^2-d_{b1}^2} \pm \sqrt{d_{a1}^2-d_{b2}^2}\right) + \alpha' \sin\alpha_t'}{\pi m_t \cos\alpha_t} \tag{6-1-18}$$

式中，d_{a1}、d_{a2} 分别是小齿轮、大齿轮的齿顶圆直径；d_{b1}、d_{b2} 分别是小齿轮、大齿轮的基圆直径；"+"用于外啮合，"-"用于内啮合；α' 是啮合角（又称节圆压力

角）；α_t' 是端面啮合角；α_t 是端面压力角；m_t 是端面模数。暂不考虑齿轮变位的影响，则啮合角与压力角相等，即 $\alpha'=\alpha$。而端面模数 m_t 则为

$$m_t = \frac{m_n}{\cos\beta} \tag{6-1-19}$$

端面啮合角 α_t' 的计算公式为[5]

$$\mathrm{inv}\alpha_t' = \mathrm{inv}\alpha_t + \frac{2(x_{t2} \pm x_{t1})}{z_2 \pm z_1}\tan\alpha_t \tag{6-1-20}$$

$$\alpha_t = \tan^{-1}\frac{\tan\alpha_n}{\cos\beta} \tag{6-1-21}$$

式中，渐开线函数 $\mathrm{inv}\alpha_t = \tan\alpha_t - \alpha_t$；$x_{t1}$、$x_{t2}$ 分别是小齿轮、大齿轮的变位系数；"+"用于外啮合；"-"用于内啮合。为简单起见，在此步骤可暂时忽略变位系数对节圆啮合角 α' 的影响，根据式（6-1-20）则有 $\alpha_t'=\alpha_t$，代入式（6-1-18）即可计算出端面重合度 ε_α 初值。

纵向重合度 ε_β 又称轴向重合度，其物理意义是有效齿宽与轴向基圆节距之比，其数学表达式为

$$\varepsilon_\beta = \frac{b_f \tan\beta_b}{p_b} \tag{6-1-22}$$

式中，b_f 是有效齿宽；β_b 是基圆螺旋角。

有效齿宽 b_f 可取大齿轮齿宽 b_2，基圆螺旋角 β_b 即为螺旋角 β，则式（6-1-22）变为

$$\varepsilon_\beta = \frac{b_2 \tan\beta}{p_b} = \frac{b_2 \sin\beta}{\pi m_n} \tag{6-1-23}$$

端面重合度 ε_α 和纵向重合度 ε_β 实际上是齿廓和齿面相互接触的轮齿平均个数，其二者之和即总重合度 ε，其物理意义是一对齿轮副中有部分长度轮齿互相啮合的总个数在 ε_1 和 ε_2 间交替变化，在此 ε_1 和 ε_2 分别是最接近 ε 的两个整数。图 6-1-1 所示为一对斜齿轮的作用区和接触线[6]。

在啮合作用中，通过作用区时，接触线的总长度会变化，这取决于齿廓和齿面接触比的数值。当这两个接触比中的任意一个为整数时，接触线长度之和会在整个作用区保持恒定。一般认为，这一条件使啮合更加平滑和安静，尤其是当两个接触比都是整数时更是如此。

8. 计算并确定小齿轮和大齿轮变位系数

采用变位齿轮一般有三个方面的作用：①避免齿廓根切，提高齿轮强度和使用寿命，当传动

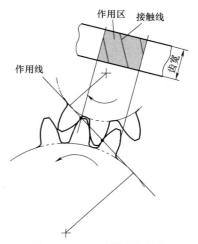

图 6-1-1 一对斜齿轮的作用区和接触线

比较大时,可使小齿轮齿厚增大,使大齿轮齿厚减小,因而使一对齿轮的寿命相当;②降低齿轮啮合噪声;③配凑中心距。

齿条刀中线由切制标准齿轮的位置沿着轮坯径向远离或靠近齿轮中心所移动的距离称为径向变位量,一般表示为 xm,其中 x 为变位系数,m 为模数。当 $x>0$ 时,称为正变位;当 $x=0$ 时,称为零变位;当 $x<0$ 时,称为负变位。变位齿轮对齿廓的影响如图 6-1-2 所示,正变位齿轮的齿厚增加,但齿顶变尖;而负变位齿轮的齿厚减小,齿顶变宽。

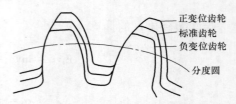

图 6-1-2 变位齿轮对齿廓的影响

变位齿轮有两种类型,即高度变位和角度变位。

对于一对斜齿轮副而言,其总变位系数为两个互相啮合齿轮的变位系数之和,即

$$x_{tc} = x_{t1} + x_{t2} \qquad (6\text{-}1\text{-}24)$$

高度变位可以增加小齿轮齿根强度,但不能降低噪声,其特点是总变位系数之和为零,即

$$x_{t1} + x_{t2} = 0 \qquad (6\text{-}1\text{-}25)$$

另一方面,角度变位则既增加小齿轮齿根强度,又能降低噪声,其特点是总变位系数之和不为零,即

$$x_{t1} + x_{t2} \neq 0 \qquad (6\text{-}1\text{-}26)$$

在选择齿轮变位系数时,应遵循以下原则:

1) 对于 1 挡、2 挡、倒挡,选择较大的总变位系数 x_{tc} 值。

2) 对于 1 挡,可选择 $x_{tc}>1$,以提高齿根强度。

3) 越高的挡位,选用的总变位系数 x_{tc} 越小。

4) 最高挡可选总变位系数 $-0.2 \leq x_{tc} \leq 0.2$,以保证最大接触强度,抗胶合,耐磨损。

5) 总变位系数 x_{tc} 越小,则齿根抗弯强度越低,但易于吸收噪声和振动,噪声越小。

为了选择齿轮变位系数,首先要计算小齿轮、大齿轮的当量齿数 z_{n1}、z_{n2}:

$$z_{n1} = \frac{z_1}{\cos^2 \beta} \qquad (6\text{-}1\text{-}27)$$

$$z_{n2} = \frac{z_2}{\cos^2 \beta} \qquad (6\text{-}1\text{-}28)$$

其次,根据图 6-1-3 选择小齿轮、大齿轮的变位系数 x_{t1}、x_{t2},在选择时要避开会使齿顶出现变尖或齿根出现根切的区域。也可参考国际、国内标准中的相关内容选择变位系数(例如 GB/T 3480—1997)。

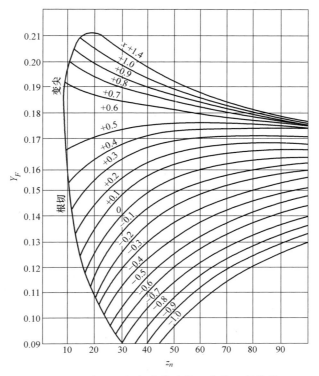

图 6-1-3 齿形系数与当量齿数、变位系数的关系

最后，根据当量齿数 z_{n1}、z_{n2} 和变位系数 x_{t1}、x_{t2} 根据图 6-1-3 查得齿形系数 Y_F，用于后续的齿根应力基本值的计算。

9. 根据变位系数更新中心距、重合度等参数

由于变位齿轮有配凑中心距、调整重合度等作用，在变位系数确定以后，必须根据变位的情况更新中心距、重合度等设计参数。

首先，根据式（6-1-20）计算变位后的端面啮合角 α_t'。

其次，因为高度变位不影响中心距，所以仅角度变位齿轮需要更新中心距，计算公式如下[1]：

$$A' = A \frac{\cos\alpha_t}{\cos\alpha_t'} = \frac{1}{2} m_t (z_1 + z_2) \frac{\cos\alpha_t}{\cos\alpha_t'} = \frac{1}{2} m_n (z_1 + z_2) \frac{\cos\alpha_t}{\cos\beta \cos\alpha_t'} \quad (6\text{-}1\text{-}29)$$

式中，A' 是新中心距。由此可计算中心距变动系数 y_t

$$y_t = \frac{A' - A}{m_n} \quad (6\text{-}1\text{-}30)$$

小齿轮、大齿轮的齿顶高更新值 h_{a1}、h_{a2} 分别为[5]

$$h_{a1} = m_n (h_{an}^* + x_{n1}) - \Delta y_t m_t \quad (6\text{-}1\text{-}31)$$

$$h_{a2} = m_n (h_{an}^* + x_{n2}) - \Delta y_t m_t \quad (6\text{-}1\text{-}32)$$

式中，h_{an}^* 是齿顶高系数，一般 $h_{an}^* = h_a^* = 1$；Δy_t 是齿顶高变动系数，

$$\Delta y_t = x_{tc} - y_t \tag{6-1-33}$$

m_t 是端面模数，

$$m_t = \frac{m_n}{\cos\beta} \tag{6-1-34}$$

小齿轮、大齿轮的齿根高更新值 h_{f1}、h_{f2} 分别为

$$h_{f1} = m_n(h_{an}^* + c_n^* - x_{n1}) \tag{6-1-35}$$

$$h_{f2} = m_n(h_{an}^* + c_n^* - x_{n2}) \tag{6-1-36}$$

式中，c_n^* 是径向间隙系数，$c_n^* = c^* = 0.25$。

小齿轮、大齿轮的全齿高分别为

$$h = h_{a1} + h_{f1} = h_{a2} + h_{f2} \tag{6-1-37}$$

小齿轮、大齿轮的齿顶圆直径分别为

$$d_{a1} = d_1 + 2h_{a1} \tag{6-1-38}$$

$$d_{a2} = d_1 + 2h_{a2} \tag{6-1-39}$$

小齿轮、大齿轮的齿根圆直径分别为

$$d_{f1} = d_1 - 2h_{f1} \tag{6-1-40}$$

$$d_{f2} = d_2 - 2h_{f2} \tag{6-1-41}$$

最后，根据式（6-1-18）和式（6-1-23）分别计算变位后的端面重合度 ε_α 和纵向重合度 ε_β。

10. 校核轮齿弯曲强度

可参考国内外标准（例如 GB/T 3480—1997）中的相关内容进行轮齿弯曲强度的校核，也可采用商业软件建模仿真进行校核。

轮齿弯曲强度的校核主要是针对计算齿根应力。计算齿根应力根据名义弯曲应力（即载荷作用侧齿廓根部最大拉应力）经相应的系数修正后，公式如下[1]

$$\sigma_F = \sigma_{F0} K_A K_V K_{F\beta} K_{F\alpha} \tag{6-1-42}$$

式中，σ_{F0} 是齿根应力的基本值；K_A 是使用系数；K_V 是动载系数；$K_{F\beta}$ 是弯曲强度计算的齿向载荷分布系数；$K_{F\alpha}$ 是弯曲强度计算的齿间载荷分配系数。相关系数的计算方法可参考 GB/T 3480—1997。

轮齿弯曲强度应满足以下两个条件之一：

1）计算齿根应力 σ_F 应不大于许用齿根应力 σ_{FP}，即

$$\sigma_F \leqslant \sigma_{FP} \tag{6-1-43}$$

2）弯曲强度的计算安全系数 S_F 应不小于弯曲强度的最小安全系数 S_{Fmin}，即

$$S_F \geqslant S_{Fmin} \tag{6-1-44}$$

式中，许用齿根应力 σ_{FP} 由下式确定

$$\sigma_{FP} = \frac{\sigma_{FG}}{S_{Fmin}} \tag{6-1-45}$$

式中，σ_{FG} 是计算齿轮的弯曲极限应力，其计算公式为[1]

$$\sigma_{FG} = \sigma_{Flim} Y_{ST} Y_{NT} Y_{\delta relT} Y_{RrelT} Y_x \tag{6-1-46}$$

式中，σ_{Flim} 是试验齿轮的齿根弯曲疲劳极限；Y_{ST} 是试验齿轮的应力修正系数；Y_{NT} 是弯曲强度计算的寿命系数；$Y_{\delta relT}$ 是相对齿根圆角敏感系数；Y_{RrelT} 是相对齿根表面状况系数；Y_x 是弯曲强度计算的尺寸系数。这些系数的计算方法可参考 GB/T 3480—1997。

弯曲强度的最小安全系数 S_{Fmin} 一般取 2.00。

如果轮齿弯曲强度不满足上述两个条件中的任何一个，则需要重新选取小齿轮和大齿轮齿数，再重复上述步骤进行迭代，直至轮齿弯曲强度满足上述两个条件之一为止。

11. 校核齿面接触强度

可参考国内外标准（例如 GB/T 3480—1997）中的相关内容进行齿面接触强度的校核，也可采用商业软件建模仿真进行校核。

齿面接触强度的校核主要是针对节点和单对齿啮合区内界点的接触应力中的较大值，小齿轮和大齿轮的许用接触应力分别进行校核。小齿轮和大齿轮的计算接触应力分别按下述两式确定[1]

$$\sigma_{H1} = Z_B \sigma_{H0} \sqrt{K_A K_V K_{H\beta} K_{H\alpha}} \tag{6-1-47}$$

$$\sigma_{H2} = Z_D \sigma_{H0} \sqrt{K_A K_V K_{H\beta} K_{H\alpha}} \tag{6-1-48}$$

式中，K_A 是使用系数；K_V 是动载系数；$K_{H\beta}$ 是接触强度计算的齿向载荷分布系数；$K_{H\alpha}$ 是接触强度计算的齿间载荷分配系数；Z_B、Z_D 分别是小齿轮、大齿轮对齿啮合系数；σ_{H0} 是节点处计算接触应力的基本值。相关系数的计算方法可参考 GB/T 3480—1997。

齿面接触强度应满足以下两个条件之一：

1）小齿轮、大齿轮在节点和单对齿啮合区内界点处的计算接触应力中的较大值 σ_H 均应不大于其相应的许用接触应力 σ_{HP}，即

$$\sigma_H \leqslant \sigma_{HP} \tag{6-1-49}$$

2）接触强度的计算安全系数 S_H 均应不小于其相应的最小安全系数 S_{Hmin}，即

$$S_H \geqslant S_{Hmin} \tag{6-1-50}$$

式中，许用接触应力 σ_{HP} 由下式确定

$$\sigma_{HP} = \frac{\sigma_{HG}}{S_{Hmin}} \tag{6-1-51}$$

式中，σ_{HG} 是计算齿轮的接触极限应力，其计算公式为[1]

$$\sigma_{HG} = \sigma_{Hlim} Z_{NT} Z_L Z_V Z_R Z_W \tag{6-1-53}$$

式中，σ_{Hlim} 是试验齿轮的接触疲劳极限；Z_{NT} 是接触强度计算的寿命系数；Z_L 是润滑剂系数；Z_V 是速度系数；Z_R 是粗糙度系数；Z_W 是工作硬化系数；Z_x 是接触强度计算的尺寸系数。这些系数的计算方法可参考 GB/T 3480—1997。

接触强度的最小安全系数 S_{Hmin} 一般取 1.50~1.60。

如果齿面接触强度不满足上述两个条件中的任何一个，则需要重新选取小齿轮和大齿轮齿数，再重复上述步骤进行迭代，直至齿面接触强度满足上述两个条件之一为止。

6.1.2 轴与支承的设计

平行轴变速器的轴与轴承的设计原则是在变速器尺寸和重量的限度内使刚度最大化。平行轴系的齿轮在受载时不仅存在径向变形，使接触比减小，而且会因轴的变形产生歪斜，导致端部受载而损失接触比。总接触比减小是产生噪声的主要原因。

在设计中应该分析轴的变形和因此产生的歪斜度。为使刚度最大化，变速器箱体要有足够多的加强筋。在最大输入转矩下，轴在其轴线平面中的容许挠度和容许弯曲角的典型值分别为 0.02~0.06mm 和 0.005rad。

在齿轮副中的一个齿轮上采用鼓形齿向修形，已是广泛采用的消除因变形造成的端部载荷的方法。因鼓形本身减小斜齿轮的重合度，一般希望鼓形越小越好，这是由设计刚度允许的变形量决定的。需要注意的是，采用平行轴布置时变形一般倾向于增加齿隙，因此齿隙的规格仅需要避免中心距、齿厚、摆差等尺寸公差造成的啮合过紧（轮齿两侧均接触）。与传统内燃机汽车相比，电动汽车运行的一个重要特点是会经常进入制动能量回馈工作模式。此时，其传动系统的转矩传递方向会突然逆转，变为由车轮传递给驱动电机，从正向峰值转矩变为逆向峰值转矩可以在几毫秒内完成。齿隙过大虽然不会影响啮合噪声，但会在空载及转矩反向时引起的齿轮敲击声。因此，名义中心侧隙一般控制在 0.05~0.2mm 范围内。

6.1.3 降低齿轮噪声的设计原则

1. 齿轮噪声的原理

电动汽车变速器的齿轮转速一般较传统内燃机汽车变速器更高，这使齿轮噪声的重要性更加凸显。然而，由于齿轮噪声的影响因素多种多样，故目前尚未能建立确切的设计方法来保证其不出现噪声超标或异响问题。齿轮噪声的复杂性主要有以下四个原因：

1) 噪声的客观测量值与主观评估之间尚缺乏可靠的关联性。实际上，除了噪声响度这一度量外，噪声的声品质也会影响人的主观感受。目前因为缺乏声品质的客观评估方法，业内仍然普遍采用车辆道路主观测试方法来最终确认变速器的 NVH 性能。

2) 人对噪声辨别的误差较大。例如，就响度而言，单一测试人员能够辨别的概率误差为 ±6 方（即 1000Hz 时的 ±6dB），这意味着该人员可能难以分辨声压级有 4∶1 变化量的噪声之间的区别；而多人组成的测试小组能够辨别的响度级概率误差会有所减小，例如 10 人小组可使误差减为 ±2 方，也就是说他们依然无法辨别 1.6∶1 以内的声压级变化[4]。加上环境噪声的掩蔽效果时，误差则会更大。为了更加精确可靠地评估噪声等级，一般需要使用声学仪器在消声室里进行测量，以获得更加可靠的数据。

3）影响齿轮噪声的设计参数很多且相互之间多有影响。齿形本身的复杂性使得某个设计参数的改变极易影响到其他的几何特征。

4）制造公差对优化设计效果评估的影响。由于制造时很难将两个齿轮做得完全一样，因而评估齿轮设计的变更必须基于都满足制造公差范围的大量齿轮的统计结果。这意味着在样机阶段的NVH评估有一定的失误概率。

尽管齿轮噪声有着上述的复杂性，但是只要在设计时遵循一些基本的准则就会显著减少其出现噪声问题的风险。这些准则很多是来自于经验的积累而非严格的理论或严密的数据[6]。

一般认为，汽车变速器的齿轮噪声是啮合的齿轮副在传动时由于相互的碰撞或摩擦激起齿轮体振动而辐射出来的噪声。因此，齿轮噪声都与齿轮啮合频率高度相关。一般认为，齿轮噪声根据发生的机理不同有两种类型：一种是加速度噪声，即在轮齿啮合时由于冲击而使齿轮产生很大的加速度并引起周围介质扰动，进而由这种扰动产生的声辐射；另一种是自鸣噪声，即在齿轮动态啮合力作用下，各零部件会产生振动，这些振动所产生的声辐射。加速度噪声先辐射到变速器内的空气和润滑油中，再通过箱体辐射出来。自鸣噪声则由齿轮体的振动通过传动轴引起支座振动，从而通过箱体壁面的振动而辐射出来。一般而言，自鸣噪声是变速器的主要声源。

齿轮噪声强度不仅与轮齿啮合的动态激励力有关，而且还与齿轮体、传动轴、轴承及箱体等的结构形式、动态特性以及动态啮合力在它们之间的传递特性有关，即涉及结构的质量、弹性系数、阻尼特性。这些振动进入车身空腔后，在空气中变成运动的声波，传到耳朵后成为齿轮噪声。轮齿啮合的动态激励力的外在表现为齿轮副的运动传递误差。

显然，解决振动和噪声问题的根本方法是控制激振源。在电驱动系统中，激振源除了齿轮外，还可以是驱动电机，因此系统噪声的控制涉及减少电机转矩脉动和齿轮副的运动传递误差两个方面。在此仅限于讨论后者，即如何通过齿轮设计的改进减小其噪声。

齿轮噪声对以下设计参数最为敏感：

1）模数。
2）压力角。
3）螺旋角。
4）齿顶高系数。
5）轴与支承结构。
6）齿形公差与修形，包括摆动、偏心、侧隙等。

2. 与齿轮噪声相关的物理量

齿面接触频率是与齿轮噪声有关的重要物理量，其原理是齿面接触引起的振动在传递路径上共振放大。齿面接触频率 f 是指齿轮啮合的时间速率，即

$$f = \frac{NZ}{60} \tag{6-1-54}$$

式中，N 是齿轮转速（r/min）；Z 是齿轮齿数。

齿轮的重合度也与齿轮噪声高度相关。在啮合作用中，通过作用区时，接触线的总长度会变化，这取决于端面重合度 ε_α 和纵向重合度 ε_β 的数值，当这两个重合度中的任意一个为整数时，接触线长度之和会在整个作用区保持恒定。一般认为，这一条件使得啮合更加平滑和安静，尤其是当两个重合度都是整数时更是如此。

大多数电动汽车量产变速器的总重合度在 2~3 之间，有些甚至大于 3。端面重合度 ε_α 一般希望在 1.4 以上，而考虑到尺寸链上所有公差累计造成的最小端面重合度 ε_α 不应小于 1.2。纵向重合度 ε_β 的变化范围更大一些，在 1.4~1.7 之间最为常见。

3. 降低齿轮噪声的设计原则

齿轮设计参数如模数、压力角、螺旋角、齿顶高系数、轴和支承设计、公差以及修形都对齿轮噪声有很大的影响。以下就其相关的设计原则分别进行阐述。

（1）模数

模数越小，噪声越低，因此在满足弯曲强度要求的条件下一般尽可能选取小的模数。电动汽车变速器齿轮的模数可低至 1.5。

模数与齿轮噪声的关系主要是因为其对重合度的影响。由于端面重合度 ε_α 和纵向重合度 ε_β 都是模数的线性函数，因此模数越小，则同时接触的齿数越多，从而减小了每个齿上的负荷。对于相同的端面重合度 ε_α 和纵向重合度 ε_β，小模数齿轮更安静。这是因为模数越小，其啮合作用离节圆越近，其结果是减少滑动比和渐开线敏感度。图 6-1-4 所示为一对齿轮副滑动比与模数的关系，图 6-1-5 显示了作

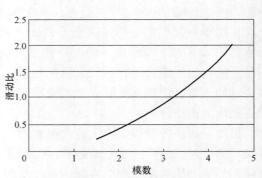

图 6-1-4 一对齿轮副滑动比与模数的关系

用起始点到基圆距离随模数减小而增大，这对齿轮副的其他参数（如渐开线重合、中心距、基圆直径等）都维持不变。图 6-1-6 中的齿顶高随模数减小而减小，重合度保持不变。滑动引起噪声的原因是它以齿面接触频率间歇性出现会导致弹性变形的啮合力得到释放，从而产生噪声。

一般认为，小模数齿轮的变形率低于大模数齿轮。图 6-1-7 中显示，齿轮副的相对轮齿刚度是模数的函数。模数为 2.25 的齿轮实际上比模数为 3 的齿轮刚度更高，原因是重合度为常数时齿高的下降比齿厚的减小更快。当然，高刚度不但无助于噪声控制，而且可能有负面效果。因此，小模数齿轮更加安静并非因为其刚度更高，而是因为滑动比和相对滑动的减小造成的端面重合度 ε_α 和纵向重合度 ε_β 增加。

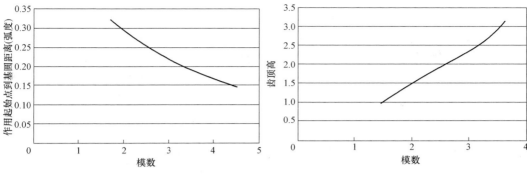

图 6-1-5 作用起始点到基圆距离与模数的关系　　图 6-1-6 齿顶高与模数的关系

（2）压力角

选取较小的压力角有利于降低齿轮噪声，其原因有三：①端面重合度 ε_α 随压力角的减小快速增大；②压力角减小可使相应的啮合速率下降，从而减小啮合起始和结束时的瞬间动态载荷；③减小压力角可以降低轮齿的刚度以及因尺寸误差导致的载荷变化，从而降低噪声。

有时，采用较小压力角来避免大螺旋角造成轮齿过于尖锐，与降噪无

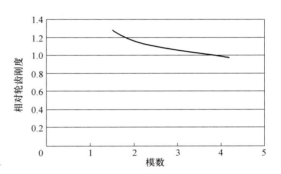

图 6-1-7 相对轮齿刚度与模数的关系

关。减小压力角也受到一些因素的限制。压力角过小会导致作用起始点与基圆过于接近，因而使滑动比过大，弯曲和压应力增加。为了避免根切且使作用起始点尽量接近基圆，通行的设计准则是在考虑全尺寸公差链时使最低接触点与基圆的径向距离为 0.125~0.25mm，对小模数齿轮可取下限。

（3）螺旋角

选取较大的螺旋角对降低噪声有利。目前汽车变速器普遍采用斜齿轮传动，因为其交叠啮合有益于降低齿轮噪声。斜齿轮啮合起始是一个点，然后接触线以对角线横跨齿面，最后结束啮合时也是一个点，这就减小了啮合起始和结束时的载荷变化率，这时的动态瞬间载荷波动也因此减小，其效果与减小压力角类似。近年来，变速器斜齿轮设计中通过提高重合度降低噪声已成为趋势，而螺旋角增大有利于提高重合度。

然而，螺旋角过大也会使轴向载荷超过轴承的轴向承载能力，若球轴承无法满足要求，则不得不选用圆柱滚子轴承，造成摩擦损失的增加。

（4）齿顶高系数

齿顶高系数是对齿轮噪声有重要影响的另一个变量，它的选取原则是使渐近角

较小而渐远角较大。对于斜齿轮，沿轮齿长度方向的接触线是斜的，因此在同一个轮齿上两边的节圆直径处会同时出现滑动，但变速器齿轮的表面粗糙度较小，润滑较好，不太可能出现很大的摩擦力，对噪声的影响较小。然而，对于直齿轮，啮合作用在渐远角阶段更加安静。在渐近角中，齿轮法向载荷随摩擦力增加。因此，当摩擦力足够大时，它会锁死齿轮副（当 $f = \cot\phi$ 时），在此极端条件下，齿轮作用噪声将会较大。而在渐远角中则相反，根据式（6-2-25），齿轮法向载荷随摩擦力减小，使其噪声比在渐近角中低。

（5）轴与支承的结构

轴与支承的刚度、同轴度、径向跳动等设计参数都对齿轮噪声产生影响。刚度不足产生的弯曲变形以及同轴度、径向跳动过大都会破坏齿轮的正确啮合，产生噪声。

在布置轴与支承时，应尽量减小支承之间的距离，从而控制轴在载荷下的变形量。

轴上的花键设计应该尤其注意其在转矩方向经常切换的电动汽车行驶工况下的疲劳强度，避免因花键磨损造成噪声或异响。

箱体的变形也会通过轴与支承间接地影响齿轮噪声，因此在设计时也要将其刚度控制合理限值以内。

（6）齿轮尺寸公差[6]

变速器齿轮设计的最后一个重要方面是齿轮尺寸的公差。当齿轮足够多时，即可借由统计方法得到噪声对其尺寸公差的相关性，并根据统计数据不断更新这些公差。表6-1-3所列公差可以作为变速器齿轮的初始公差使用。

表 6-1-3　变速器齿轮的初始公差[5]

变速器齿轮		初始公差
外齿轮	齿向偏差/齿面宽度	±0.05%
	任意两齿间齿向偏差/齿面宽度	±0.1%
内齿轮	齿面宽度/齿面宽度	±0.1%
	任意两齿间齿向偏差	≤0.025mm
渐开线	负偏差，正偏差	-0.005mm, +0.0075mm
	任意两齿间渐开线偏差	≤0.025mm
间距	最大齿距误差	0.015mm
	最大分度误差	0.025mm
节径	径向跳动	-0.025mm

（7）齿轮修形

电动汽车变速器中通常都采用修形的渐开线齿轮。一般主动齿轮采用鼓形渐开线，也就是说渐开线在齿顶和齿根减掉，当它与未修形的齿轮啮合时，将延迟进入并且提早退出。渐开线修形可以视为锥形侧隙。在未修形的齿轮啮合点，因变形或间距误差可能产生干涉,如图 6-1-8 所示,修形在理论啮合起始点能产生间隙从而避免干涉。当理论接触点沿着作用线移动时,侧隙渐渐变成零,而载荷作用在齿上的变化率取决于修形的锥度以及轮齿的弹性系数。一般希望修形的锥度在齿轮载荷的突变前消失。渐开线的合适修形量需要通过大量齿轮修形前后噪声测量来加以确定。

综上所述,广泛接受的控制齿轮噪声的设计准则包括以下 8 点[6]:

1)在满足强度要求的前提下选择较小的模数和压力角。

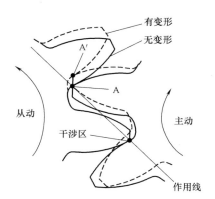

图 6-1-8 未修形齿轮进入啮合时的干涉原理

2)在满足轴承轴向承载能力的前提下选择较大的螺旋角。

3)总重合度大于 2.5,最小端面重合度 ε_α 不小于 1.2。

4)避免根切。

5)选择合适的齿顶高系数使渐近角较小而渐远角较大。

6)控制轴与支承或部件的刚度、同轴度以及径向跳动。

7)选择合适的尺寸公差。

8)修形齿轮导程和渐开线以补偿轮齿变形。

6.1.4 齿轮强度及疲劳寿命设计

1. 齿轮的失效模式

变速器齿轮的失效模式主要有弯曲疲劳、压缩疲劳、齿面胶合、轮齿磨损等。

变速器齿轮的磨损是一种常见的失效模式,通常因表面硬度不足、尘粒侵入或润滑设计缺陷造成。变速器设计准则是不允许其齿轮在其设计寿命范围内出现明显的磨损。因此,变速器齿轮都在注有润滑油的封闭箱体内工作,并且其齿面一般均淬火硬化,提高耐磨性。变速器齿轮的润滑系统设计将在 6.7 节中涉及。

齿轮的疲劳失效通常与其支承设计缺陷有关,常伴随有噪声问题。耐久性好的齿轮设计必须使负载适当地分布在齿面上。因此,互相啮合齿轮的定位和支承的设计要求是在所有载荷条件下其接触斑点的最大压力部分应该落在轮齿的边界以内,而满载下的接触斑点应分布在至少三分之二齿面上,不允许在齿的边缘上出现严重接触。齿轮支承结构的设计必须防止在载荷下出现过量的位移和角变形,否则将导致噪声问题,继而引起疲劳失效。

2. 齿轮弯曲强度

齿轮弯曲疲劳是变速器齿轮设计中的首要问题。为了降低噪声,变速器普遍采用斜齿轮,其耐久性和噪声要求的节距、压力角、螺旋角等参数的选择常常是互相冲突的。例如，为降低噪声所做的设计变更常常会导致耐久性下降，而帮助载荷在轮齿间平顺过渡的设计变更会给耐久性和噪声都带来不利影响。

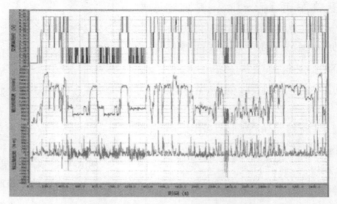

图 6-1-9　变速器输出轴转矩、转速及挡位记录曲线[7]

虽然齿轮的弯曲应力可以由经验公式计算得到，但是现今已普遍采用的有限元分析方法可以提供更加准确、全面的应力分布，在载荷和齿轮几何尺寸已知时可以给出诸如最大弯曲应力等重要设计数据。具体分析方法在此从略。乘用车自动变速器齿轮的最大弯曲应力的典型值对于自动变速器齿轮范围通常为 900MPa（前进挡齿轮）~ 1030MPa（倒挡齿轮），对于手动变速器齿轮则为 620MPa（前进挡齿轮）~ 830MPa（倒挡齿轮）。这些限值来源于台架和车辆试验，可以作为设计指南，但无法由此得知准确的齿轮寿命。

由于乘用车在路面工况的多样性，变速器齿轮的载荷和转速都随之改变，这种载荷谱通常需要用首轮样机安装在车辆上在试验场经由试验测定。图 6-1-9 是变速器输出轴转矩、转速以及相应挡位随时间变化的记录曲线。根据挡位可以将该数据

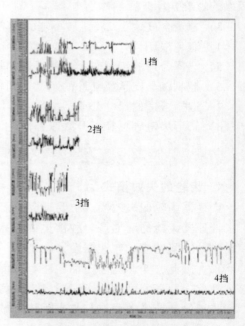

图 6-1-10　经挡位分解后的转速、转矩时间历程[7]

分解成每一挡位的转矩和转速，如图 6-1-10 所示。对不同大小的一定范围内的转矩都可以计算出相应的转动周次，如图 6-1-11 所示。采用该方法，对于每个挡位涉及的齿轮，则可以继而计算出转矩直方图，如图 6-1-12 所示，它反映的是各挡位相应的齿轮在不同转矩水平上的转动周次。另一方面，不同齿轮受同样的恒定转矩载荷

下转动直至失效的周次可以在实验中测得,其结果可以整理成如图 6-1-13 所示的 S-N 曲线,它表示在不同载荷(转矩)下齿轮的寿命(周次)。由于齿轮弯曲失效时其受力状态类似悬臂梁,转矩与轮齿弯曲力矩成正比,一般可以采用迈纳准则(Miner's Rule)计算出其累积损伤,如图 6-1-14 所示。迈纳准则的预测结果有其不确定性,因为它是基于小样本试验得出的结果,所以将其用于齿轮弯曲疲劳寿命设计时,对于一般齿轮需要采用的安全系数为 2,而对至关重要的齿轮需要采用的安全系数为 10。

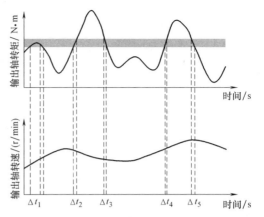

图 6-1-11 一定转矩范围内转动周次计算示意图

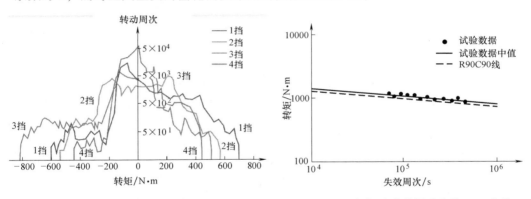

图 6-1-12 各挡位齿轮的转矩直方图

图 6-1-13 根据试验数据确定的 S-N 曲线

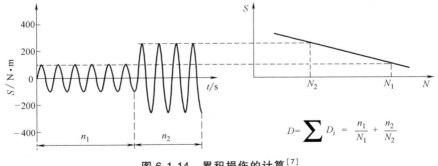

图 6-1-14 累积损伤的计算[7]

值得注意的是,太阳轮的轮齿累积的周次与其相对于行星架的转动次数以及行星轮个数成正比。行星轮的轮齿累积的周次则与其相对于行星架的转速成正比,而它们同时与太阳轮和齿圈啮合不仅使周次倍增，而且在其轮齿上产生应力的逆转，这与太阳轮和齿圈的情况不同。

齿轮设计参数的选择原则如下：

（1）齿形　乘用车变速器一般采用高齿并且修形的齿形，货车变速器采用标准齿形。

（2）模数　采用能够满足轮齿弯曲强度和工艺要求的尽可能细小的模数，中心距和齿轮直径的选择要满足耐久性要求。变速器齿轮的法向模数范围见表 6-1-4。

表 6-1-4　变速器齿轮的法向模数范围

变速器齿轮种类	法向模数
变速器行星齿轮	1.25~2
乘用车平行轴齿轮	2.3~4
轻型货车平行轴齿轮	2.8~5

（3）压力角　减小压力角有利于降低齿轮噪声。乘用车变速器齿轮的法向压力角范围通常为 14.5°~16.5°，货车变速器齿轮的法向压力角通常为 20°，重型车变速器低挡和倒挡齿轮法向压力角范围通常为 22.5°~25°。

（4）螺旋角　在轴向载荷和齿轮弯曲强度允许的前提下，螺旋角越大越好。乘用车变速器齿轮的螺旋角范围通常为 25°~45°，一般货车变速器齿轮的螺旋角为 20°~30°，重型车变速器齿轮通常选用较小的螺旋角，以减小轴向力。

（5）齿高　通常需要调整齿高以满足弯曲疲劳寿命要求并尽可能使渐开线接触比大于 1.4。行星齿轮机构的太阳轮常常比行星轮累积应力循环数更快，因此太阳轮的轮齿强度需要比行星轮更高。

（6）齿根间隙　要提供足够齿根间隙以便尽可能采用全半径齿根圆，这一措施通常不但不会引起弯曲强度的降低，而且能够减少材料的应力集中，使其疲劳寿命大大增加，并延长齿轮刀具寿命。

设计中有时在变速器壳体尺寸维持不变而且使用已有齿轮刀具的情况下，希望提高转矩容量，可以通过对齿轮进行喷丸处理提高 15%~30% 的转矩容量，前提是其容量仅受限于轮齿强度而非支承条件。对单行星齿轮系而言，通过增加行星轮个数可以显著提高转矩容量，因为可以将转矩分配到更多的轮齿接触面上。虽然多个行星轮不一定分担同等的载荷，但工程实践已证实该措施切实可行。

3. 齿轮表面的压缩失效

齿轮在高接触应力下长期工作会产生压缩疲劳失效，通常起始于节线附近的点蚀，如图 6-1-15 所示。

在非常高压缩载荷下会出现剥落，如图 6-1-16 所示，与点蚀相比这种失效的范围更大，一般认为剥落起始于表面以下。

图 6-1-15 齿轮的点蚀失效

图 6-1-16 齿面剥落失效

一般而言，越粗的齿轮越容易出现压缩疲劳失效，这是因为当齿变大时其弯曲强度比压缩强度增加得更快。因此，与手动变速器中较粗的齿轮相比，乘用车行星齿轮自动变速器中由于多采用细齿，其压缩疲劳失效问题较轻微。

当外啮合齿轮材料的弹性模量大致相同时，其节线压缩应力的计算可以采用基于描述圆柱间接触应力的 Hertz 方程推导出的 Huffaker 公式：

$$\sigma_c = 0.834 \sqrt{\frac{F_t E \left(\dfrac{1}{d_{pp}} + \dfrac{1}{d_{gp}}\right)}{W_{ga}\sin 2\psi_n}} \cos\phi_p \qquad (6\text{-}1\text{-}55)$$

式中，σ_c 是最大压缩应力；ϕ_p 是节径处的螺旋角；F_t 是轮齿在节径处受到的切向载荷；E 是杨氏弹性模量；W_{ga} 是齿轮轴向实际面宽；ψ_n 是法向压力角，d_{pp} 是小齿轮节径；d_{gp} 是大齿轮节径。如果是内啮合齿轮，公式中的正号变为负号。

试验表明，变速器齿轮在按照式（6-1-55）计算的最大压缩应力不大于 1380MPa 时，在适当的润滑和冷却条件下，其表面疲劳寿命实际上是无限的。若表面疲劳寿命实际目标为有限值时，手动变速器 1 挡和 2 挡齿轮的接触应力可以分别高达 3450MPa 和 2415MPa。变速器齿轮压缩应力对应的压缩疲劳寿命可参考图 6-1-17 所示的 S-N 曲线。

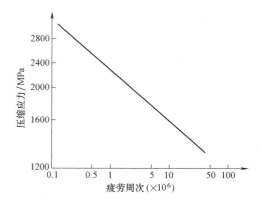

图 6-1-17 主动齿轮压缩应力疲劳曲线

4. 齿轮的胶合失效

齿轮胶合失效通常因不高的压缩应力与较低的轮齿滑动速度联合作用造成，其在电动汽车变速器齿轮中较为罕见。行星齿轮的轮齿较细，因而有着较大的胶合失效安全边际。对于较大型的变速器和重载变速器，则需要校验胶合系数，将其限制在 1.5×10^6 以下。一般建议计算小齿轮齿顶和大齿轮齿顶的胶合系数。需要的话，可通过改变齿顶圆半径、修形等措施改善啮合的平顺性，或在润滑油中增加防胶合添加剂[6]。对外啮合齿轮，胶合因数的计算公式如下：

$$\zeta_k = \sigma_k \frac{\pi N_k (i+1)}{360 i} (\rho_k - r_{pt} \sin \psi_t)^2 \quad (6\text{-}1\text{-}56)$$

式中，

$$\sigma_k = 476620 \sqrt{\frac{T_k C \sin \psi_n}{W_f L_c Z_k \rho_k (C \sin \psi_t - \rho_k)}} \quad (6\text{-}1\text{-}57)$$

$$\rho_k = \sqrt{r_{ko}^2 - (r_k \cos \psi_t)^2} \quad (6\text{-}1\text{-}58)$$

$$i = \frac{Z_g}{Z_p} \quad (6\text{-}1\text{-}59)$$

ζ 是齿轮齿顶的胶合系数；σ 是齿轮齿顶的接触应力；N 是齿轮转速；Z 是齿轮齿数；r 是齿轮节圆半径；ψ 是压力角；C 是中心距；T 是齿轮转矩；ρ 是齿轮齿顶渐开线曲率半径；W_f 是有效齿宽；下标 p 是小齿轮；g 是大齿轮；t 是横向；n 是法向；o 是齿顶圆；pt 是节圆。接触线长度 L_c 可用下式得到

$$L_c = \rho_p + \rho_g - C \cos \psi_t \quad (6\text{-}1\text{-}60)$$

5. 变速器齿轮材料的选择

变速器齿轮通常采用两类钢材。

一类是淬透硬化级合金钢，提供碳氮共渗产生深度为 0.13~0.31mm 的硬化层，再对齿轮进行 175~220℃ 的调质以消除应力。齿轮表面硬度为 HRC58~60，中心硬度为 HRC45~60。这类材料的优点是成本低，静态强度高。

另一类是渗碳级合金钢，渗碳层最大深度限制为齿厚的 25%，渗碳层深度的典型值对于行星齿轮为 0.3~0.7mm，对于平行轴齿轮则为 0.8~1.8mm。齿轮成品的表面硬度至少为 HRC55，中心硬度为 HRC25~40。这类材料的疲劳强度很高，保证高疲劳强度的关键在于将中心硬度控制在 HRC40 以下。国内常用的 20CrMnTi、美国的 SAE86 系列（例如 SAE8615、SAE8620）以及德国的 Cr-Mn 系列（例如 16MnCr5、20MnCr5）均属于这一类型。表 6-1-5 列出了 5 种主要的电动汽车变速器齿轮材料的力学性能。

表 6-1-5 国内外变速器常用齿轮材料

材料	40Cr	20CrMo	20CrMnTi	SAE8620	20MnCr5
国家	中国			美国	德国
密度/（kg/m³）	7.87×10^3	7.84×10^3	7.86×10^3	7.872×10^3	7.85×10^3
弹性模量/GPa	211	210	212	205	210
泊松比	0.277	0.278	0.289	0.27	0.28
热膨胀系数/（1/℃）	1.20×10^{-5}	1.27×10^{-5}	1.27×10^{-5}	1.22×10^{-5}	1.26×10^{-5}

(续)

材料	40Cr	20CrMo	20CrMnTi	SAE8620	20MnCr5
比热/[J/(kg·K)]	460	460	460	477	470
热传导率/[W/(m·K)]	44	44	44	46.6	45.9
抗拉强度/MPa	≥980	≥885	≥1080	≥980	≥1482
屈服强度/MPa	≥785	≥685	≥835	≥785	≥1232
伸长率(%)	≥9	≥12	≥10	≥9	≥13
断面收缩率(%)	≥45	≥50	≥45	≥40	≥57
冲击功/J	≥47	≥78	≥55	≥47	≥47
冲击韧性值/(J/cm^2)	≥59	≥98	≥69	≥59	≥73
硬度/HB	≤207	≤197	≤217	≤214	≤357
热处理规范	淬火:850℃,油冷;回火520℃,水冷、空冷	淬火:880℃,油冷;回火500℃,水冷、油冷	淬火:第一次880℃,第二次870℃,油冷;回火200℃,水冷、空冷	淬火850℃,油冷;回火200℃,空冷	淬火:第一次900℃,第二次870℃,油冷;回火200℃,空冷

内齿轮工作时的应力通常都显著低于外齿轮。有些齿轮制造商利用这一点，使用珠光体可锻中硬度钢来制造内齿轮，硬度为163~207HB，机加工后不再进行后续热处理。这种齿轮硬度较低，不耐磨损，容易发生点蚀，但已成功应用于负载周期数较低的场合，例如倒挡用的内齿轮副。

6.1.5 变速器齿轮设计的可制造性

变速器齿轮设计的重要原则是保证齿轮的可制造性，并将尺寸公差控制在合理的限度之内，尽可能降低其制造成本。

1. 滚齿

滚齿是一种基于展成法（又称范成法）的齿轮加工工艺，因生产率高而得到广泛采用。这种工艺的主要问题在于齿轮齿顶圆和齿根圆的同心度和精度，若其超差则会导致中心距公差偏大，引发齿根干涉或渐开线重合度不足的问题。采用全顶切滚齿工艺一般可使齿顶圆、齿形和齿根达到设计要求。

影响齿轮齿顶圆和齿根圆的同心度和精度的因素很多，包括滚齿刀的尺寸公差、外径跳动、主轴跳动以及槽距、导程、齿距的变化等，它们常常相互交织在一起产生影响。例如，滚齿刀跳动直接影响齿顶圆和齿根圆，并间接增加滚刀上各槽的导程误差，继而增加分度圆处齿厚的公差。这时需要在齿厚和外径的精度之间作出取舍，因为它们分别影响齿轮侧隙和渐开线重合度。

2. 插齿和剃齿

插齿和剃齿也是基于展成法的齿轮加工工艺。对于因滚齿刀跳动间隙不足而无法滚齿的齿轮可采用插齿工艺。一般而言，齿轮后部要有足够宽的插齿刀退刀槽（至少 4mm），为插齿刀超程以及插齿刀与退刀槽端部之间的切屑留出空间。与滚齿相比，插齿的齿形精度较高，但齿向误差较大。

剃齿工艺是一种齿轮的精加工工艺，可以在粗加工的基础上进一步提高齿轮的齿形和齿向精度，减小齿面的粗糙度，多用于未经淬火硬化的、已经有较高精度的齿轮。剃齿的主要问题在于其交叉轴相对于齿轮的角度，对于外齿轮而言该角度通常在 8°~12°之间。因此，轮齿端部与轴肩应留有足够的间隙，以保证剃齿刀沿工作轴线以及呈一定角度的对角方向的行程。

对于不适合拉削加工的一端封闭的内齿轮，常采用插齿先做粗加工，再用盘形剃齿刀进行精加工。与外齿轮相比，内齿轮要求剃齿刀外径更小。另外，因距离封闭端很近，必须采用较小的交叉轴角，一般为 5°~6°。

3. 拉齿

拉齿是一种基于成形法的齿轮加工工艺。拉齿工艺要求内齿轮不能有封闭端，因此必须将法兰与齿轮分开加工，类似于当需要热处理的重要区域距离轮齿太近时的加工工艺。若结构要求内齿轮通过法兰传递全部的转矩到太阳轮，可采用电子束焊或激光焊将法兰与齿轮组装到一起，以减小热影响区，保证组件强度。和插齿工艺相比，拉齿的优点在于制造出齿轮的一致性更好；而拉齿的缺点是在遇到拉削刀事故时内齿轮拉齿加工的成本会急剧增加，因此比较适合大批量生产的情形。

4. 磨齿

磨齿是一种采用砂轮对齿轮的齿廓进行磨削的精加工工艺。它既可基于展成法，也可基于成形法，但仅前者适合较大批量的生产。尽管如此，相比于其他齿轮加工方法，其加工效率依然较低，成本高，应尽可能避免使用。由于在很多情况下电动汽车变速器齿轮转速较传统汽车变速器齿轮更高，为了减小齿轮噪声，磨齿变得越来越常用。磨齿一般常用于纠正热处理后的变形，在淬火硬化后进行磨齿可进一步提高齿形精度和表面光洁度，它可使齿形精度达到 6~3 级。

5. 倒角和倒棱

齿轮上的倒角一般是指齿轮两端与齿顶之间的较大倒角。倒棱又称修缘，实际上是指齿廓与齿顶、齿端相交处的棱线处的小倒角，如图 6-1-18 所示。

倒角和倒棱的主要作用是：

1）去除切削作业在齿轮各尖角处留下的毛刺，因为残留的毛刺对齿轮等零部件的安全可靠工作有着重要影响，甚至造成变速器失效。

2）去除加工操作过程中因磕碰造成的边角处的突起，防止其对与之啮合齿面产生影响。

3）减少啮合冲击、减小根切、避免热处理时应力集中。

倒角和倒棱越小越好，否则会显著减小齿轮的有效齿宽及表面重合度。在电动汽车变速器中常见的小模数齿轮副虽然有着渐开线重合度大的优点，但与普通模数齿轮副相比其齿顶倒棱对重合度的影响更加显著。因此，其齿顶倒棱尺寸不宜过大，一般建议 $\gamma = 30° \sim 45°$，$C = 0.1 \sim 0.15\text{mm}$，如图 6-1-18 所示。

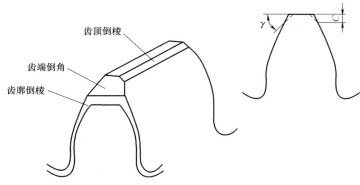

图 6-1-18 齿轮的倒角与倒棱

齿端倒角的加工一般在车制齿坯时直接车制而成。

齿顶倒棱的加工通常用修缘滚齿刀或修缘插齿刀直接加工而成，齿廓倒棱的加工常用磨棱法在淬火硬化后进行。

6.1.6 齿轮设计的发展趋势

汽车变速器齿轮有着向"细高齿"发展的趋势[7]，即采用模数小、压力角小、齿顶高系数大、齿形既瘦又高的齿轮，电动汽车变速器也不例外。这种齿轮的突出特点就是可以增加轮齿的端面重合度，降低啮合噪声。一般而言，"细高齿"是指齿顶高系数不小于 1.3、端面重合度大于 1.8 的齿轮[8]。

研究表明，当端面重合度等于 2 时，齿轮噪声显著降低。某齿轮副在载荷为 $120K_p$（P 为沿齿面接触线单位长度上的平均载荷，单位为 N/mm）条件下端面重合度与声压、噪声强度的关系如图 6-1-19 所示[6]。这是因为理论上此时正好有 2 对齿啮合，不会因为啮合齿数的变化导致的回转误差，变形量保持不变，振动小，所以造成的啮合噪声小。实际上，由于存在着制造公差，端面重合度等于 2 时不可能一直保持两对齿啮合，因此通常将端面重合度设计在 2 以上，即同时啮合的齿在 2 对或 3 对齿之间变化。与端面重合度小于 2 的情况相比，其回转误差、变形量、啮合噪声都显著减小。

"细高齿"齿轮设计应遵循以下原则[7]：

1) 主要用于乘用车、轻型车超速挡及重型车主箱。
2) 在载荷较大的低速挡、倒挡用得少。
3) 齿顶高系数较大使齿顶变尖，一般齿顶宽 $\geq 0.3 m_n$。
4) 验算齿根槽宽，避免啮合时干涉。

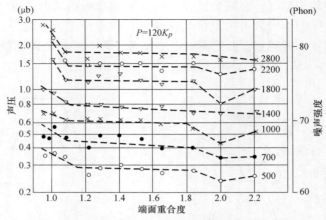

图 6-1-19 端面重合度与声压、噪声强度的关系[8]

5）验算齿轮啮合起始圆半径≥滚切时齿根过渡曲线的起始点半径。
6）齿顶倒棱起始点直径要控制，该直径减小 0.2mm 会使端面重合度减小 0.1。
7）要控制齿距误差，否则会降低齿根强度。

参 考 文 献

[1] 渐开线圆柱齿轮承载能力计算方法：GB/T 3480—1997 [S]. 北京：中国标准出版社，1997.
[2] 王望予. 汽车设计 [M]. 3 版. 北京：机械工业出版社，2000.
[3] 刘惟信. 汽车设计 [M]. 北京：清华大学出版社，2001.
[4] BOSCH 汽车工程手册 [M]. 4 版. 北京：北京理工大学出版社，2011.
[5] 齿轮手册 [M]. 2 版. 北京：机械工业出版社，2004.
[6] Design practice-passenger car automatic transmissions [J]. 4th Ed. SAE, 2012.
[7] LEE Y, HATHAWAY P J, RICHARD B, et al. Fatigue testing and analysis (theory and practice) [M]. Amsterdam：Elsevier, 2005.
[8] 庄中. "细高齿"齿轮的设计应用探讨 [J]. 汽车工艺与材料，2007 (3)：41-44

6.2 行星齿轮系的设计

6.2.1 行星齿轮系的结构形式

自动变速器中常见的行星齿轮系主要分为单行星齿轮系、双行星齿轮系和拉维娜（Ravigneaux）行星齿轮系三种，如图 6-2-1 所示。

单行星齿轮系可以定义为由一个太阳轮、一个齿圈和一组行星轮组成的系统，通常这些行星轮安装在行星架上，因而其中心轴线位置是相对固定的，它们同时与太阳轮和齿圈啮合。

双行星齿轮系可以定义为由一个太阳轮、一个齿圈以及两组行星轮组成的系统，

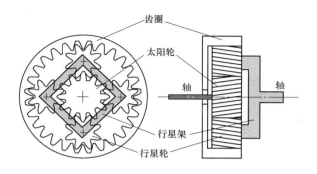

a) 单行星齿轮系

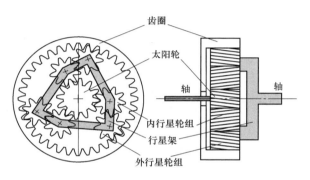

b) 双单行星齿轮系

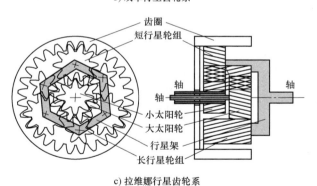

c) 拉维娜行星齿轮系

图 6-2-1 常见的三种行星齿轮系

这两组行星轮分成内行星轮组和外行星轮组，它们互相啮合，并且安装在同一个行星架上，其中内行星轮组与太阳轮啮合，外行星轮组与齿圈啮合。

拉维娜行星齿轮系采用两组行星轮与两个太阳轮，且共用行星架和齿圈。两个太阳轮分成小太阳轮和大太阳轮，两组行星轮分成短行星轮组和长行星轮组，短行星轮和长行星轮相互啮合并安装在同一个行星架上。在其相互连接关系上有两种不同结构：①短行星轮组与小太阳轮和齿圈啮合，长行星轮组与大太阳轮啮合但不与齿圈啮合；②短行星轮组与小太阳轮啮合但不与齿圈啮合，长行星轮组与大太阳轮和齿圈均啮合。下文中提及的拉维娜行星齿轮系均以第①种结构为例，因第②种结构有着类似特性，在此从略。

6.2.2 行星齿轮基本关系式

1. 单行星和双行星齿轮系

每个行星齿轮系有两个自由度，这意味着当固定了太阳轮、齿圈或行星架中的某一部件时，整个系统根据另外两个部件输入、输出的不同可以提供两种不同的传动比。因此，单行星和双行星齿轮系理论上可以提供六种不同的传动比，见表6-2-1。

表 6-2-1 单行星和双行星齿轮系能够提供的传动比

状态或作用	太阳轮	固定	固定	输入	输出	输入	输出
	行星架	输入	输出	固定	固定	输出	输入
	齿圈	输出	输入	输出	输入	固定	固定
传动比	单行星系	$K/(K+1)$	$(K+1)/K$	$-K$	$-1/K$	$K+1$	$1/(K+1)$
	双行星系	$K/(K-1)$	$(K-1)/K$	K	$1/K$	$-K+1$	$-1/(K-1)$

表 6-2-1 中，$K=\dfrac{Z_a}{Z_s}$，即为齿圈齿数 Z_a 与太阳轮齿数 Z_s 之比。由表 6-2-1 可知，当行星架固定时，行星轮系起反向作用。当行星架输入时，行星轮系起增速作用。当行星架输出时，行星轮系起减速作用。

采用杠杆图可以直观方便地分析行星轮系中各部件转速、转矩之间的关系。上述三种行星齿轮系的杠杆图如图 6-2-2 所示。

行星轮系中各部件转速之间的关系由下式给出：

$$\frac{N_s - N_c}{N_a - N_c} = \pm K \quad (6\text{-}2\text{-}1)$$

式中，N_s 是太阳轮转速；N_c 是行星架转速；N_a 是齿圈转速。对于简单行星轮系，K 前取正号。对于双行星齿轮系，K 前取负号。因此，对于单星齿轮系，

$$N_s + K N_a - (K+1) N_c = 0 \quad (6\text{-}2\text{-}2)$$

对于双行星齿轮系，

$$N_s - K N_a + (K-1) N_c = 0 \quad (6\text{-}2\text{-}3)$$

显然，$N_s = N_a = N_c$ 是式（6-2-2）和（6-2-3）的解。它的物理意义是行星轮系像刚体一样转动，其部件之间没有任何相对运动。

行星轮相对于行星架的转速 N_p 由下式给出：

$$N_p = (N_a - N_c)\dfrac{Z_a}{Z_p} = (N_c - N_s)\dfrac{Z_s}{Z_p} \quad (6\text{-}2\text{-}4)$$

式中，Z_p 是行星轮齿数。

单行星齿轮系中各部件转矩之间的关系由下式给出：

$$T_s = \frac{T_a}{K} = \frac{T_c}{-K-1} \quad (6\text{-}2\text{-}5)$$

式中，T_s 是太阳轮转矩；T_c 是行星架转矩；T_a 是齿圈转矩。其中的负号表示行星架转矩与太阳轮和齿圈的转矩方向相反。

双行星齿轮系中各部件转矩之间的关系为

$$T_s = \frac{T_a}{-K} = \frac{T_c}{K-1} \quad (6\text{-}2\text{-}6)$$

由式（6-2-5）和（6-2-6）可以得出

$$T_s + T_a = -T_c \quad (6\text{-}2\text{-}7)$$

自动变速器设计经常采用两个或更多个行星齿轮系相连，可以提供多个不同的传动比，包括倒挡。

2. 拉维娜行星齿轮系

拉维娜行星齿轮系也有两个自由度，这意味着当固定了大小太阳轮之一、齿圈或行星架中的某一部件时，整个系统根据另外两个部件输入、输出的不同可以提供两种不同的传动比。

拉维娜行星齿轮系可以提供的传动比理论上可以有 12 种，见表 6-2-2。

表 6-2-2 中，$K_1 = \dfrac{Z_a}{Z_{s1}}$，即齿圈齿数 Z_a 与小太阳轮齿数 Z_{s1} 之比；$K_2 = \dfrac{Z_a}{Z_{s2}}$，即齿圈齿数 Z_a 与大太阳轮齿数 Z_{s2} 之比。

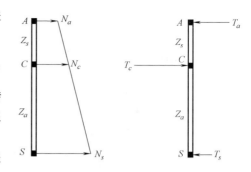

a) 单行星齿轮系

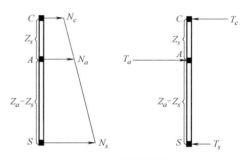

b) 双行星齿轮系

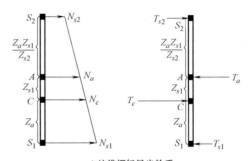

c) 拉维娜行星齿轮系

图 6-2-2 三种行星齿轮系的杠杆图

拉维娜行星齿轮系中各部件转速之间的关系由下式给出

$$\begin{cases} N_{s1} + K_1 N_a - (K_1 + 1) N_c = 0 \\ N_{s2} - K_2 N_a + (K_2 - 1) N_c = 0 \end{cases} \quad (6\text{-}2\text{-}8)$$

显然，$N_{s1} = N_{s2} = N_a = N_c$ 是式（6-2-8）的解。它的物理意义是拉维娜行星轮系像刚体一样转动，其部件之间没有任何相对运动。

拉维娜行星齿轮系中各部件转矩之间的关系由下式给出

$$\begin{cases}(K_1+K_2+1)T_{s1}+K_2T_a+(K_2+1)T_c=0\\(K_1+K_2+1)T_{s2}+(K_1+1)T_a+K_1T_c=0\end{cases} \quad (6\text{-}2\text{-}9)$$

式中，T_{s2} 的方向定义为与 T_{s1} 相反，与 T_c 相同，如图 6-2-2c 所示。

表 6-2-2　拉维娜行星齿轮系能够提供的传动比

状态或作用	小太阳轮	固定	固定	输入	输出	输入	输出
	大太阳轮	可选	可选	可选	可选	可选	可选
	行星架	输入	输出	固定	固定	输出	输入
	齿圈	输出	输入	输出	输入	固定	固定
传动比		$K_1/(K_1+1)$	$(K_1+1)/K_1$	$-K_1$	$-1/K_1$	K_1+1	$1/(K_1+1)$
状态或作用	小太阳轮	可选	可选	可选	可选	可选	可选
	大太阳轮	固定	固定	输入	输出	输入	输出
	行星架	输入	输出	固定	固定	输出	输入
	齿圈	输出	输入	输出	输入	固定	固定
传动比		$K_2/(K_2-1)$	$K_2/(K_2-1)$	$(K_2-1)/K_2$	K_2	$1/K_2$	$-K_2+1$

注："可选"是指其可在输入、输出和固定中任选一种工作。

6.2.3　行星齿轮个数的确定

在设计行星架之前，需要先确定行星轮的个数以及它们的间距。行星轮的个数由其上载荷引起的应力决定，可参考 6.1 节中详细阐述，而其间距与行星轮个数以及与之啮合的太阳轮、齿圈的齿数有关。

在自动变速器中，单个行星轮系一般采用三个或三个以上行星轮，而四到六个行星轮的系统最为常见[1]。该数量主要受行星轮布置空间和行星架结构的限制。只有在减速比极大的情况下，因在有限空间内布置不下三个很大的行星轮时，才会考虑用两个行星轮。

对于标准或接近标准尺度的齿轮，则各部件的齿数必须满足以下关系[1]：

$$Z_a - Z_s = 2Z_p \quad (6\text{-}2\text{-}10)$$

由此可见，Z_a-Z_s 必须是偶数，意味着太阳轮和齿圈的齿数必须同为奇数或偶数，否则无法配合。由于齿轮节圆直径与齿数成正比，齿轮在节圆直径处的啮合完全是切向接触。

对于非标准齿轮，式（6-2-10）的关系则不一定成立。由于齿圈的齿数较多，比太阳轮更容易做成非标准齿轮，有时设计中会考虑采用。这时 Z_a-Z_s 可以是偶数或奇数，并且齿轮在节圆直径处的啮合不一定是切向接触。

行星轮系仅在有限个数的位置上能够装入行星轮与太阳轮和齿圈同时啮合。对于单行星齿轮系或通过双行星轮组连接的双太阳轮系，适合装入的位置个数 N_{fit} 为

$$N_{fit} = Z_a + Z_s \quad (6\text{-}2\text{-}11)$$

对于双行星齿轮系或通过单行星轮组连接的双太阳轮系，则有

$$N_{fit} = Z_a - Z_s \tag{6-2-12}$$

对于拉维娜行星齿轮系,则有

$$N_{fit} = Z_{s1} + Z_{s2} \tag{6-2-13}$$

由式(6-2-11)中可见,在单行星齿轮系的齿轮周向 360°范围内只有 $Z_a + Z_s$ 个位置能让行星轮组装入时同时与太阳轮和齿圈啮合,这些位置之间的最小夹角为 $360°/(Z_a+Z_s)$,称为最小啮合角 θ_{min},如图 6-2-3 所示。因此,对于单行星齿轮系而言,当行星轮围绕着行星架中心轴线均匀布置时,要求 $(Z_a + Z_s)/Z_p$ 为整数,即行星轮之间相对于行星架轴线的方位角是最小啮合角的整数倍,否则就无法安装。对于双行星齿轮系而言,当行星轮围绕着行星架中心轴线均匀布置时,要求 $(Z_a - Z_s)/Z_p$ 为整数。标准拉维娜行星齿轮系必须满足式(6-2-10)~式(6-2-13)的全部关系式。

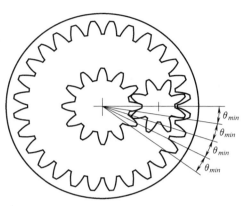

图 6-2-3 单行星齿轮系的最小啮合角

当行星轮均匀布置的上述条件不能满足时,可以考虑跨中心轴线对称布置的方案。一般来说,当行星轮数为奇数时,常将行星轮相对于行星架中心均布;当行星轮数为偶数时,则常将行星轮成对横跨行星架中心对称布置。例如,若有一个单行星轮系的太阳轮、行星轮、齿圈齿数分别为 37、22、81,行星轮个数为 4 时,最小啮合角为 360°/(81+37)= 3.051°,由于(81+37)/4 = 29.5,不是整数,因此无法将 4 个行星轮均布。可以考虑将相邻行星轮之间的方位角布置为 3.051°×29 = 88.475°和 3.051°×30 = 91.525°。

在设计行星轮系时,需要对前述的关系式进行校核。以拉维娜行星轮系为例(见图 6-2-4),若小太阳轮 Z_{s1}、大太阳轮 Z_{s2}、短行星轮 Z_{p1}、长行星轮 Z_{p2}、齿圈 Z_a 的齿数分别为 19、25、26、17、81,行星轮个数 N_p 为 4 时,首先校核由小太阳轮、短行星轮、齿圈组成的单行星轮系,因为

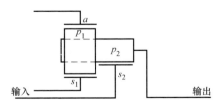

图 6-2-4 拉维娜行星轮系简图

$$\frac{Z_a + Z_{s1}}{N_p} = \frac{81+19}{4} = 25 \tag{6-2-14}$$

结果为整数,所以满足 4 个行星轮均布的要求。然后再校核由大太阳轮、长行星轮、短行星轮、齿圈组成的双行星轮系,因为

$$\frac{Z_a - Z_{s2}}{N_p} = \frac{81-25}{4} = 14 \qquad (6\text{-}2\text{-}15)$$

结果为整数，所以也满足 4 个行星轮均布的要求。最后校核由小太阳轮、大太阳轮、短行星轮、长行星轮构成的齿轮系，因为

$$\frac{Z_{s1} + Z_{s2}}{N_p} = \frac{19+25}{4} = 11 \qquad (6\text{-}2\text{-}16)$$

结果为整数，所以也满足内、外两组各 4 个行星轮均布的要求。以上三项校核确保了该拉维娜行星齿轮系间距的设计满足装配要求。

6.2.4 行星轮的间距

为了降低行星齿轮系工作时的噪声和振动，通常将两个相邻行星轮之间的距离设计为使行星轮 B 与太阳轮啮合的半程时行星轮 A 开始啮合，如图 6-2-5 所示。这就要求行星轮 A 和 B 在太阳轮上的间距满足以下关系式[1]

$$\hat{L}_s = \frac{\pi(2n_s+1)}{N_s} \qquad (6\text{-}2\text{-}17)$$

式中，n_s 是整数；N_s 是太阳轮的齿数。类似地，在齿圈上的间距必须为

$$\hat{L}_a = \frac{\pi(2n_r+1)}{N_r} \qquad (6\text{-}2\text{-}18)$$

式中，n_r 是整数；N_r 是齿圈的齿数。由于太阳轮和齿圈上的上述间距之比必须等于 N_s/N_r，因此，在设计太阳轮和齿圈时应保证下式成立

$$\frac{2n_s+1}{2n_r+1} = \frac{N_s^2}{N_r^2} \qquad (6\text{-}2\text{-}19)$$

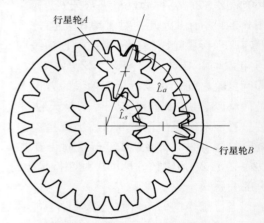

图 6-2-5　行星轮间距的设计原则

行星轮布置还需要考虑其他对齿轮噪声的影响因素。

此外，为了使载荷由全部行星轮均匀分担，需要控制行星轮轴孔在行星架上的位置精度，即其同轴度和平行度。

6.2.5 行星齿轮的端面重合度

齿轮坯直径、中心距、跳动以及齿尖倒角的公差等设计参数都会对行星齿轮的端面重合度 ε_α 产生影响。行星齿轮设计中可以利用以下公式对端面重合度 ε_α 进行计算，估算其变化的范围，使其极值保持在可接受范围内。行星齿轮的端面重合度 ε_α 为

$$\varepsilon_\alpha = \frac{L_{act}}{p_b} \qquad (6\text{-}2\text{-}20)$$

对于外齿轮[1]，

$$L_{act} = \left[\sqrt{d_o^2 - d_b^2} + \sqrt{D_o^2 - D_b^2} - \sqrt{4C^2 - (d_b + D_b^2)}\right]/2 \quad (6\text{-}2\text{-}21)$$

对于内齿轮[1]，

$$L_{act} = \left[\sqrt{d_o^2 - d_b^2} - \sqrt{D_i^2 - D_b^2} + \sqrt{4C^2 - (D_b - d_b^2)}\right]/2 \quad (6\text{-}2\text{-}22)$$

$$p_b = p_t \cos\alpha_t \quad (6\text{-}2\text{-}23)$$

式中，L_{act} 是作用线长度；p_t 是端面齿距；p_b 是基圆节距；α_t 是节圆直径处的端面压力角；d_o 是小齿轮齿顶圆直径；d_b 是小齿轮基圆直径；D_o 是外齿轮（大齿轮）齿顶圆直径；D_b 是大齿轮基圆直径；D_i 是内齿轮（大齿轮）内径；C 是中心距。

需要注意的是，当轮廓根切超出最深接触点位置时，式（6-2-21）和式（6-2-22）不再适用。

6.2.6 行星齿轮的强度及疲劳寿命设计

1. 行星齿轮的载荷[1]

当齿轮副的啮合点处于进入啮合侧时，作用在小齿轮上的摩擦力指向小齿轮方向，如图6-2-6所示，该摩擦力倾向于减小法向力相对于小齿轮中心的转矩。因此，法向力是轮齿之间摩擦系数的函数，即

$$F_n = \frac{T}{R_b(1 - f\tan\phi)} \quad (6\text{-}2\text{-}24)$$

式中，T 是齿轮副传递的转矩；R_b 是小齿轮的基圆半径；f 是摩擦系数；ϕ 是节圆直径处的端面压力角。

当齿轮副的啮合点处于退出啮合侧时，作用在小齿轮上的摩擦力指向远离小齿轮方向，如图6-2-7所示，该摩擦力与法向力都倾向于增加相对于小齿轮中心的转矩。这时法向力为

$$F_n = \frac{T}{R_b(1 + f\tan\phi)} \quad (6\text{-}2\text{-}25)$$

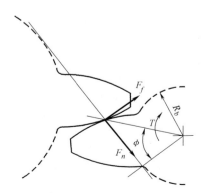

图6-2-6 啮合点处于进入啮合侧时小齿轮上的作用力

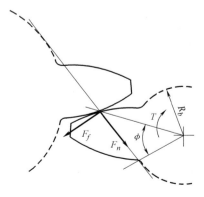

图6-2-7 啮合点处于退出啮合侧时小齿轮上的作用力

2. 行星齿轮的强度及疲劳寿命设计

自动变速器中常用数个行星齿轮系组合在一起获得多个不同的传动比。不同的组合方式对其齿轮副上的载荷有着重要影响，在设计中需要结合组合方式的优化来综合考虑齿轮的强度设计要求。

关于行星齿轮的强度及疲劳寿命设计可参考 6.1 节平行轴齿轮的相关内容。

变速器行星齿轮主要有弯曲疲劳、接触疲劳、齿面胶合、轮齿磨损以及高载荷下行星轮破裂等几种失效模式。有时行星轮失效不是轮齿断裂，而是轴孔到齿根断裂，这主要与轴孔到齿根之间材料的厚度有关，其受力状态如图 6-2-8 所示。

图 6-2-8 行星轮受力状态示意图

6.2.7 降低行星齿轮噪声的设计准则

1. 行星齿轮噪声的原理

电动汽车变速器行星齿轮的噪声与平行轴式齿轮副一样，都是啮合的齿轮副在传动时，由于相互的碰撞或摩擦激起齿轮体振动而辐射出来的噪声。影响行星齿轮系噪声的设计参数也大都与平行轴式齿轮副相同，具体可参考 6.1.3 小节的内容。在此，仅限于讨论与行星齿轮系结构相关的独特问题，即行星齿轮间距以及安装、支承结构对噪声的影响。

2. 与行星齿轮噪声相关的物理量

与平行轴式齿轮副类似，行星齿轮的噪声也与其啮合频率高度相关。

图 6-2-9 显示了在某特定车辆中工作的两个不同的行星齿轮系的齿面接触频率与车速之间的关系[1]。行星齿轮系 1 和行星齿轮系 2 所在的车辆产生最大噪声的车速分别为 27.7km/h 和 51.4km/h，正好对应于相同的齿面接触频率 685Hz。这表明，齿轮噪声与齿面接触频率有高度相关性。齿面接触频率引起的振动在传递路径上共振放大，在本例中发生共振的结构之一是传动轴，因为齿面

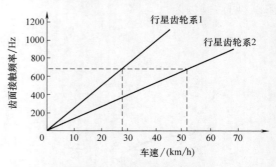

图 6-2-9 两个行星齿轮系的齿面接触频率

接触频率恰好与其弯曲模态之一相吻合。在这个例子中，虽然两个行星齿轮系的齿轮参数相同，但行星齿轮数、安装以及齿轮坯料配置则完全不同，两者的输入和反作用部件也不同。

齿面接触频率是指齿轮系啮合的时间速率。对于行星齿轮系，它是行星架相对于参考齿轮的转速与行星齿轮系中任意一个齿轮齿数的乘积，即

$$f=\frac{|N_c-N_r|Z_r}{60} \tag{6-2-26}$$

式中，f 是齿面接触频率（Hz）；N_c 是行星架转速（r/min）；N_r 是参考齿轮（太阳轮或齿圈）转速（r/min）；Z_r 是参考齿轮齿数。平行轴齿轮系可以看成是这一公式在行星架转速为零的一个特例，其齿面接触频率就等于齿轮转速与齿数的乘积。

分析行星齿轮系转速和接触频率的另一个常用关系式如下：

$$N_c(Z_s+Z_a)=N_sZ_s+N_aZ_a \tag{6-2-27}$$

式中，N_a 是齿圈转速（r/min）；N_s 是太阳轮转速（r/min）；Z_a 是齿圈齿数；Z_s 是太阳轮齿数。该公式适用于简单的单行星齿轮系以及拉维娜行星轮系，只需满足一个条件，即行星架固定时太阳轮和齿圈转动方向相反。对于行星架固定时太阳轮和齿圈转动方向相同的行星轮系，则有

$$N_c(Z_s-Z_a)=N_sZ_s-N_aZ_a \tag{6-2-28}$$

与行星齿轮噪声高度相关的物理量还有重合度，可参考在 6.1 节和 6.2.5 节相关内容。

3. 降低行星齿轮噪声的设计原则

（1）齿顶高系数

齿顶高系数对行星齿轮噪声也有重要影响。与平行轴齿轮系类似，它的选取原则也是使渐近角较小而渐远角较大。在行星齿轮系中，若各齿轮均采用相同的压力角，则在太阳轮与行星轮之间采用较大的渐远角可使行星轮与齿圈之间的渐近角增大。

（2）行星轮间距

当行星轮数为奇数时，通常将行星轮相对于行星架中心均布；当行星轮数为偶数时，则将行星轮成对横跨行星架中心对称布置[1]。这种布置方法的优点在于行星架上的净载荷为零。

为了降低齿轮噪声，选取行星轮间距和齿数的原则是使齿轮啮合交替发生，而非同时发生，特别是当行星轮数为奇数时。一般建议让行星轮的起始啮合点准确地落在其他行星轮啮合周期的一半。这个原则虽然没有严格的理论证明，但实践证实有效。行星轮间距设计需要考虑以下三个条件[1]：

首先，为了使行星轮间距设计成几个行星轮的啮合出现在其他几个行星轮啮合周期的半程，必须使其间距满足式（6-2-19）。

其次，为了确保能够装配，行星轮间距对应的方位角还必须是最小啮合角的整数倍，详见 6.2.3 节中的叙述。

最后，在考虑某个行星轮与太阳轮、齿圈同时啮合还是交替啮合时，要求满足另一个特殊关系式。图 6-2-10 显示太阳轮、行星轮、齿圈的基圆及作用线，太阳轮与行星轮的接触起始于 A 点，而行星轮与齿圈的接触起始于 B 点。要使啮合同时发

生，必须满足

$$\frac{\hat{a}+(\hat{b}-\hat{t}_b)+\hat{c}}{P_b}=整数 \quad (6\text{-}2\text{-}29)$$

式中，$\hat{a}$、$\hat{b}$、$\hat{c}$ 是基圆上的周向弧长；P_b 是基圆齿距（基节）；$\hat{t}_b$ 是基圆齿厚。显然，要使几个行星轮啮合在其余行星轮啮合的半程交替发生，必须有

$$\frac{\hat{a}+(\hat{b}-\hat{t}_b)+\hat{c}}{P_b}=整数+\frac{1}{2}$$

$$(6\text{-}2\text{-}30)$$

（3）轴与支承的设计[1]

对于行星齿轮系而言，设计的主要原则是使各部件达到最佳的同心度，因为如果部件精确对中且行

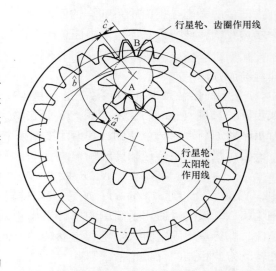

图 6-2-10 行星轮与太阳轮、齿圈啮合的起始点

星轮为等间距或跨直径相对布置，转矩载荷在支承结构上的径向分量为零。因此，支承系统的设计必须防止部件的不同心度超出合理侧隙所允许的中心距偏移。例如，当支承结构造成的太阳轮和行星架（齿圈和行星架也一样）之间的不同心度超过齿轮侧隙允许的中心距偏移时，齿轮之间会产生紧啮合，并且因受到的作用力而变形。该径向力是支承结构弹性系数的函数，其大小可以达到破坏性程度，并且噪声非常大。为减小该径向力，设计中必须注意控制同心度，增加侧隙，并且允许啮合的部件相对于行星架和行星轮浮动。浮动齿轮一般通过耦合装置、间隙配合花键或凸缘驱动，在受载时这些装置都对浮动齿轮位置的改变有一定限制作用。作用于浮动齿轮上的力造成自定心的机理可以通过例子加以说明。图 6-2-11 所示的太阳轮与行星架中心不同心，太阳轮的位置偏下，这种偏心的情况导致各齿轮的载荷实际上不相等，使其处于紧啮合。若太阳轮齿上所受的载荷为 $\vec{F}_A$、$\vec{F}_B$、$\vec{F}_C$、$\vec{F}_D$，并且其方

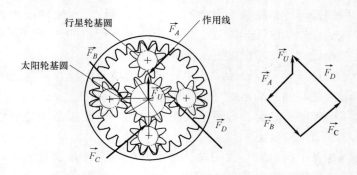

图 6-2-11 行星架与太阳轮不同心造成的不平衡力

向都沿作用线方向，则这些力之合力 $\vec{F}_U$ 不为零，该不平衡力倾向于使太阳轮向上浮动，回到正常工作位置，而使系统变得稳定。齿圈的分析也表明存在着类似的载荷稳定性作用。无论这种不平衡力的方向如何，因为力较小，齿轮的浮动能够有效地消除载荷的互相干涉。

（4）齿轮修形[1]

电动汽车变速器中的行星齿轮一般都采用修形的渐开线齿轮，其主动齿轮（即行星齿轮系中的行星轮）采用鼓形渐开线。

综上所述，广泛接受的控制行星齿轮噪声的设计准则包括以下 3 点[1]：①选择行星轮个数为偶数，并将其其间距设计成一半数目的齿轮啮合出现在其余齿轮啮合的半程；②通过支承或部件的浮动控制侧隙和尺寸，避免啮合过紧；③采用修形齿轮。

参 考 文 献

[1] Design practice-passenger car automatic transmissions [J]. 4th Ed. SAE, 2012.

6.3 多片离合器设计

作为一种换挡部件，多片离合器广泛应用于动力换挡变速器，通常为湿式。因此，本节内容仅限于湿式多片离合器，并简称为多片离合器。多片离合器的主要作用是：①锁止行星齿轮元件以输出一定的传动比；②改变动力传递路径。

多片离合器的优点主要包括：①既能起旋转过程中接合的作用，也能起锁止作用；②起锁止作用时，不会在变速器箱体局部引起过大的局部应力；③转矩容量大；④容易通过加减摩擦片数调整离合器转矩容量；⑤一旦设定合适的运行间隙，不需要因为磨损或不均匀接触调整间隙值。

多片离合器的结构如图 6-3-1 所示。它由摩擦片（又称摩擦衬片）、对偶钢片（又称对偶钢盘）组成，在其内径附近的内齿毂用于支承摩擦片并传递转矩，在其外径附近的外齿毂上则有沟槽与对偶钢片的突齿配合并传递转矩，油缸活塞在液压作动下通过活塞作用环对摩擦片和对偶钢片组件施加正压力，以压紧组件使之接合，而另一端的挡圈对该压紧力的作用提供反向支承，回位弹簧的作用是使离合器回到分离状态。

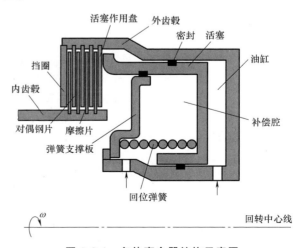

图 6-3-1　多片离合器结构示意图

多片离合器设计的依据是其能够传递的最大转矩，也称转矩容量，通常根据多片离合器在不同挡位下锁止或传递的最大转矩而定。多片离合器的直径通常与行星齿轮的结构布置及整车中变速器的布置空间有关，其直径则更多取决于对其容量的要求。

由于离合器中摩擦片与对偶钢片之间静态和动态摩擦系数的差别，其静态容量和动态容量一般并不相同。对于同一个多片离合器而言，其静态容量通常大于动态容量。当多片离合器用于锁止行星齿轮元件时，静态容量决定了其能够提供的最大锁止转矩；当多片离合器用于传递转矩时，静态容量决定了其在无滑摩情况下能够传递的最大转矩，而动态容量则决定了其在有滑摩情况下能够传递的最大转矩。

6.3.1 多片离合器的静态容量设计

多片离合器的静态容量 T_c 由下式求得：

$$T_c = F_{min} f n_f R_m \tag{6-3-1}$$

式中，f 是静态摩擦系数；n_f 是摩擦面个数；R_m 是摩擦面平均有效半径；F_{min} 是油缸活塞需要的最小作用力。

$$R_m = \frac{2(R_o^3 - R_i^3)}{3(R_o^2 - R_i^2)} \tag{6-3-2}$$

$$F_{min} = Ap - F_s - F_v \tag{6-3-3}$$

式中，A 是油缸活塞面积；p 是油缸压力；F_s 是回位弹簧作用力；F_v 是黏性阻力；R_o、R_i 分别是摩擦片外径、内径。

为了防止多片离合器打滑，一般将其转矩容量设计得比其传递的最大转矩更大些，以提供一定的安全系数

$$\varphi_s = \frac{T_c - T_{cmax}}{T_{cmax}} \tag{6-3-4}$$

式中，φ_s 是多片离合器静态安全系数；T_{cmax} 是作用在离合器上的最大转矩。

6.3.2 多片离合器的动态容量设计

多片离合器的动态容量 T_{cd} 由下式求得

$$T_{cd} = F_{min} f_d n_f R_m \tag{6-3-5}$$

式中，f_d 是动态摩擦系数。多片离合器的峰值动态容量 T_{peak} 取决于其在有滑摩情况下传递的最大转矩，一般为惯性相离合器输入转矩的最大值，即

$$T_{peak} = \max(T_{in}) \tag{6-3-6}$$

式中，T_{in} 是惯性相离合器输入转矩。因此，多片离合器动态安全系数 φ_{sd} 为

$$\varphi_{sd} = \frac{T_{cd} - T_{cmax}}{T_{cmax}} \tag{6-3-7}$$

在转矩相、惯性相多片离合器吸收的平均功率为

$$P_{avg} = \frac{\int_0^t T_c \omega_c \mathrm{d}t}{t} \tag{6-3-8}$$

式中，T_c 是离合器转矩；ω_c 是离合器角速度；t 是转矩相或惯性相的时间长度。

相应的平均功率密度为

$$D_{pavg} = \frac{P_{avg}}{A_f} \qquad (6\text{-}3\text{-}9)$$

式中，A_f 是摩擦面总面积

$$A_f = \frac{\pi}{4}(D_o^2 - D_i^2)(1 - \delta_g)n_f \qquad (6\text{-}3\text{-}10)$$

式中，D_o 是摩擦面外径；D_i 是摩擦面内径；δ_g 是摩擦面上油槽面积占比。

而峰值功率密度为

$$D_{ppeak} = \frac{P_{peak}}{A_f} \qquad (6\text{-}3\text{-}11)$$

6.3.3 多片离合器阻力矩及摩擦片油槽的设计

多片离合器处于分离状态下的阻力矩又称带排转矩。此时，由于其内部残余变速器油的存在以及摩擦片分布的不均匀性，摩擦片和对偶钢片之间会产生阻力矩，从而引起带排损失。带排损失是变速器寄生损失的重要组成部分，如果过大则会严重影响变速器的机械传动效率。

多片离合器的阻力矩取决于其中油槽的设计。其中，不带油槽的摩擦片是最简单的一种情况。

1. 不带油槽的多片离合器阻力矩的计算[1-4]

一般而言，不带油槽的多片离合器的阻力矩和其中的油膜状态有关，而后者又与离合器内外径和间隙、变速器黏度、通过离合器的油量、转速等因素有关。对于给定的离合器几何参数，离合器的阻力矩与转速的关系如图 6-3-2 所示，分为以下四个区域。

1 区：这是转速最低的区域，这时随着转速的增加，阻力矩大致呈线性增加，油膜所受的离心力由黏性力和表面张力平衡，因而离合器间隙中的油膜保持为完整的圆环形，如图 6-3-3a 所示。阻力矩由下式给出：

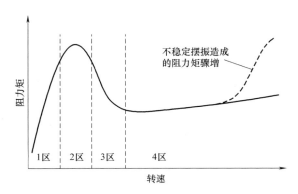

图 6-3-2 多片离合器阻力矩随转速变化特性

$$T_{drag} = \frac{\pi\omega\mu N}{2h}(R_o^4 - R_i^4) \qquad (6\text{-}3\text{-}12)$$

式中，ω 是摩擦片和对偶钢片的相对转速；μ 是变速器油的动力黏度；N 是摩擦面个数；h 是离合器间隙；R_o、R_i 分别是摩擦片外径、内径。

2 区：这是阻力矩达到最大值的区域。随着转速的上升，油膜所受的离心力也增大，这时油膜的黏性力和表面张力几乎已无法平衡其所受的离心力。

3区：这是阻力矩随着转速增加而下降的区域。随着转速的进一步上升，油膜的黏性力和表面张力无法平衡其所受的离心力，在半径较大处过大的离心力导致油膜破碎，形成放射形油流，如图 6-3-3b 所示。这时的阻力矩为

$$T_{drag} = \frac{2Q\mu^2}{h^4}(R_o^2 - R_i^2) \quad (6\text{-}3\text{-}13)$$

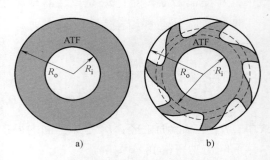

图 6-3-3　多片离合器油膜示意图

式中，Q 是通过离合器的变速器油流量。

4区：在这个区域内阻力矩随着转速的升高而缓慢增加。由于转速较高，离心力大，油膜在离合器间隙中的面积占总面积的比例较小，因此黏性阻力的贡献相对较小，而空气阻力矩的比例则较大。有时，离合器在该区域高速工作时会出现不稳定现象，产生摆振，摩擦片和对偶钢片之间会发生间歇性机械接触，伴随着阻力矩的大幅上升，如图 6-3-2 中的虚线所示。持续的离合器不稳定性会对其寿命产生不良影响，因此在设计中应该避免这种现象的发生。当离合器稳定工作时，其阻力矩由下式给出[5-6]：

$$T_{drag} = \frac{\pi\omega\mu N}{2h}(R_c^4 - R_i^4) + \frac{2\pi\omega\mu N}{h}\int_{R_c}^{R_o} \alpha(r) r^3 \mathrm{d}r \quad (6\text{-}3\text{-}14)$$

式中，R_c 是油膜出现破碎的最小半径，如图 6-3-3b 所示；α 是变速器油的体积份额（容积率）[6]，可由下式计算：

$$\alpha \approx \frac{20\mu Q}{\pi\rho\omega^2 R_c^2 h^3} \quad (6\text{-}3\text{-}15)$$

在 $r = R_c$ 处，油膜径向压力梯度为零，即

$$\frac{dp}{dr} = 0 \quad (6\text{-}3\text{-}16)$$

式（6-3-14）和式（6-3-15）中的 R_c 可从下式解出：

$$\frac{\pi\rho\omega^2 h^3}{20\mu} R_c^4 - Q R_c^2 + \frac{9\rho Q^2 h}{140\pi\mu} = 0 \quad (6\text{-}3\text{-}17)$$

另外，采用 CFD 数值模拟方法也可以得到不带油槽的多片离合器的阻力矩[7]，具体方法在此从略。

由上述公式得知，随着其温度的上升，变速器油的黏度减小，因此离合器阻力矩亦减小。

2. 带油槽的多片离合器阻力矩的计算[7-11]

油槽对离合器传递的功率有重要影响。油槽型式的选择要考虑冷却的效果和阻力矩。油槽的设计要求在离合器进入分离状态时尽快使其中的残余变速器油排出，

而占用有效摩擦面积则越小越好。

油槽型式多种多样,常见的包括径向槽、螺旋槽、旭日形槽等,如图6-3-4所示。

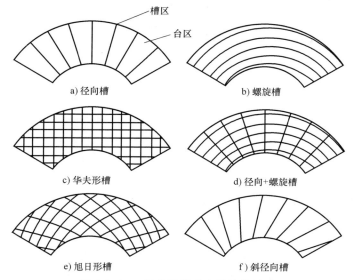

图6-3-4　6种常见的离合器油槽形式

由于带油槽时离合器间隙中的流动较为复杂,尚无经过验证的经验公式可以较为准确地计算其阻力矩。因此,通常采用CFD数值模拟方法进行计算。

对于多片离合器内由变速器油和空气组成的两相流,其基本方程如下:

连续性方程

$$\frac{\partial \rho_\varphi}{\partial t} + \nabla \cdot (\rho_\varphi u_\varphi) = 0 \quad (6\text{-}3\text{-}18)$$

动量方程(即Navier-Stokes方程)

$$\frac{\partial (\rho_\varphi u_\varphi)}{\partial t} + \nabla \cdot (\rho_\varphi u_\varphi u_\varphi) = -\nabla \cdot (p_\varphi I) + \nabla \cdot (\mu_\varphi \cdot \nabla u_\varphi) + S \quad (6\text{-}3\text{-}19)$$

式中,ρ是流体的密度;u是速度矢量;t是时间;p是流体压力;μ是流体动力黏度;I是单位张量;S是广义源项;下标φ表示液相(变速器油)或气相(空气)。

对于离合器中的旋转流动,可采用重整化群(RNG)k-ε湍流模型[11-12],即

$$\frac{(\rho_\varphi k_\varphi)}{\partial t} + \frac{\partial (\rho_\varphi k_\varphi u_i)}{\partial x_i} = \frac{\partial}{\partial x_j}\left(\alpha_k \mu_{eff} \frac{\partial k_\varphi}{\partial x_j}\right) + G_k + \rho_\varphi \varepsilon_\varphi \quad (6\text{-}3\text{-}20)$$

$$\frac{(\rho_\varphi \varepsilon_\varphi)}{\partial t} + \frac{\partial (\rho_\varphi \varepsilon_\varphi u_i)}{\partial x_i} = \frac{\partial}{\partial x_j}\left(\alpha_\varepsilon \mu_{eff} \frac{\partial \varepsilon_\varphi}{\partial x_j}\right) + \frac{C_{1\varepsilon} \varepsilon_\varphi}{k_\varphi} G_k - C_{2\varepsilon} \rho_\varphi \frac{\varepsilon_\varphi^2}{k_\varphi} \quad (6\text{-}3\text{-}21)$$

$$\mu_{eff} = \mu + \mu_t \qquad (6\text{-}3\text{-}22)$$

$$\mu_t = \frac{\rho C_\mu k^2}{\varepsilon} \qquad (6\text{-}3\text{-}23)$$

式中，k 是湍流动能；ε 是湍流动能耗散率；u_i 是时均速度；μ_{eff} 是有效动力黏度；μ_t 是湍流动力黏度；G_k 是由平均速度梯度引起的湍流动能 k 的产生项；$C_{1\varepsilon}$、$C_{2\varepsilon}$、C_μ、α_k、α_ε 是湍流模型常数。

由于离合器转速、流量的变化，其内部气液两相间的界面也在不断变化，对两相之间的质量交换产生影响。因此，需对气液界面的位置进行动态追踪。通常采用 VOF（Volume of Fluid，流体体积）法。设 α_l、α_g 分别为液相、气相的体积分数，对于变速器油和空气组成的两相流则有

$$\alpha_l + \alpha_g = 1 \qquad (6\text{-}3\text{-}24)$$

液相体积分数 α_l 可通过下式解得

$$\frac{\partial(\alpha_l \rho_l)}{\partial t} + \nabla \cdot (\alpha_l \rho_l u_l) = S_l \qquad (6\text{-}3\text{-}25)$$

式中，ρ_l 是液相密度；u_l 是液相速度；S_l 是液相源项。

借助三维 CFD 求解时，主相为可压缩的空气，次相为不可压缩的变速器油[11]。采用考虑隐式体积力作用的 VOF 模型。根据油槽的特点划分流场网格。当油槽沿离合器周向呈周期对称性时通常采用周期网格，流域两侧边界设为周期性边界，进口边界可设为恒定质量流量入口，出口边界设为压力边界，压力为标准大气压。采用固定在摩擦片上的坐标系，因此对偶钢片一侧的边界为移动壁面边界，摩擦片一侧的边界则为静止边界。压力项采用 Body-Force-Weighted 离散格式，体积分数项采用 Modified HRIC 离散格式，动量相和旋转速度相采用二阶迎风离散格式[11]。

3. 减小多片离合器带排损失的设计原则

为了减小阻力矩，一般应考虑以下设计原则：

1）采用黏度较小的变速器油。
2）采用波浪式对偶钢片或蝶形钢片。
3）减小离合器里油的流量，尤其是在高转速情况下。
4）用带油槽的摩擦片能够有效地减小离合器处于分离状态时的阻力矩及带排损失。
5）径向和多平行线形油槽的阻力矩比螺旋槽和旭日形槽更小，尤其是在高转速和低黏度变速器油情况下。
6）摩擦材料对阻力矩的影响不大。
7）增加离合器的运行间隙。
8）增加油槽的深度、油槽面积占比、油槽数目均能减小阻力矩。

6.3.4　多片离合器的作动力计算

多片离合器的作动通常采用液压油缸活塞进行。为了在活塞回位时平衡高速旋

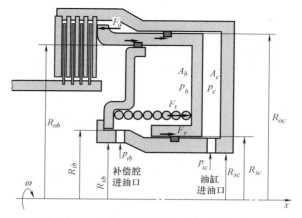

图 6-3-5 多片离合器的作动力计算示意图

转时油缸内的油液因离心力产生的作用力，有时会设计一个补偿腔，如图 6-3-5 所示。通过活塞作用在离合器上的作动力 F_a 计算如下：

$$F_a = F_{pc} - F_{pb} - F_s - F_v - m_c \frac{dv}{dt} \quad (6\text{-}3\text{-}26)$$

$$F_{pc} = \int_{R_{ic}}^{R_{oc}} 2\pi p_c r \, dr \quad (6\text{-}3\text{-}27)$$

$$F_{pb} = \int_{R_{ib}}^{R_{ob}} 2\pi p_b r \, dr \quad (6\text{-}3\text{-}28)$$

$$F_s = F_0 + K(x_0 - x) \quad (6\text{-}3\text{-}29)$$

$$F_v = Bv \quad (6\text{-}3\text{-}30)$$

式中，F_{pc} 是油缸内的油压对活塞的作用力；F_{pb} 是补偿腔内的油压对活塞的作用力；F_s 是弹簧对活塞的作用力；F_v 是密封等作用在活塞上的阻力；p_c 是油缸内的油压，因离心力的影响，p_c 是径向距离 r 的函数，即 $p_c = p_c(r)$；p_b 是补偿腔内的油压，因离心力的影响，p_b 是径向距离 r 的函数，即 $p_b = p_b(r)$；R_{ic} 是活塞在油缸侧的内半径；R_{oc} 是活塞在油缸侧的外半径；R_{ib} 是活塞在补偿腔侧的内半径；R_{ob} 是活塞在补偿腔侧的外半径；F_0 是回位弹簧在初始位置的弹簧力；K 是回位弹簧的弹性系数；x_0 是活塞的初始轴向位置；B 是阻尼系数；v 是活塞运动速度；m_c 是活塞组件的质量。

考虑到油缸、活塞以角速度 ω 旋转时其中的油压受离心力的影响，忽略进油口处的压力损失，则油缸内的油压沿径向分布为

$$p_c(r) = p_{ic} + \int_{R_{sc}}^{r} \frac{\rho \omega^2}{2}(r^2 - R_{sc}^2) \, dr \quad (6\text{-}3\text{-}31)$$

同理，补偿腔内的油压沿径向分布为

$$p_b(r) = p_{ib} + \int_{R_{sb}}^{r} \frac{\rho\omega^2}{2}(r^2 - R_{sb}^2)\,dr \tag{6-3-32}$$

式中，p_{ic} 是油缸进油口处的压力；R_{sc} 是油缸进油口处的半径；p_{ib} 是补偿腔进油口处的压力；R_{sb} 是补偿腔进油口处的半径；ρ 是变速器油的密度。

将式（6-3-31）和式（6-3-32）分别代入式（6-3-27）和式（6-3-28）后沿径向积分，可得

$$F_{pc} = p_{ic}A_c + F_{cc} \tag{6-3-33}$$

$$F_{pb} = p_{ib}A_b + F_{cb} \tag{6-3-34}$$

$$F_{cc} = \frac{\pi}{4}\rho\omega^2[R_{oc}^4 - 2R_{sc}^2(R_{oc}^2 - R_{ic}^2) - R_{ic}^4] \tag{6-3-35}$$

$$F_{cb} = \frac{\pi}{4}\rho\omega^2[R_{ob}^4 - 2R_{s2}^2(R_{ob}^2 - R_{ib}^2) - 2R_{ib}^4 + R_{ic}^4] \tag{6-3-36}$$

式中，F_{cc} 是离心力在油缸中形成的压力在活塞上引起的作用力；F_{cb} 是离心力在补偿腔中形成的压力在活塞上引起的作用力；A_c 是油缸内活塞与油接触表面沿轴向的投影面积；A_b 是补偿腔活塞内壁与油接触表面沿轴向的投影面积。

6.3.5 多片离合器的材料

多片离合器的摩擦材料主要分为三种：①粉末冶金材料；②石棉基材料；③金属陶瓷材料。在选择材料时，主要考虑其耐磨性、摩擦因数大小、稳定性及其随转速变化的特性。另外，还要考虑其导热性、弹性、吸油性、单位面积转矩容量、成本等辅助特性。这三摩擦材料特性的比较见表 6-3-1。

表 6-3-1 三种摩擦材料特性的比较

	粉末冶金材料	石棉基材料	金属陶瓷材料
耐磨性（单位面积转矩容量）	中	小	大
摩擦因数	0.25~0.5	0.2~0.35	0.4
稳定性	好	一般	好
热容量	好	一般	较好
导热性	好	一般	较好
耐用性	好	一般	好
吸油性	好	一般	一般
弹性	一般	好	一般
成本	一般	好	一般

6.3.6 作动机构设计基础

油缸活塞的设计需要注意两个方面的问题：
1）要有足够强度，控制其变形量，防止疲劳失效。
2）结构布置要避免油缸活塞发生卡滞。
油缸活塞的密封通常有三种类型[13]：

1）O形密封圈。
2）方形密封圈。
3）唇形密封圈。

如图6-3-6所示。与O形和方形密封圈相比，唇形密封圈的阻力更小，虽然与作动力相比密封产生的阻力是微不足道的。

传统的密封材料包括丁腈橡胶、聚丙烯和铁。高温下聚丙烯材料的使用寿命较丁腈橡胶长，但磨损更大些。铁作为密封材料在高温下的耐用性很好，摩擦特性也温度，但泄漏量较大。

反作用盘一般支撑于其外径处，其受力状态类似于悬臂梁，在受载时常出现较大变形。为了使摩擦片与对偶钢片的接触更加均匀，可以将油缸活塞设计成凸形，以补偿反作用盘和油缸活塞的变形。

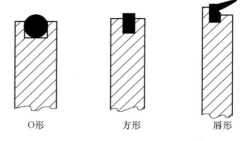

图6-3-6 油缸活塞密封的类型

参 考 文 献

[1] KATO Y, MURASUGI T, HIRANO H, et al. Fuel economy improvement through tribological analysis of the wet clutches and brakes of an automatic transmission [J]. Society of Automotive Engineers of Japan, 1993, 16 (12): 57-60.

[2] APHALE C R, CHO J, SCHULTZ W W, et al. Modeling and parametric study of torque in open clutch plates [J]. Journal of Tribology, 2006, 128 (2): 422-430.

[3] YUAN Y, LIU E A, JAMES H, et al. An improved hydrodynamic model for open wet transmission clutches [J]. Journal of Fluid Engineering, 2007, 129: 333-337.

[4] HU J, PENG Z, YUAN S. Drag torque prediction model for the wet clutches [J]. Chinese Journal of Mechanical Engineering, 2009, 22 (2): 238-243.

[5] 常近时. 环形油垫静压推力轴承考虑油流惯性的承载能力计算公式 [J]. 1982, 18 (1): 62-68.

[6] SHAH JADA A P, SYEDA M, MASAMITSU K, et al. Development of an analytical model for prediction of drag torque characteristics of disengaged wet clutches in high speed region [J]. SAE Paper 2017-01-1132, 2017.

[7] IQBAL S, AL-BENDER F, PLUYMERSL B, et al. Model for predicting drag torque in open multi-disks wet clutches [J]. Journal of Fluids Engineering, 2014, 136 (2): 21-103.

[8] TAKAGI Y, NAKATA H, OKANO Y, et al. Effect of two-phase flow on drag torque in a wet clutch [J]. Journal of Advanced Research in Physics, 2011, 2 (2): 021108.

[9] YUAN Y, ATTIBELE P, DONG Y. CFD simulation of the flows within disengaged wet clutches of an automatic transmission [J]. SAE Paper 2006-01-0320, 2006.

[10] HU J, PENG Z, WEI C. Experimental research on drag torque for single-plate wet clutch [J]. Journal of Tribology, 2012, 134 (1): 1-6.

[11] 熊钊, 苑士华, 吴维, 等. 湿式离合器对偶片间油气两相流动的数值模拟 [J]. 机械工程

学报，2016，52（16）：117-123.
[12] 张延芳. 计算流体力学 [M]. 大连：大连理工大学出版社，2007.
[13] Design practice-passenger car automatic transmissions, [J] 4 ed. SAE, 2012.

6.4 同步器的设计

在平行轴变速器中，由于输出端连接着整车，具有相当大的转动惯量，一般来说在换挡瞬间其转速变化较小，而输入端则因换挡前后传动比的变化与输出端之间存在着转速差，即使对动力源（例如驱动电机）的转速进行实时调节，也无法保证达到转速差为零的完全同步状态。因此，一般需要同步器来实现输入端和输出端的转速同步。

从平行轴齿轮系的结构来看，非工作挡位的齿轮副通常不传递转矩，其中的一个齿轮通过轴承空套在其轴上，随与之啮合的另一个齿轮转动。因此，在该齿轮副开始传递转矩之前，空套在轴上的齿轮与轴之间存在着转速差，同步器的作用就是通过安装在齿轮与轴上的转动摩擦副消除二者之间的转速差，使二者同步，然后接合齿套与齿轮上的接合齿啮合，完成换挡操作，开始传递转矩。

6.4.1 同步器的种类和特点

常见的同步器有惯性式和惯性增力式两种，其中惯性式同步器的应用最广泛。惯性式同步器分为锁销式和锁环式两种。锁销式同步器包括接合套（又称滑动齿套）、摩擦锥环（又称同步环）、摩擦锥盘、锁销、钢球、弹簧、定位销等零件，如图 6-4-1a 所示。其优点是摩擦锥面平均半径比较大，因此转矩容量较大，零件数量少，缺点是其轴向尺寸较大，多用于最大总质量 6t 以上的货车变速器[1]。锁环式同步器包括接合套（又称啮合套）、花键毂（又称啮合套座）、锁环（又称同步锥环）、滑块、钢球、弹簧等零件，如图 6-4-1b 所示。为了增加转矩容量，有时采用的同步锥环超过一个，称为多锥同步器。锁环式同步器的优点是可靠性高，经久耐用，缺点是转矩容量较小，设计不当造成打齿容易导致接合齿端磨损失效，一般用于乘用车和 6t 以下的货车变速器。

6.4.2 锁环式同步器设计

1. 锁环式同步器的计算

为使同步器在给定的同步时间内实现同步，首先要确定所需的摩擦力矩 T_f

$$T_f = \frac{J_i(\omega_b - \omega_a)}{t_s} \tag{6-4-1}$$

式中，J_i 是输入端总转动惯量，包括换挡过程中依靠同步器改变转速的全部零部件的转动惯量之和；ω_b、ω_a 分别是输入端原挡位、新挡位角速度；t_s 是同步时间。表 6-4-1 中给出了锁环式同步器的同步时间推荐值[1]。

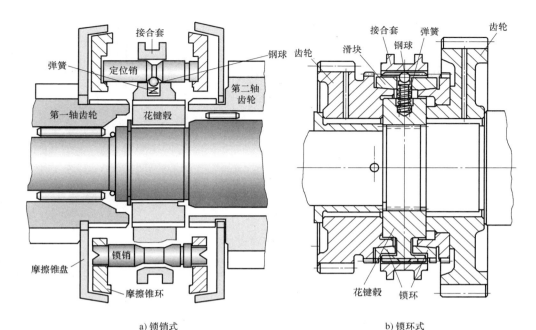

a) 锁销式　　　　　　　　　　b) 锁环式

图 6-4-1　两种常见的惯性式同步器

表 6-4-1　锁环式同步器的同步时间推荐值

车型	高挡	低挡
乘用车	0.15~0.3	0.5~0.8
货车	0.3~0.8	1.0~1.5

由式（6-4-1）可以看出，减小转速同步之前输入端的角速度差是降低摩擦力矩 T_f 的有效方法。因为电动汽车变速器输入端的角速度一般可以通过对驱动电机转速的调节进行控制，所以通常会将同步之前输入端的角速度差控制在一个合适范围内，比如说 50r/min，以大幅降低摩擦力矩 T_f。

为了提供式（6-4-1）中计算出的摩擦力矩 T_f，所需的作用在接合套上的轴向力 F（又称换挡力）为

$$F_s = \frac{2T_f \sin\alpha}{jfd} \qquad (6\text{-}4\text{-}2)$$

式中，α 是摩擦锥面半锥角；j 是摩擦锥面个数；f 是工作锥面摩擦因数；d 是摩擦锥面平均直径，如图 6-4-2 所示。由式（6-4-2）可见，选取较大的摩擦锥面平均直径、增加摩擦锥面个数、减小摩擦锥面半锥角有利于减小换挡力。

由于换挡力通常由换挡动力源（例如换挡电机）通过作动机构经拨叉作用在接合套上，因此换挡动力源提供的作动力 F_m 为

$$F_m = \frac{F}{R_F \eta_{link}} \qquad (6\text{-}4\text{-}3)$$

式中，R_F 是执行机构的传动比；η_{link} 是执行机构的传动效率。

2. 锁环式同步器的校核

为使同步器满足可靠性、耐久性、噪声等设计要求，需要对其设计参数进行以下校核。

首先，为了避免出现打齿现象，必须防止连接件在转动角速度相等之前接合换挡，因而要求校核以下锁止条件

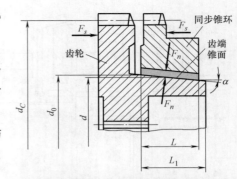

图 6-4-2 锁环式同步器计算示意图

$$\tan\beta < \frac{fd}{d_c \sin\alpha} \quad (6\text{-}4\text{-}4)$$

式中，β 是锁止面的锁止角；d_c 是锁止面平均直径。

其次，为了避免摩擦速度超过许用值，要求校核摩擦速度 V

$$V = \frac{d \Delta\omega_{max}}{2} < V_{perm} \quad (6\text{-}4\text{-}5)$$

式中，$\Delta\omega_{max}$ 是最大角速度差；V_{perm} 是许用摩擦速度。

再次，为了避免单位摩擦面积上的摩擦功超过许用值，要求校核比摩擦功 P

$$P = \frac{J_i \Delta\omega_{max}^2}{2} < P_{perm} \quad (6\text{-}4\text{-}6)$$

式中，P_{perm} 是许用比摩擦功。

接着，为了避免摩擦面上的摩擦功率超过许用值，要求校核比摩擦功率 W

$$W = \frac{P}{t_s} < W_{perm} \quad (6\text{-}4\text{-}7)$$

式中，W_{perm} 是许用比摩擦功率。

最后，为了避免摩擦面上的接触压力超过许用值，要求校核接触压力 p

$$p = \frac{F}{A_f \sin\alpha} < p_{perm} \quad (6\text{-}4\text{-}8)$$

式中，A_f 是摩擦面总面积；p_{perm} 是许用接触压力。

不同的摩擦锥环及齿轮锥面材料的组合有不同的许用值。目前以钢为齿轮锥面材料、黄铜或钼（表面喷镀层）为同步锥环材料较为多见，其摩擦因数及许用摩擦速度、许用比摩擦功、许用比摩擦功率、许用接触压力见表 6-4-2。

表 6-4-2 摩擦锥环和齿轮锥面材料组合的摩擦因数及许用值

齿轮锥面材料/同步锥环材料	摩擦因数 f	许用摩擦速度 V_{perm}/(m/s)	许用比摩擦功 P_{perm}/(J/mm²)	许用比摩擦功率 W_{perm}/(W/mm²)	许用接触压力 p_{perm}/(N/mm²)
钢/黄铜	0.08~0.12	5	0.09	0.45	3
钢/钼	0.08~0.12	7	0.53	0.84	6

3. 锁环式同步器主要设计参数的选取原则

锁环式同步器的主要设计参数包括摩擦锥面半锥角 α、摩擦锥面平均直径 d、换挡力 F_s、摩擦锥面工作轴向长度 L 和 L_1、锁止角 β 以及同步器相关间隙 δ_1、δ_2、δ_3 等。

（1）分度尺寸 a 和接近尺寸 b

分度尺寸 a 是指滑块侧面与锁环缺口侧面发生接触时接合套接合齿与锁环接合齿中心线之间的距离，如图 6-4-3 所示。设计时应取 $a = 0.25t$，t 为接合齿的齿距[1]。

接近尺寸 b 是指滑块侧面与锁环缺口侧面发生接触时、接合套作轴向移动之前其接合套接合齿与锁环接合齿之间的轴向距离，如图 6-4-3 所示。设计时应取 $b = 0.2 \sim 0.3\mathrm{mm}$[1]。

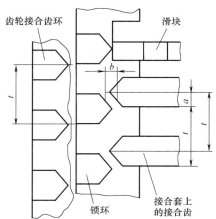

图 6-4-3 锁环式同步器的分度尺寸和接近尺寸

（2）摩擦锥面半锥角 α

α 越小，摩擦力矩则越大，然而 α 太小会导致摩擦面自锁。为了避免自锁，要求 $\alpha \geqslant \arctan f$。对于单锥同步器，一般取 $\alpha = 6° \sim 7°$；对于多锥同步器，则取 $\alpha = 8° \sim 12°$。

（3）摩擦锥面平均直径 d

d 越大，摩擦力矩则越大，然而 d 太大会使同步器和变速器的径向尺寸受到影响。因此，在结构允许的条件下应该尽可能选取较大的 d。一般可按照下式确定摩擦锥面平均直径 d

$$d = d_o - L\tan\alpha \tag{6-4-9}$$

$$d_o = (0.8 \sim 0.85)d_c \tag{6-4-10}$$

式中，d_o 是同步锥环大端直径；d_c 是同步锥环接合齿分度圆直径，如图 6-4-2 所示。

（4）换挡力 F_s

F_s 越大，摩擦力矩则越大，然而 F_s 太大会导致换挡动力源的体积、质量、功耗、成本增加。因此，通常取 $F_s = 80 \sim 120\mathrm{N}$。

（5）摩擦锥面工作轴向长度 L 和 L_1

同步锥环锥面工作轴向长度 L 应小于齿轮齿端锥面的轴向长度 L_1，即 $L < L_1$，否则同步锥环锥面会出现磨损，形成台阶，使锥面接触不良，造成不同步啮合。L 越大，摩擦锥面的总面积则越大，有利于减小摩擦面上的接触压力，然而，L 太大会导致变速器轴向长度增加。因此，在满足摩擦面上的接触压力校核条件的前提下尽可能选小些，可采用经验公式 $L = (0.125 \sim 0.2)d$ 确定。

（6）同步器相关间隙

同步器相关间隙包括滑块端面与锁环缺口端面之间的间隙 δ_1、接合套端面与锁环端面之间的间隙 δ_2 以及锁环端面与齿轮接合齿端面之间的间隙 δ_3，如图 6-4-4 所示示。当 $\delta_1 > \delta_2$ 时，在同步锥环摩擦锥面接触之前接合套的接合齿即已与锁环接合齿的锁止面发生接触，使同步器失去锁止作用，导致不同步啮合及换挡冲击。因此，设计中要求 $\delta_1 < \delta_2$。另外，由于锁环的摩擦锥面会产生磨损，导致 δ_3 逐渐减小，当 δ_3 减小到零后，摩擦锥面之间就会产生间隙，使摩擦力矩消失，造成同步失效。因此，在设计时应留有足够的 δ_3，该间隙也称为预留后备行程。一般取 $\delta_1 = 0.5 \sim 1\text{mm}$，$\delta_2 - \delta_1 = 0.2 \sim 0.3\text{mm}$，$\delta_3 = 1.4 \sim 1.8\text{mm}$。

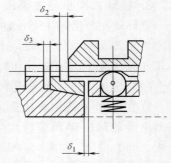

图 6-4-4 锁环式同步器的间隙

（7）同步锥环内锥面上的螺纹槽及轴向油槽

螺纹槽的作用是破坏并刮掉摩擦锥面上的变速器油膜，轴向油槽的作用是尽快把油排掉，目的都是提高摩擦力。

1）螺距的尺寸要保证能够确保螺纹间隙足以容纳挤出的油量，但过大的螺距会减小锥面的接触面积，使磨损增加，因此通常取螺距为 $0.6 \sim 0.75\text{mm}$。

2）螺纹角一般取 $60°$。

3）螺纹深建议取 $0.25 \sim 0.4\text{mm}$。

4）螺纹顶宽越窄则刮掉油膜越快，但过窄则接触面压强会过大，磨损增加。因此，一般螺纹顶宽取 $0.025 \sim 0.1\text{mm}$。

5）轴向油槽的槽宽一般取 3mm，槽深略大于螺纹底径，油槽个数根据摩擦锥面平均直径的大小取 $6 \sim 9$ 个，油槽底部的圆角半径尽量取大些，以减小应力集中。

（8）同步锥环滑块及其槽口

滑块在锁环槽口内的转动距离 c 会对分度尺寸 a 产生影响[1]，在锁止位置上两个锁止面互相对齐最为有利，如图 6-4-5a 所示；过大或过小都会使两个锁止面接触位置不良，如图 6-4-5b 和图 6-4-5c 所示。转动距离 c 可按下式估算

$$c = \frac{tR_1}{4R_2} \tag{6-4-11}$$

式中，R_1 是锁环槽口外半径；R_2 是接合齿分度圆半径，如图 6-4-6 所示。

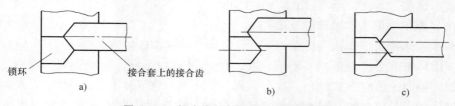

图 6-4-5 接合齿与锁环锁止面接触位置

锁环槽口宽度 H 则按照下式计算

$$H = h + 2c \tag{6-4-12}$$

式中，h 是滑块宽度。

（9）锁止角 β

锁环式同步器的锁止角 β 有两个作用：①经由锁止角斜面将换挡力传到同步锥面上；②经由锁止角斜面换挡力的切向分力产生的拨环力矩 T_b 使同步锥环转动一个角度，从而脱离齿套的齿端斜面，让齿套继续前移与齿轮接合齿圈啮合，完成换挡。因此，在达到同步前，要求同步摩擦力矩 T_f 必须始终大于拨环力矩 T_b，即

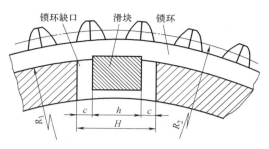

图 6-4-6　滑块在锁环槽口内的转动距离示意图

$$T_f > T_b \tag{6-4-13}$$

若该条件不满足，则会发生同步尚未完成接合齿即已啮合的现象，造成不同步啮合及换挡冲击。

如图 6-4-7 所示，考虑到锁止斜面间的摩擦力，作用在锁止面上的总轴向分力 $\sum F_a$ 为

$$\sum F_a = F_a + F_{ba} = F_s + F_s f_b \tan\beta \tag{6-4-14}$$

式中，f_b 是锁止斜面间的摩擦系数；F_s 是换挡力。

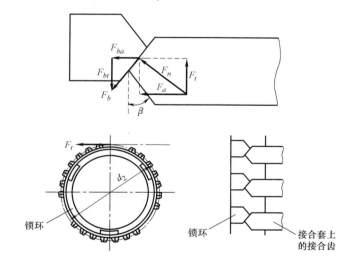

图 6-4-7　同步器锁止角及锁止面上的作用力

因此，作用在锁止面上的总切向分力 $\sum F_t$ 计算如下：

$$\sum F_t = F_t - F_{bt} = F\tan\beta - Ff_b \tag{6-4-15}$$

拨环力矩 T_b 计算如下：

$$T_b = \frac{d_2}{2}\sum F_t = \frac{1}{2}Fd_2(\tan\beta - f_b) \tag{6-4-16}$$

式中，d_2 是接合齿分度圆直径。

摩擦力矩 T_f 计算如下：

$$T_f = \frac{(F+Ff_b\tan\beta)fd}{2\sin\alpha} \quad (6\text{-}4\text{-}17)$$

式（6-4-13）即

$$\frac{(F+Ff_b\tan\beta)fd}{2\sin\alpha} > \frac{1}{2}Fd_2(\tan\beta-f_b) \quad (6\text{-}4\text{-}18)$$

整理后得

$$\beta < \arctan\left(\frac{fd+d_2f_b\sin\alpha}{d_2\sin\alpha-ff_bd}\right) \quad (6\text{-}4\text{-}19)$$

β 越大，摩擦锥面平均直径 d 则越大、锁止面平均直径 d_c 及摩擦锥面半锥角 α 越小，进而影响到同步器的尺寸以及锁止条件的满足。因此，设计原则是尽可能选取较小的 β。然而，若 β 过小，则拨环力矩过小，影响啮合。一般取 $\beta=26°\sim38°$。

4. 锁环式同步器定位钢球换挡突破载荷的计算[2]

接合套在换挡力作用下从中性位置开始轴向位移时，定位钢球在凹槽中的受力随轴向位移大致按照线性增加，而定位钢球仍在凹槽中，随着位移的进一步增大，球槽推力增加到最大值，钢球则开始从凹槽中移出，这时球槽推力大大减小，进入齿轮接触区，即接合套的接合齿面与同步锥环的齿面进入接触状态，如图 6-4-8 所示。定位钢球换挡突破载荷即指换挡时需要克服的球槽推力，使滑块与同步锥环发生接触，进而使同步锥环转位。当突破载荷随接合套轴向位移下降过快，则会使同步锥环卸载过快，影响刮油过程，造成打齿；当突破载荷随接合套轴向位移下降过慢则会导致同步锥环卡滞，造成换挡冲击。因此，应正确选择弹性系数的弹簧，以提供适当的径向合力 F_r，使总突破载荷满足上述要求。钢球、接合套的受力如图 6-4-9 所示。换挡时所需的总突破载荷的计算公式如下。

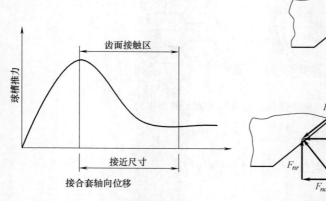

图 6-4-8 球槽推力随接合套轴向位移的变化

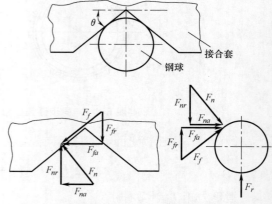

图 6-4-9 定位钢球突破载荷计算示意图

钢球作用在接合套上的轴向合力 F_a 计算如下：

$$F_a = F_n\sin\theta + F_f\cos\theta = F_n(\sin\theta + f\cos\theta) \qquad (6\text{-}4\text{-}20)$$

接合套作用在钢球上的径向合力 F_r 计算如下：

$$F_r = F_n\cos\theta - F_f\sin\theta = F_n(\cos\theta - f\sin\theta) \qquad (6\text{-}4\text{-}21)$$

根据式（6-4-20）和式（6-4-21），整理后得到周向三个定位钢球换挡总突破载荷

$$F_{a\_total} = 3F_a = 3F_r\frac{f+\tan\theta}{1-f\tan\theta} \qquad (6\text{-}4\text{-}22)$$

参 考 文 献

[1] 王望予. 汽车设计 [M]. 4版. 北京：机械工业出版社，2004.
[2] RAZZACKI S T, HOTTENSTEIN J E. Synchronizer design and development for dual clutch transmission（DCT）[J]. SAE World Congress & Exhibition，2007.

6.5 换挡执行机构的设计

换挡执行机构是指换挡时执行变速器控制单元（TCU）指令、完成换挡操作的相关部件组成的子系统。

对于换挡执行机构的要求一般包括5个方面[1]：①快速精准的性能，即要能实现快速动态位置控制，精度高，可控性好，并有着清晰的失效模式；②可靠耐用，即工作寿命不低于整车寿命，免维护，并且在整车运行的各种温度、振动、污物等环境条件下都有足够的鲁棒性；③结构紧凑，安装工序简单，体积小，集成度高；④功耗低，避免油泵、湿式离合器及制动器等寄生损失较高部件的使用或尽量减少其工作时间，采用传动效率高的减速机构；⑤低成本，设计应结构简单，避免精度过高。

电动汽车变速器的换挡执行机构多种多样，常见的有电控液动、电控气动以及电控电动式三种。

电控液动换挡执行机构是指变速器控制单元（TCU）通过控制电磁阀组控制液压阀，进而推动离合器、制动器或同步器等换挡控制部件实现换挡的作动机构。

电控气动换挡执行机构是指变速器控制单元（TCU）通过控制电磁阀组控制气缸，进而推动离合器、制动器或同步器等换挡控制部件实现换挡的作动机构。

电控电动式换挡执行机构是指变速器控制单元（TCU）通过控制换挡电机，进而推动离合器、制动器或同步器等换挡控制部件实现换挡的作动机构。换挡电机为旋转电机时，通常经由减速机构驱动换挡控制部件；换挡电机为线性电机时，通常直接驱动换挡控制部件。

三种换挡执行机构主要指标的特点见表6-5-1。

表 6-5-1　三种换挡执行机构主要指标的特点

指标	电控液压式	电控气动式	电控电动式
控制精度	较高	较高	高
响应速度	快	快	较快
质量	小	小	较小
冲击	小	小	较小
成本	电磁阀价高	低	低
驱动力	大	大	较大
结构	复杂	复杂	简单
密封要求	高	高	低
噪声	小	大	小
受温度影响	大	小	小
功耗	较大	较小	较小

6.5.1　电控液动换挡执行机构的设计

电控电动换挡执行机构的作动力来自于作动油缸及活塞，活塞则由来自油泵的液压油推动。以电控液动两挡变速器为例，可采用两个二位四通阀控制换挡油缸实现 1 挡和 2 挡的切换，如图 6-5-1 所示。

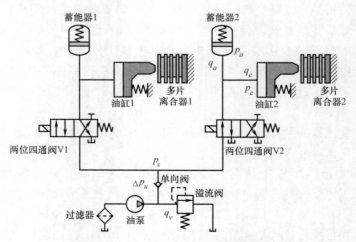

图 6-5-1　一种电控液动换挡执行机构

表 6-5-2　采用二位四通阀的换挡油缸控制逻辑

挡位	V1	V2
1 挡	开启	关闭
2 挡	关闭	开启

1. 油缸和活塞参数的计算

首先，以图 6-5-1 所示的电控液动换挡系统以及图 6-5-2 所示的油缸和活塞为例，1 挡升 2 挡时油缸 2 中的油压与流量的关系由油缸输入油液的连续性方程给出[2,3]

$$A_c \dot{x}_c + \lambda_l p_c + \frac{V_{c0} + A_c x_c}{\beta} \frac{\mathrm{d} p_c}{\mathrm{d} t} = q_c \quad (6\text{-}5\text{-}1)$$

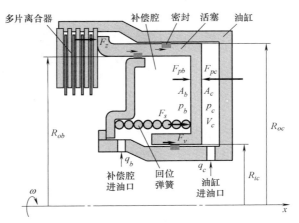

图 6-5-2 典型的电控液动离合器油罐和活塞

式中，q_c 是油缸输入油液的流量；A_c 是油缸内活塞与油接触表面沿轴向的投影面积；x_c 是活塞位移；λ_l 是油缸泄漏系数；p_c 是油缸内的油压；V_{c0} 是油缸内高压腔初始容积；β 是油液的体积弹性模量。根据 6.3.4 节的阐述，在油缸旋转时，其中的油压 p_c 随半径的增加而变大，此时式 (6-5-1) 中的 p_c 可以用油缸内的平均油压近似代替。

通常活塞为圆柱形，因此

$$A_c = \pi (R_{oc}^2 - R_{ic}^2) \quad (6\text{-}5\text{-}2)$$

对于液压系统常用的容积式油泵而言，其输出流量与油泵转速之间存在一定关系。在忽略系统泄漏的条件下，系统各部分流量遵循以下关系式[3]

$$q_p = q_a + q_v + q_r + q_c + q_b \quad (6\text{-}5\text{-}3)$$

式中，q_p、q_a、q_v、q_r、q_c、q_b 分别是油泵输出流量、蓄能器流量、溢流阀流量、油道容腔内因油液压缩引起的流量、离合器油缸流量、补偿腔流量。

对于油泵流量 q_p，可以根据 6.7 节中油泵的理论容量和转速进行估算。

对于车用液压系统普遍采用的气囊式或活塞式蓄能器，假定其充油、放油过程近似为绝热过程，则其气囊内压力和流量之间关系为

$$p_a = p_0 \left(\frac{V_0}{V_0 - \int q_a \mathrm{d}t} \right)^{1.4} \quad (6\text{-}5\text{-}4)$$

即

$$q_a = 1.4 V_0 p_0^{-1.4} p_a^{0.4} \frac{\mathrm{d} p_a}{\mathrm{d} t} \quad (6\text{-}5\text{-}5)$$

式中，p_0 是气囊或密闭腔内初始压力；V_0 是气囊或密闭腔内初始容积。

对于先导式溢流阀，其压力和流量之间关系为

$$q_v = \begin{cases} 0 & p_s + \Delta p_u < p_k \\ \pi d_m y C_q \sqrt{\dfrac{2(p_s - p_o)}{\rho}} \sin\alpha & p_s + \Delta p_u \geqslant p_k \end{cases} \quad (6\text{-}5\text{-}6)$$

式中，d_m 是溢流阀阀口的平均直径；y 是阀口开度；C_q 是阀口的流量系数；p_o 是溢流阀出口压力，通常 $p_o = 0$；α 是阀芯的半锥角；Δp_u 是单向阀的压降；p_k 是溢流阀开启压力。

对于油道容腔内因油液压缩引起的流量，则有

$$q_r = \frac{V_p}{\beta} \frac{\mathrm{d} p_s}{\mathrm{d} t} \quad (6\text{-}5\text{-}7)$$

式中，V_p 是油道的容积；β 是油的弹性模量。

对于离合器油缸和补偿腔，因其进油油道对油流的阻尼，其压力和流量存在以下关系[4]

$$p_s - p_c = R_c q_c + L_c \frac{\mathrm{d} q_c}{\mathrm{d} t} \quad (6\text{-}5\text{-}8)$$

$$p_s - p_b = R_b q_b + L_b \frac{\mathrm{d} q_b}{\mathrm{d} t} \quad (6\text{-}5\text{-}9)$$

式中，p_s 是系统主油压；R_c、R_b 分别是油缸、补偿腔进油油道的液阻；L_c、L_b 分别是油缸、补偿腔进油油道的液感。

$$R_c = \frac{128 \mu l_c}{\pi d_c^4} \quad (6\text{-}5\text{-}10)$$

$$L_c = \frac{\rho l_c}{A_c} = \frac{4\rho l_c}{\pi d_c^2} \quad (6\text{-}5\text{-}11)$$

$$R_b = \frac{128 \mu l_b}{\pi d_b^4} \quad (6\text{-}5\text{-}12)$$

$$L_b = \frac{\rho l_b}{A_b} = \frac{4\rho l_b}{\pi d_b^2} \quad (6\text{-}5\text{-}13)$$

式中，μ 是油的动力黏度；ρ 是油的密度；l_c、l_b 分别是离合器油缸、补偿腔进油油道长度；d_c、d_b 分别是离合器油缸、补偿腔进油油道直径；A_c、A_b 分别是离合器油缸、补偿腔进油油道截面积。

根据 6.3.4 节所述，活塞运动的动力学方程为

$$F_{pc} - F_{pb} - F_s - F_v - F_z = m_c \ddot{x}_c \quad (6\text{-}5\text{-}14)$$

式中，m_c 是活塞组件的质量；F_{pc} 是油缸内的油压对活塞的作用力；F_{pb} 是补偿腔内的油压对活塞的作用力；F_s 是弹簧对活塞的作用力；F_v 是密封等作用在活塞上的阻力；F_z 是离合器对活塞的反作用力。

$$F_{pc} = \int_{R_{ic}}^{R_{oc}} 2\pi p_c r \mathrm{d}r \qquad (6\text{-}5\text{-}15)$$

$$F_{pb} = \int_{R_{ic}}^{R_{ob}} 2\pi p_b r \mathrm{d}r \qquad (6\text{-}5\text{-}16)$$

$$F_s = F_0 + K(x_0 - x) \qquad (6\text{-}5\text{-}17)$$

$$F_v = B\dot{x}_c \qquad (6\text{-}5\text{-}18)$$

式中，p_c 是油缸内的油压，因离心力的影响，p_c 是径向距离 r 的函数，即 $p_c = p_c(r)$；p_b 是补偿腔内的油压，因离心力的影响，p_b 是径向距离 r 的函数，即 $p_b = p_b(r)$；R_{ic} 是活塞在油缸侧的内半径；R_{oc} 是活塞在油缸侧的外半径；R_{ob} 是活塞在补偿腔侧的外半径；另外，假定活塞在补偿腔侧的内半径与油缸侧的内半径相同；F_0 是回位弹簧在初始位置的弹簧力；K 是回位弹簧的弹性系数；x_0 是活塞的初始轴向位置；B 是活塞阻尼系数。

将式（6-5-15）~式（6-5-18）代入式（6-5-14），整理后可得

$$m_c \ddot{x}_c + B\dot{x}_c - Kx + F_0 + Kx_0 + F_z + \int_{R_{ic}}^{R_{ob}} 2\pi p_b r \mathrm{d}r - \int_{R_{ic}}^{R_{oc}} 2\pi p_c r \mathrm{d}r = 0 \qquad (6\text{-}5\text{-}19)$$

将连续性方程式（6-5-1）结合式（6-5-2）~式（6-5-13），并与方程式（6-5-19）一起进行拉普拉斯变换，可建立油缸活塞的动态方框图，求解得到活塞的内半径 R_{ic}、外半径 R_{oc} 等结构尺寸，进而得到补偿腔的外半径 R_{ob} 等结构尺寸。

2. 电控液动电磁阀的选用

用于变速器电控液动换挡执行机构的电磁阀通常有两种——高速开关阀和电液比例阀。

高速开关阀又称高速响应电磁阀，其实质是高速响应的二位二通电液换向阀。它只有开关功能，其基本原理是通过节流面积在全关和全开之间的切换控制通过电磁阀的流量和压降，从而实现对输出油压的控制。当离合器、制动器接合或分流所需的流量较小时，可采用高速开关阀直接控制。对于所需流量较大的情形，可用高速开关阀作为先导阀与换挡滑阀组合进行控制。高速开关阀的控制一般采用电磁线圈电压脉宽调制（PWM）方法，随着占空比的增加，输出的油压变大，从而控制离合器、制动器的平稳接合与分离。

电液比例阀实际上由比例电磁铁及其控制的双边节流阀构成。其基本原理是通过输入电流的控制阀芯悬停在一定位置，从而对节流面积从全关到全开之间的任意开度进行连续、成比例调节，实现对输出油压的连续精确控制。其电流的调节通过改变电磁线圈输入电压信号的占空比实现，即对电压信号进行脉宽调制（PWM）。占空比越大，通过电磁线圈的电流越大，输出的油压也就越大，从而控制离合器、制动器的接合与分离。

和高速开关阀相比，电液比例阀的优点是输出油压脉动小，且阀内压降较小，而缺点是响应较慢，成本高，对油液的过滤要求稍高。

3. 高速开关阀的工作特性

在高速开关的电磁线圈两端施加电压时，线圈电流因自感作用逐渐增大，动铁

受到的电磁力也因此逐渐增大。当电磁力大于动铁所受阻力时,动铁开始运动,而其运动产生的反电动势又对线圈电流产生影响。

当线圈两端施加电压变为零时,线圈电流逐渐减小,动铁受到的电磁力也因此逐渐减小。当电磁力小于动铁所受阻力时,动铁停止运动,而其运动产生的反电动势造成的线圈电流也逐渐减小为零。

由此可知,阀芯的动作相对于电控信号存在一定的滞后,这一现象称为电磁阀的开关响应,其对系统控制的精度和灵敏度有着显著影响。

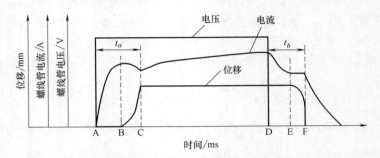

图 6-5-3 高速开关阀阀芯位移与螺线管电压、电流的关系

如图 6-5-3 所示,电磁阀的工作过程可分为吸合（A→C）和释放（D→F）两个过程。其开关响应过程可分为五个阶段,即吸合触发（A→B）、吸合运动（B→C）、位置保持（C→D）、释放触发（D→E）以及释放运动（E→F）[4-6]。

电磁阀的开关响应特性通常由其开启和关闭的响应时间 t_a 和 t_b 表征,可以在不同气源压力下对其开关时间进行测试或仿真获得。

4. 电液比例阀的工作特性

电液比例压力先导阀前腔油压 p_s 与输入比例电磁铁的电流 I 之间的关系如图 6-5-4 所示。可见,输入电流 I 为零时,电液比例压力先导阀有一最低控制油压 p_{smin},一般 $p_{smin} \approx 1MPa$。当先导阀前腔油压 p_s 高于一定值时,阀的线性度较好[7]。另外,对应同一个油压 p_s 的电流 I 会出现偏差。

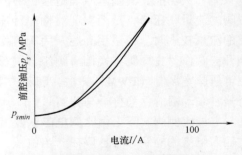

图 6-5-4 电液比例阀油压与电流的关系

电液比例阀的特性分静态和动态两类。其静态特性包括滞环、线性范围和非线性度、分辨率、重复精度等,动态指标包括阶跃响应和频率响应。其定义和选用原则见表 6-5-3。

6.5.2 电控气动换挡执行机构的设计

电控气动换挡执行机构的作动力来自于作动气缸及活塞,而活塞则由来自气源的压缩空气推动。以气动两挡 AMT 为例，可采用两个二位三通阀控制换挡气缸实现 1 挡和 2 挡的切换，如图 6-5-5 所示[8]。其气缸控制逻辑见表 6-5-4。

表 6-5-3 电液比例阀的静态和动态性能的定义和选用原则

性能指标		定义	选用原则
静态	滞环误差	电液比例阀的输入电流在正负额定值之间进行一次往复循环时，同一输出油压或流量对应的输入电流差值的最大值与额定电流的百分比	越小越好
	线性范围	油压-电流特性曲线的近似直线部分，通常选取为工作范围	越宽越好
	非线性度	线性范围内特性曲线与直线的最大电流偏差相对于额定电流的百分比	越小越好
	分辨率	输出油压或流量发生微小变化所需输入电流的最小变化量与额定输入电流的百分比	合适①
	重复精度	在某一油压或流量下重复输入电流，多次输入电流的最大差值与输入额定电流的百分比	越小越好
动态	阶跃响应	输入电流为阶跃信号时，输出油压或流量达到稳定状态（大于调定值的 98%）所需的时间	越短越好
	频率响应	加入一定频率的正弦扰动时，在稳定状态下输出和输入的复数比值关系（即在增益为 -3dB、滞后相位角为 -45°处的频率）	越高越好

① 随分辨率变小，阀的灵敏度提高，静态性能变好，但分辨率过小会使阀的工作稳定性变差。

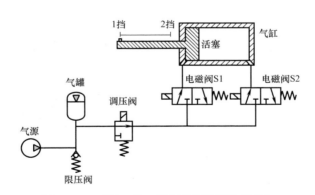

图 6-5-5 采用二位三通阀的两位置换挡气缸

表 6-5-4 采用二位三通阀的两位置换挡气缸控制逻辑

挡位	S1	S2
1 挡	关闭	开启
2 挡	开启	关闭

也可采用四个二位二通阀控制换挡气缸实现同样的功能[9]，如图 6-5-6 所示。其气缸控制逻辑见表 6-2。

表 6-5-5 采用二位二通阀的两位置换挡气缸控制逻辑

挡位	S1	S2	S3	S4
1 挡	关闭	开启	开启	关闭
2 挡	开启	关闭	关闭	开启

上述两种控制原理也适用于离合器的控制,实现其分离和接合两种状态。

当需要 1 挡、2 挡及中性挡等三位置控制时,则可采用三个二位三通阀控制换挡气缸实现,如图 6-5-7 所示。其气缸控制逻辑见表 6-5-6。

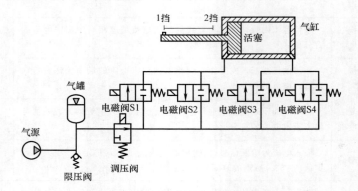

图 6-5-6 采用二位二通阀的换挡气缸

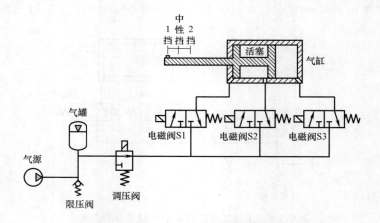

图 6-5-7 采用二位三通阀的三位置换挡气缸

表 6-5-6 采用二位三通阀的三位置换挡气缸控制逻辑

挡位	S1	S2	S3
1 挡	关闭	开启	关闭
2 挡	开启	关闭	关闭
中性挡	开启	关闭	开启

1. 气缸和活塞参数的计算

首先，以图 6-5-5 所示的气缸和活塞为例，1 挡升 2 挡时换挡力 F 与气缸和活塞直径之间的关系为

$$F = \frac{\pi}{4}[p_{in}(D^2-d^2)-p_{out}D^2](1+\eta) \qquad (6\text{-}5\text{-}20)$$

式中，p_{in}、p_{out} 分别是气缸进气腔和排气腔压力；D 是气缸直径；d 为活塞杆直径；η 是因气缸和活塞之间的摩擦造成的损失系数。因此，根据 6.4 节中的计算公式得到的换挡力 F，由式（6-5-20）可以确定气缸直径 D 和活塞杆直径 d。

其次，1 挡升 2 挡过程中流入气缸的气体容积 V 为

$$V = \frac{\pi}{4}(D^2-d^2)L = Qt_s \qquad (6\text{-}5\text{-}21)$$

式中，L 是活塞行程；Q 是气体流量；t_s 是换挡时间。由于活塞行程一般根据同步器或离合器在换挡过程中的位移确定，因此由式（6-5-21）可以得到所需的气体容积 V。

最后，气体流量[8]

$$Q = \lambda C_a (p_{in}-p_{out})^\varphi \qquad (6\text{-}5\text{-}22)$$

式中，λ 是电磁阀工作状态；C_a 是节流系数，与进、排气口的形状以及气体的流动状态等因素有关；φ 是节流系数指数，与进、排气口的形状有关。由式（6-5-22）可以得到出气体流量 Q，然后再根据式（6-5-21）估算换挡时间 t_s。

2. 气动电磁阀的工作特性

高速开关气动电磁阀的响应特性与高速开关液动电磁阀类似[10]。

6.5.3 电控电动换挡执行机构的设计

电控电动换挡执行机构的作动力来自于电机。常见的作动电机主要有直流有刷和直流无刷等两种，其优点是：①转矩和转速范围大，起动和调速性能好，响应快；②工作平稳，冲击小；③结构简单紧凑，体积小，安装布置方便；④多载能力强，耐冲击，可靠性高；⑤能耗低。

然而，这两种电机也有缺点：①位置控制不够精确；②直流有刷电机的电刷易磨损，影响使用寿命；③直流无刷电机的控制器较复杂，成本较高。

一般地，换挡执行机构由上述换挡电机与换挡传动机构、换挡轴、终端执行件等主要零部件构成，如图 6-5-8 所示。换挡传动机构的作用通常有二：①减速增矩，将换挡电机的转矩增加，而将其转速降低；②将换挡电机输出的旋转运动转换为直线运动，推动终端执行件，产生足够的换挡力。常见的换挡传动机构包括蜗轮蜗杆、滚珠丝杠、螺杆

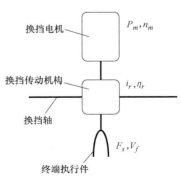

图 6-5-8 电控电动换挡执行机构示意图

螺母等。终端执行件可以是拨叉及同步器、离合器及分离轴承、制动器等，其作用是通过其位置或状态的变化使齿轮的传动关系发生改变，从而实现换挡。换挡轴的作用是对减速机构和终端执行件的受力提供一定的支承，尤其是约束终端执行件的直线运动，确保其正确的运动方向。

根据 6.4 节中的计算公式得到的换挡力，则可以下式估算换挡电机所需的额定功率

$$P_m = \frac{F_s V_f}{\eta_r} \tag{6-5-23}$$

式中，F_s 是换挡力；V_f 是终端执行件的直线运动速度；η_r 是减速机构的传动效率。

终端执行件的直线运动速度可以根据换挡时间和换挡行程进行估算

$$V_f = \frac{l_f}{t_s} \tag{6-5-24}$$

式中，l_f 是换挡所需的终端执行件直线运动行程；t_s 是换挡时间。

换挡电机所需的额定转速为

$$n_m = \frac{30 i_r V_f}{\pi R_{eq}} \tag{6-5-25}$$

式中，i_r 是换挡传动机构的传动比；R_{eq} 是换挡传动机构输出端转动与直线运动速度换算系数；n_m 是换挡电机额定转速（r/min）。

当换挡传动机构为蜗轮蜗杆机构时，i_r 为蜗轮到蜗杆的传动比

$$R_{eq} = \frac{m z_1}{2} = \frac{p_z}{2\pi} \tag{6-5-26}$$

式中，m 是蜗轮蜗杆的模数；z_1 是蜗杆头数；p_z 是蜗杆导程。

当换挡传动机构为滚珠丝杠或螺纹时，$i_r = 1$，

$$R_{eq} = \frac{d_2}{2} \tan\psi = \frac{S}{2\pi} \tag{6-5-27}$$

式中，d_2 是螺纹中径；ψ 是螺纹升角；S 是螺纹导程。

换挡传动机构的具体设计可参考有关机械设计手册，在此从略。

参 考 文 献

[1] WAGNER U, BERGER R, EHRLICH M, et al. Electromotoric actuators for double clutch transmissions-best efficiency by itself [J]. LuK Symposium, 2006.

[2] 张静，李和言，马彪，等. 蓄能器对换挡离合器充油过程影响研究 [J]. 液压与气动，2013 (3)：96-99.

[3] 李永堂，雷步芳，高雨茁. 液压系统建模与仿真 [M]. 北京：冶金工业出版社，2003.

[4] 牛铭奎，葛安林，张洪坤. 高速开关电磁阀的特性与应用研究 [J]. 汽车技术，1999（7）：13-16.

[5] 刘国强，陈德民，孙伟，等. 双离合器自动变速器控制系统中高速电磁阀特性分析及其控制

研究[J]. 液压与气动, 2011 (2): 38-41.
[6] 汤东胜, 吴光强, 周凡华. 基于有限元法的高速开关电磁阀性能分析[J]. 同济大学学报, 2003 (6): 724-727.
[7] 夏勇志. 电液比例阀的工作特性及正确选用[J]. 锻压机械, 1992 (6): 26-28.
[8] 王阳, 陈慧岩, 席军强. 气动 AMT 集成选换挡系统设计与试验研究. 液压与气动, 2008 (11): 40-44.
[9] 钱鹏飞, 鲁东, 张连仁, 等. 电控气动式 AMT 系统分析建模[J]. 液压与气动, 2017 (5): 28-34.
[10] 王阳, 陈慧岩, 席军强. 气动 AMT 阀控系统设计与特性测试技术研究[J]. 汽车技术, 2008 (10): 50-55.

6.6 驻车机构的设计

变速器驻车机构是一种提供驻车制动的安全装置，其作用是将车辆可靠、无时限地驻停在一定的表面甚至斜坡上。它与手动式驻车制动器（又称机械手刹）或电子驻车制动器（又称电子手刹）构成双保险。

典型的换挡执行机构如图 6-6-1 所示。它由换挡轴、鸡冠凸轮、叶片弹簧、导杆、压缩弹簧、压力块、压力导向块、棘爪轴、回位弹簧、棘爪、棘轮等组成。

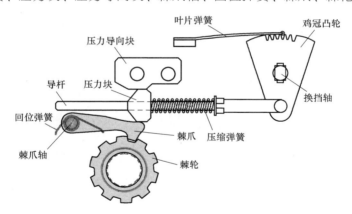

图 6-6-1　典型的换挡执行机构

在配置变速器驻车机构的车型上均设置有 P 挡。当驾驶人移动换挡手柄换入 P 挡位置时，换挡轴转动并带动鸡冠凸轮转动，将叶片弹簧的一端卡入鸡冠凸轮上相应于 P 挡的凹槽中，叶片弹簧的另一端固定，从而对挡位进行锁止；同时，鸡冠凸轮的转动推动导杆在其支架中滑动使压缩弹簧压缩，压缩弹簧的压缩力推动压力块，压力块在压力导向块作用下将棘爪压入棘轮的齿间，从而锁止与棘轮刚性连接的车轮，实现驻车。当驾驶人移动换挡手柄移出 P 挡位置时，鸡冠凸轮将导杆拉回，释放压缩弹簧，棘爪在棘爪、棘轮之间的分离力以及回位弹簧的作用下脱离啮合，从而结束驻车。

变速器驻车机构应满足以下设计要求：①允许车辆运行在一定速度以下时换入 P 挡而不至于造成驻车机构或变速器损坏，这一速度通常低于 8km/h；②保证车辆无论以上坡或下坡方向驻停在一定坡度的表面上时都不失效（这一坡度通常为 30%），并且能顺利换入和移出 P 挡；③换入 P 挡时车辆的前后位移在规定范围之内，一般车辆在 10% 坡道上无论向前还是向后移动量不得超过 150mm；④车辆驻停时即使受到其他车辆或物体碰撞仍不失效；⑤移出 P 挡时无异响或显著振动。

换挡执行机构的设计主要涉及叶片弹簧、压缩弹簧、回位弹簧以及锁止弹簧。

6.6.1 叶片弹簧的设计

叶片弹簧的作用是将 P、R、N、D 等各挡位锁止在鸡冠凸轮上对应的凹槽中，维持换挡控制部件（例如手动操纵阀）与换挡手柄之间位置关系的正确性。

根据图 6-6-2，作用在叶片弹簧上的水平力 F_{ds} 为

$$F_{ds} = K_{ds} \frac{R_1}{R_2} F_{cs} \tag{6-6-1}$$

式中，R_1 是导杆压缩弹簧载荷作用点到换挡轴中心线的距离；R_2 是叶片弹簧与鸡冠凸轮凹槽触点到换挡轴中心线的距离；F_{cs} 是叶片弹簧作用在鸡冠凸轮上的周向分力；K_{ds} 是安全系数，通常取 1.5。

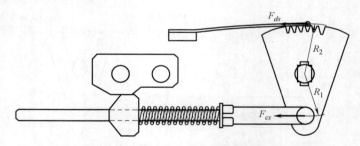

图 6-6-2 叶片弹簧设计中考虑的作用力及几何参数

叶片弹簧在出现最大变形时的最大应力必须低于其材料的最小屈服强度。其最大变形量为安装位置造成的变形量与叶片弹簧被鸡冠凸轮顶起造成的变形量之和。

叶片弹簧的尺寸应满足安装空间要求，常采用悬臂片状弹簧或压缩弹簧与小杠杆组件形式。

6.6.2 回位弹簧的设计

回位弹簧的作用是将棘爪和换挡导杆组件（包括导杆、压缩弹簧、保持块）保持在与棘轮分离的位置，避免在换挡手柄未换入 P 挡时进入啮合状态，影响行驶。由于车辆行驶时整车受到的主要来自路面的冲击载荷，回位弹簧的设计必须考虑这一影响，通常按照 2 倍重力加速度进行计算。另外，棘爪与压力块之间的作用力对导杆组件提供支承，换挡导杆组件受到的来自路面的冲击载荷，如图 6-6-3 所示。假

定棘爪和压力块之间接触点的摩擦力可忽略，则回位弹簧作用在棘爪上的转矩 T_{rs} 和作用力 F_{rs} 计算如下：

$$T_{rs} = 2W_p R_{pw} + 2W_r \frac{R_{rw} R_p \sin\theta_2}{R_a \sin\theta_1} \tag{6-6-2}$$

$$F_{rs} = 2W_p \frac{R_{pw}}{R_{rs}} + 2W_r \frac{R_{rw} R_p \sin\theta_2}{R_{rs} R_a \sin\theta_1} \tag{6-6-3}$$

式中，W_p 是棘爪所受的重力；R_{pw} 是棘爪所受重力的作用线到棘爪轴线的距离；R_{rs} 是回位弹簧在棘爪上施加弹性力的作用线到棘爪轴线的距离；W_r 是导杆组件所受的重力；R_{rw} 是导杆组件所受重力的作用线到导杆、鸡冠凸轮连接点的距离；R_p 是棘爪和压力块之间的接触点到棘爪轴线的距离；R_a 是棘爪和压力块之间的接触点到导杆、鸡冠凸轮连接点沿导杆轴线方向的距离；θ_1 是棘爪和压力块之间作用力的作用线与导杆轴线之间的夹角；θ_2 是棘爪、压力块接触点到棘爪轴心连线与棘爪、压力块之间作用力的作用线之间的夹角。

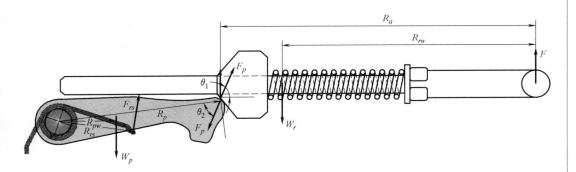

图 6-6-3 回位弹簧设计中考虑的作用力及几何参数

根据回位弹簧作用在棘爪上的转矩 T_{rs} 和作用力 F_{rs}，可计算出回位弹簧的弹性系数等设计参数。

6.6.3 压缩弹簧的设计

压缩弹簧安装在导杆上，其作用是推动压力块，使棘爪压入棘轮齿间。尤其是当棘爪对准棘轮齿时，它提供一个持续而有限的弹性力，使其进入啮合。假设车辆在以最高允许速度运行，则成功实现驻车的条件是，在棘爪转过棘轮周向齿槽所需要的时间内棘爪在径向的位移至少要足够使其与棘轮的接触点进入自锁区。

棘爪转过棘轮周向齿槽所需要的时间 t 为

$$t = \frac{L-s}{r_2 \omega_p} \tag{6-6-4}$$

$$L = \frac{2\pi r_2}{N} - 2r_2 \left(\frac{T_1}{2r_1} + \mathrm{Inv}\alpha_1 - \mathrm{Inv}\alpha_2 \right) \qquad (6\text{-}6\text{-}5)$$

$$\omega_p = \frac{V_{max} i_p}{R_d} \qquad (6\text{-}6\text{-}6)$$

式中，L 是棘轮齿槽在齿顶圆处的周向弧长（忽略倒角）；s 是棘爪齿的周向长度（忽略圆角）；r_2 是棘轮齿顶圆半径；ω_p 是棘轮转动角速度；N 是棘轮轮齿个数；T_1 是棘轮分度圆处的齿厚；r_1 是棘轮分度圆半径；α_1、α_2 分别是棘轮齿在分度圆和齿顶圆处的压力角；V_{max} 是允许换入 P 挡的最高车速；i_p 是棘轮到车轮的传动比；R_d 是车轮动态半径。

使棘爪与棘轮的接触点进入自锁区要求的棘爪径向位移 s_2 计算如下：

$$s_2 = c_g + r_p \qquad (6\text{-}6\text{-}7)$$

式中，c_g 是棘轮倒角；r_p 是棘爪圆角。

假定棘爪从静止开始落入棘轮齿槽，其围绕棘爪轴心的角加速度 α_p 计算如下：

$$\alpha_p = \frac{2s_2}{R_p} \qquad (6\text{-}6\text{-}8)$$

式中，R_p 是棘爪与棘轮的接触点到棘爪轴线的距离。

基于保守考虑，忽略棘爪自身重量的影响，为使棘爪达到上述的角加速度 α_p，所需的作用力 F_{pt} 为

$$F_{pt} = \frac{J_p \alpha_p + F_{rs} R_{rs}}{R_p} \qquad (6\text{-}6\text{-}9)$$

式中，J_p 是棘爪相对其轴线的转动惯量；F_{rs} 是回位弹簧在棘爪上的作用力；R_{rs} 是回位弹簧在棘爪上的作用点到棘爪轴线的距离。

因为上述棘爪所需的作用力 F_{pt} 实际上是由压缩弹簧的压缩力 F_{cs} 通过压力块传递给棘爪的，所以有

$$F_p = \frac{F_{pt}}{\cos\theta_2} \qquad (6\text{-}6\text{-}10)$$

$$F_{cs} = F_p \cos\theta_1 \qquad (6\text{-}6\text{-}11)$$

式中，θ_1 是压缩弹簧（导杆）轴线与压力块、棘爪作用线之间的夹角；θ_2 是棘爪、棘轮接触点到棘爪轴线的连线和压力块、棘爪作用线之间的夹角。

根据式（6-6-11）计算出所需的压缩弹簧压缩力 F_{cs} 之后，可以进而计算出其弹性系数。

上述作用力及几何参数如图 6-6-4 所示。

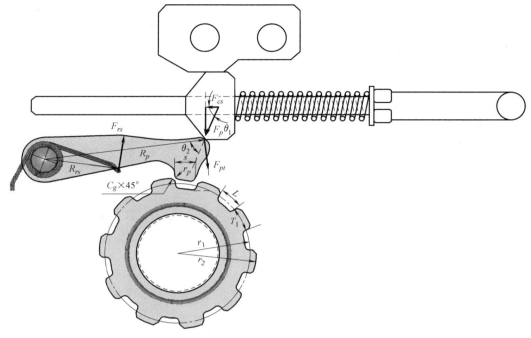

图 6-6-4 压缩弹簧设计中考虑的作用力及几何参数

参 考 文 献

[1] Design practice-passenger car automatic transmissions [J]. 4 ed. SAE, 2012.
[2] 朱恩强. 自动变速器驻车机构的研究 [J]. 汽车零部件, 2017 (12): 19-22.
[3] 陈华, 陈辛波, 傅灵玲, 等. 自动变速器驻车机构性能分析与研究 [J]. 拖拉机与农用运输车, 2014, 41 (4): 24-26.
[4] 徐友良. 自动变速器换挡驻车机构的设计及验证 [J]. 汽车实用技术, 2018 (16): 180-182.

6.7 液压润滑系统设计

6.7.1 油泵

目前广泛使用的变速器油泵虽有多种,但其功能都是为变速器的工作提供符合特定流量和压力要求的液压和润滑油,除了给液压部件包括阀体以及为离合器、制动带等作动的调速器提供液压油外,还给齿轮、衬套、推力垫圈、离合器盘等运动部件提供润滑油。另外,在有油冷却器的情况下,它还使油获得循环所需的动力。

一般而言,上述这些技术要求不难满足。然而,随着油泵能耗的降低成为变速器开发的关注重点,设计既满足功能要求而又节能的油泵已经变得越来越困难。虽然变速器曾经有过采用两个油泵的设计,但现今趋势是采用单个油泵、尺寸更加紧凑、排量或压力可变,使得功耗降到最低。此外,油泵工作时要求安静。因为油泵失效时会导致其他部件失效,所以其耐久性也非常重要。其他设计要求包括大批量生产的成本和加工精度的合理可行性。

油泵的设计需要考虑的问题包括其尺寸的确定、入口的油滤、轴向力的平衡、流动面积、气穴临界转速、容积效率、机械效率等。

油泵尺寸通常根据期望达到的容积效率、泄漏路径以及最低系统压力来确定。自动变速器一般要求在极端工作条件下最低系统压力达到 0.34MPa。

液压系统的内部泄漏主要包括滑阀、离合器、油泵密封垫、电磁阀等处的泄漏。

滑阀泄漏主要发生在以下位置:

1)对于采用调压阀的液压系统,油泵连接调压阀处在压力口(Pressure Port)和抽吸口(Suction Port)之间的泄漏。

2)电磁开关阀上的线压泄漏。

3)离合器的电磁开关阀上的泄漏。

4)线压输入到离合器控制阀处。

滑阀泄漏油量可以通过式(6-7-1)进行估算:

$$Q = 0.52 \frac{D}{L} \frac{ph^3}{\mu} \qquad (6\text{-}7\text{-}1)$$

式中,Q 是泄漏油量(m^3/s);D 是滑阀直径(m);L 是滑阀密封段长度(m);p 是密封段两端之间的压力差(Pa);h 是滑阀孔与阀芯之间的半径差(m);μ 是油的动力黏度(Pa·s)。需要注意的是,估算针对的油温应取可能达到的最高值,在自动变速器中通常在 120℃ 以上。

离合器泄漏发生在以下位置:

1)离合器油缸放油节流孔。

2)离合器的密封环。

3)离合器的冗余注油口。

这些泄漏都可以通过将泄漏面积等效到节流孔的方法进行估算。通过节流孔的流量可以用式(6-7-2)进行估算:

$$Q = 0.024 d^2 \sqrt{\Delta p} \qquad (6\text{-}7\text{-}2)$$

式中,Q 是泄漏油量(m^3/s);d 是节流孔直径(m);p 是跨过节流孔的压力差(Pa)。

需要注意的是各个离合器都有以上几项泄漏。

油泵密封垫泄漏发生在油泵内部压力口和抽吸口之间。其泄漏量可依照 0.41MPa 压差下产生 0.53L/min 的泄漏量按正比例换算。

电磁阀泄漏发生在用于线压调节的电磁阀上。其泄漏量可通过将通流截面等效为节流孔的方法用式(6-7-2)进行估算。

另外,液压系统还要为离合器作动和润滑提供足够的油量。离合器作动所需的油量也可通过将通流截面等效为节流孔的方法用式（6-7-2）进行估算。

整个液压系统设计所需的总油量是上述泄漏油量和工作所需的润滑油量之和。

目前变速器中常见的油泵有齿轮泵、转子泵、摆线泵、叶片泵等。下面就这些油泵的理论与设计分别论述。

1. 齿轮泵

齿轮泵是变速器中常见的一种油泵，是一种容积式泵。它非常紧凑、简单，适合安装在变速器的输入或输出轴上，整个部件仅有几个零件，这些零件虽然制造精度较高，但适合大批量生产要求。与助力转向等系统油泵有所不同的是，由于变速器油泵对工作压力要求不高，油泵的间隙在一定程度上控制得不必过于严格。

一个完整的齿轮泵通常由 4 个部件组成，即内齿轮、外齿轮、泵壳和泵盖。图 6-7-1 显示了一个典型的内齿轮泵的结构部件。齿轮泵的齿轮与传动齿轮不同：一是它们通常齿形更粗，其选取是基于泵的设计流量而非强度；二是通常采用铸铁或低碳钢材料，要求抗磨损、易切削。

齿轮泵的设计要点之一是其内部密封。密封过紧会导致齿轮转动不畅、功耗增加；过松则造成泄漏量增加、容积效率降低。

图 6-7-1　一个典型的内齿轮泵的结构部件

因此，内齿轮的外径和外齿轮的内径必须加工到较高精度。同时，泵壳中两个齿轮对中是否适当取决于内齿轮的内径和外齿轮的外径的加工精度。这就要求两个齿轮的内径和外径相对于各自的节线要有足够的同心度。另外，为使泵的端面密封和运行间隙得到保证，对两个齿轮的宽度、平行度、平度有一定的公差要求。

泵壳和泵盖是泵的外部构件，将两个齿轮闭合于其中。因为要适合各变速器的内部结构，这两个部件的设计变化较大，常常结合了油泵之外的功能。例如，泵壳可兼作其他部件的毂密封的支承件或泵的驱动轴套，泵盖则用于分油管线和阀体。泵壳与油泵相关的功能通常是为外齿轮提供直接支承，为内齿轮提供间接支承。油的通道以及油进出泵的接口既可在泵壳也可在泵盖中。为保证转子端部的密封，端盖的平度以及泵壳的转子凹坑的深度的公差均要严密控制。泵腔中月牙的形状加工的公差也必须严格控制，使其与两个转子齿轮的齿顶面配合并在泵的吸油和出油口之间形成密封。

图 6-7-2 是一个典型的内齿轮泵剖面。外转子的位置相对于外转子是偏心的，使得内外齿轮的齿在直径方向与月牙最厚部分完全接合。月牙的形状设计要求其在很大一个角度上与齿顶边相接触，但月牙长度又是有限的，以使在月牙两端的一段距离之内两个齿轮完全分离。这样就形成了两个腔室，在一端是齿轮互相啮合后的延展段，而在另一端是齿轮与月牙接触后的延展段。在齿轮啮合段后方的腔室是泵的

吸入侧，而在齿轮啮合段前方的腔室是泵的排出侧。齿轮啮合以及齿轮越过月牙的运动造成了油在泵中从吸入侧排移到流出侧。当齿轮刚脱离啮合时，泵的吸入侧的油填充进吸入腔室，在完全脱离啮合后而又到达与月牙接触之前的一段距离内则不发生油的排移。当齿轮间充满油的空间移动通过月牙时，油从泵的吸入侧输送到排出侧。在与月牙脱离接合后而到达啮合点之前存在着第二段不发生油的排移的区间。当齿轮进入啮合时，排移开始出现，齿轮间的空间中的油排移到泵的排出侧。

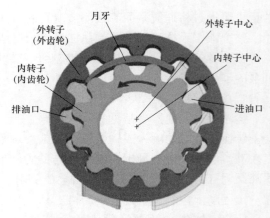

图 6-7-2　一个典型的内齿轮泵剖面

泵的理论排量 q 由齿轮啮合的排移运动给出，可以表示为

$$q_g = \frac{\pi}{4}(D_{g1}^2 - D_{g2}^2)W_g \qquad (6\text{-}7\text{-}3)$$

式中，D_{g1} 是内齿轮外径；D_{g2} 是内齿轮节圆直径减去外齿轮齿顶高的两倍；W_g 是齿轮面宽。

内齿轮的尺度由排量决定，而外齿轮尺度的确定则要考虑到适当压力和吸入腔室形成的要求。单从容积效率的角度而言，一般希望月牙尽可能长些，这使得吸入腔和排出腔之间的密封较好。然而，从减小因吸入和排出侧之间压差导致齿轮偏移使间隙消失引起机械损失的角度来看，一般希望月牙不对称且相对于排出腔室较长。泵内的流动情况则因吸入腔中相对较短的月牙有所改善，因为无排移区间变长有利于在到达月牙前油在齿间的填充。

齿轮尺寸的选取要保证排量的最大化和满意的抽吸作用。为使排量最大且泵的宽度最小一般采用粗节距齿轮。满意的抽吸效果会受到两方面要求的制约：一是在最大啮合处两个齿轮应完全啮合，使未扫过的体积最小，从而利用齿高的全部潜力；二是与月牙接触的齿顶宽度应足够提供足够的密封。

在泵壳和泵盖中要布置适当的油路或端口，以使油流出入泵的吸入和排出侧。端口的侧面外廓线一般设定在内外转子的齿根圆。端口的长度在一端受月牙长度控制，在另一端受吸入腔和压力腔之间密封要求控制。通常油流来自泵的一端，而在其另一端布置一个端口以平衡工作压力引起的作用力。这种压力平衡端口的深度较浅，而油流经过的工作端口则有足够深度以减小流阻引起的压力损失。端口的形状不太重要，一般直接由铸造成型。采用压力平衡端口还可以减小高速流动的气穴噪声。端口形状对高速流动的气穴噪声有影响。

典型的齿轮泵性能曲线如图 6-7-3 所示。值得注意的是实际排量线平行于理论排量线并且向右平移一定量。平移的程度取决于泵的内部泄漏，而两条线平行意味着在实际的转速范围内内部泄漏不受转速的影响。内部泄漏增加会引起实际排量线向右平移量的增加。影响内部泄漏的主要因素包括泵内部的间隙、排出压力的增加以及温度升高造成的油黏度下降。平移量还取决于油与空气混合物压缩造成的体积变化。

泵需要的驱动功率由机械摩擦损失和相应于平均工作压头的体积排量决定。对变速器效率而言，泵的驱动

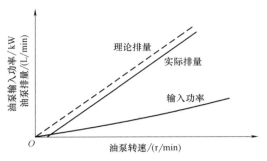

图 6-7-3　典型的齿轮泵性能曲线

功率是寄生损失，因此希望它越小越好，然而由于成本以及机械的复杂性，要大幅改进其机械摩擦或黏性阻力较为困难，只有可能尽量减小对泵的排量的要求。限制泵消耗功率的方法主要通过减小其内部泄漏和变速器对液压油量的需求，它包括以下一些设计和制造的注意要点：

1）尽量减小变速器要求的工作压力范围，这可以通过采用较大的离合器作动油缸来实现。

2）尽量减小变速器的内部泄漏以减小系统对液压油量的需求，这可以通过在变速器总体设计中消除泄漏点以及在泄漏点严格控制配合部件之间的公差来实现。

3）有选择性地给变速器充油，将泵的全部输出用于改变速比的过渡状态下摩擦元件的接合，以此来限制最大需求。

4）严控泵的部件的制造精度和装配过程，使其内部泄漏保持在最少，端面的间隙至关重要，为此一般建议选配部件。

5）变速器应有足够冷却，以限制因油的黏度下降造成的泄漏损失。

2. 摆线转子泵

图 6-7-4 显示了一种典型的摆线转子泵的结构。与齿轮泵类似，它由内转子、外转子、泵壳以及泵盖 4 个部件组成。它与齿轮泵的根本区别在于转子的齿形不同而且没有月

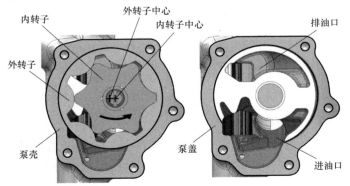

图 6-7-4　典型的摆线转子泵的结构

牙。这些区别使得它们的抽吸作用以及两个转子和泵壳的制造过程均大不相同。

与齿轮泵类似，为保证两个转子在泵壳中的适当对中并减小内部泄漏，转子的尺寸公差必须严格控制。内转子齿形由平均直径与外转子相同的齿轮刀具产生，刀具中心和转子毛坯中心之间的偏心距等于安装在泵壳中的两个转子中心的平均偏心距。内转子比外转子少1个齿，齿高等于两个转子中心之间偏心距的4倍。两个转子互相啮合，其完全分离出现在完全接合点跨过转子直径的正对面。内转子为主动件，而外转子为被动件。通常外转子是受泵壳中直接导引定位而内转子是间接导引定位的。

与齿轮泵类似，泵壳和泵盖是泵的外部构件。与图6-7-1比较，可以发现它们是设计随变速器基本结构改变的范例。在该例子中，两个部件结合起来形成变速器外壳的前端并作为分油管线。与齿轮泵相比，制造腔室的加工操作比较简单，因为通过改变转子齿的结构已不再需要月牙。

图6-7-4所示为摆线转子泵两个转子及其与泵体的相互关系。在啮合的一侧接合程度达到最大，而在跨过旋转中心的对过则是最大分离点。当内转子转动时，其每个齿都与外转子的一个齿维持连续线接触，接触点从齿侧的完全啮合移到齿顶的最大分离。在接合和分离间的区段，在内转子的两个相邻齿以及外转子的两个相邻齿之间形成一个连续扩大的体积。类似地，在分离和接合区段则形成一个连续减小的体积，随着转子的转动排量连续变化就造成抽吸作用。在接合和分离间的区段是泵的吸入侧，而在分离和接合间的区段则是泵的排出侧。

泵体和泵盖中需要油道或端口将油输送到泵的吸入侧并从压力侧排走。这些端口理论上应根据排量从转子齿间的完全接合点延伸到完全分离点。然而为满足齿距和控制端面泄漏的要求，它们必须按透视法缩短足够长度。为了提供最大入口面积利于油的填充，吸入口端部通常是偏心的。摆线转子泵排量的在周向齿间的增量相对较大，而且因为油在传送到排出侧时受到迅速压缩产生的压力变化很可能引起噪声。这一问题的满意解决通常是通过缩短排出口起始端的长度并代之以一段机加工的补偿油槽，以控制油在进入泵的排出区时的压缩率。

摆线转子泵的理论排量通过齿啮合的排量进行计算。若不计端口长度限制造成的误差，则理论排量 q_r 的表达式可以写成

$$q_r = \frac{\pi}{4}(D_{r1}^2 - D_{r2}^2)W_r \tag{6-7-4}$$

式中，D_{r1} 是外转子内直径加上外转子偏心距的2倍；D_{r2} 是外转子内直径减去外转子偏心距的2倍；W_r 是转子宽度。

6.7.2 液压控制阀

自动变速器在前进挡（D挡）时的不同速比间的换挡通常采用高流量脉宽调制（PWM）电磁阀直接控制离合器的接合和分离。这些电磁阀分两种，一种是常闭式，如图6-7-5a、b所示，另一种是常开式，如图6-7-5c、d所示。在系统中采用何种电磁阀取决于变速器断电后挡位的选择。

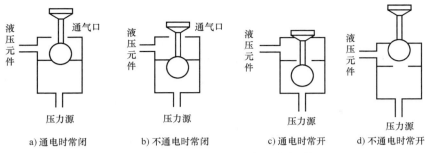

图 6-7-5 典型的常闭式和常开式电磁阀

越来越多的变速器采用变力电磁阀（VFS），结构如图 6-7-6 所示。它可直接控制线压或离合器压力，使其不易受油温和油压波动干扰，从而获得更高精度的离合器作动流量控制，提高换挡的及时性和平顺性。它的残余压力可控制在 0~13.8kPa 之间。

阀体中最常用的是滑阀。它们虽有各种尺寸和形状，但一般都有几个槽脊用于控制液压油实现不同功能。常见的滑阀及其功能如下：

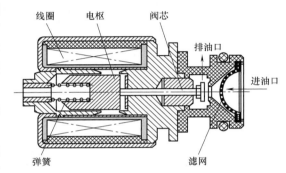

图 6-7-6 变力电磁阀（VFS）的结构

1) 调压阀，用于阻挡油流建立压力。
2) 限制阀，用于限制液压部件内部的压力。
3) 开关阀，用于油流方向的切换。
4) 电磁阀开关阀，用于离合器接合的互锁。
5) 手动阀，用于驾驶人手动选择电控液压变速器的挡位。

1. 调压阀

调压阀通过在油路中引入流动阻力建立起压力，而油压为离合器接合、防止离合器打滑所必需，见图 6-7-7a。随着油泵转速的增加，调压阀达到力的平衡，阀芯开始移动。这时油流将被导向其下一个重要部分，即其他液压润滑部件，见图 6-7-7b。当油量继续增加时，剩余的油流被导向第三优先部分，即油泵的进油口，见图 6-7-7c。

为了降低油泵的功耗，现今的液压系统通常采用可变压力控制，根据电机输出转矩决定将变速器液压系统压力调节到预订范围中的适当值。为了避免液压系统内部的过度泄漏，系统压力不宜过高。考虑到常见的电磁阀最高许用工作压力，最高系统压力一般不宜超过 1.14MPa。而为了控制离合器摩擦材料粒度、防止离合器打滑，系统压力又不宜过低。通常在行驶状态下最低系统压力推荐值为 0.24MPa。在向前起步或倒车时，为了满足传递最大堵转转矩的离合器不打滑的要求，最低系统压力要有所提高。相关计算请参考 6.3 节的内容。当需要满足堵转转矩压力要求时，调压阀阀芯必须至少移到油泵排油口到进油口之间出现连通的位置，以建立回位弹簧的长度。由于系统中的泄漏会导致压力损失，离合器组件上的压力会低于线压，因此在估算离合器容量时每个离合器油道中的泄漏都必须计入。

调压阀的弹簧载荷公差是其关键工作特性。设计时应选用优质弹簧，在其工作长度下的载荷公差必须控制在±3%以内。

随油泵转速上升线压会大幅增加，调压阀必须能承受 0.07 ~ 0.1MPa 的压力突增。在此情况下油流的动量影响很大。

弹簧的弹性系数在满足要求的前提下越小越好。弹簧与其安装阀孔内径之间的间隙通常应为 0.5mm（单侧）。

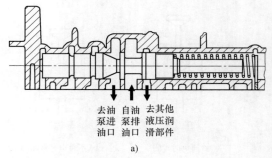
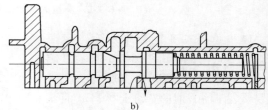
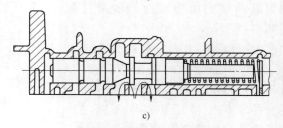

图 6-7-7 调压阀工作原理

为了减少系统压力突增，可在调压阀输出线压的油道上常设置节流孔或采用特殊的压力口结构等方法在系统中引入阻尼。通过对滑阀几何的优化，尽量减小因油泵转速增加带来的油流动量造成的系统压力突增。

在设计阀芯和槽脊的安装位置时，应使其间的密封长度大于 1.5mm，并且槽脊与阀体壁面的距离最少不小于 0.75mm；当阀芯超出变矩器供油槽脊出现 1.0mm 开度时，压力口与抽吸口之间的密封长度应大于 1.0mm；当阀芯到达最大行程时，使压力口到抽吸口产生流动的压力必须小于最低线压。以上这些设计准则可以大大减小泄漏量。

滑阀的设计需要尽可能避免侧向载荷造成的磨损。侧向载荷主要因阀芯四周不均匀地暴露于阀口所致。例如，在图 6-7-8a 中，阀芯仅上半部暴露于阀口中，这导致阀芯受到向下的液压力大于向上的液压力，其合力向下，这一侧向力使阀芯偏离居中的平衡位置而偏向下方，当阀芯运动时就会增加对阀孔的磨损。为了减小磨损，可以采用如图 6-7-8b 所示的阀芯环槽。这些环槽可以平衡槽脊中阀芯四周的压力，减小阀芯受到的侧向力，从而达到减小磨损的目的。

滑阀的设计还要尽量减小滑阀响应的滞后。壁面的拔模角会影响液力的平衡从而增加阀的滞后。采用阳极氧化可以减小滞后并防止阀孔磨损。采用阀芯槽可以显

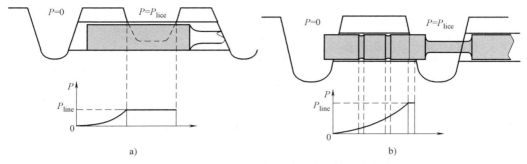

图 6-7-8 避免滑阀侧向载荷造成磨损的设计措施

著减小拔模角引起的滞后。

2. 限制阀

限制阀设计的主要原则是获得稳定的压力调节、防止滞后、在极端公差条件下保护液压部件以及使流量最大化。

图 6-7-9a 显示限制阀调压时的位置，而图 6-7-9b 则是阀芯位移到底部的位置。图 6-7-9c 中的节流孔尺寸是设计的关键，其确定方法是根据 1 挡和倒挡时的线压采用式（6-7-1）计算出通过该阀端部槽脊的流量 Q_1，因 $Q_1=Q_2$，再采用式（6-7-2）计算出 1 挡和倒挡时液压部件中的压力值。

6.7.3 变速器的寄生损失

变速器在工作时，由于摩擦和润滑油的黏性，会产生寄生损失，这些损失主要以热量的形式向附近的零部件和润滑油传导，导致其温度升高。

变速器中的寄生损失主要来自 3 个方面：①固体部件的表面之间由于存在相对运动所产生的损失；②固体部件和润滑油之间存在相对运动所产生的损失；③润滑油在变速器内部运动自身生产的损失。

1. 油泵的寄生损失

变速器油泵的作用主要是为换挡执行机构的液压系统提供压力能以及为润滑系统提供一定压力的润滑油流。因此，从变速器输出功率的角度来看，变速器油泵的功耗是一

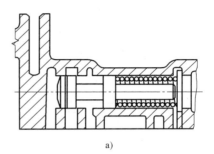
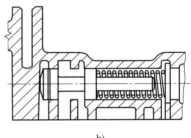
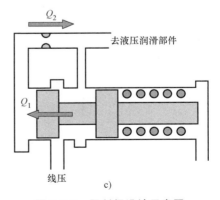

图 6-7-9 限制阀设计示意图

种损失。

一般而言，驱动油泵所需的转矩取决于油泵的排量、进出口之间的压力差、润滑油的黏度以及油泵的部件和结构，通过下式计算[1]：

$$T_p = C_d \mu D_p N_p + (1 + C_f)\frac{\Delta p D_p}{2\pi} \tag{6-7-5}$$

式中，C_d 和 C_f 分别是与黏性和摩擦损失相关的常数；μ 是润滑油的黏度；D_p 是油泵排量；N_p 是油泵转速；Δp 是油泵从进口到出口之间增加的压力。C_d 和 C_f 与油泵的几何参数有关，例如对于齿轮油泵有影响的几何参数包括齿轮的种类、尺寸、齿尖和齿侧间隙等，这些参数可以从试验中获得。

油泵的总效率定义为其容积效率和机械效率的乘积，即

$$\eta_o = \eta_v \eta_m \tag{6-7-6}$$

油泵的容积效率定义为其实际流量和理论流量之比，即

$$\eta_v = \frac{Q}{D_p N_p} \tag{6-7-7}$$

式中，Q 是油泵的实际流量。

油泵的机械效率是其理论转矩与实际转矩之比，即

$$\eta_m = \frac{\Delta p D}{T_p} \tag{6-7-8}$$

因此，根据式（6-7-6）~式（6-7-8），油泵的总效率为

$$\eta_o = \frac{\Delta p Q}{T_p N_p} \tag{6-7-9}$$

为了从试验数据求得 C_d 和 C_f，式（6-7-5）可以改写为

$$\frac{\Delta p D_p}{2\pi}C_f + \mu D_p N_p C_d = T_p - \frac{\Delta p D_p}{2\pi} \tag{6-7-10}$$

或者

$$aC_f + bC_d = c \tag{6-7-11}$$

这里，$a = \frac{\Delta p D_p}{2\pi}$；$b = \mu D_p N_p$；$c = T_p - \frac{\Delta p D_p}{2\pi}$。假定试验数据包含 n 个点，则式（6-7-11）转化为下列线性方程组：

$$\begin{bmatrix} a_1 & b_1 \\ a_2 & b_2 \\ \vdots & \vdots \\ a_n & b_n \end{bmatrix} \begin{bmatrix} C_f \\ C_d \end{bmatrix} = \begin{bmatrix} c_1 \\ c_2 \\ \vdots \\ c_n \end{bmatrix} \tag{6-7-12}$$

C_d 和 C_f 可以从式（6-7-12）解出。

最后，油泵的寄生损失则可以表示为

$$P_p = 2\pi T_p N_p \tag{6-7-13}$$

2. 湿式多片离合器的寄生损失

湿式多片离合器在分离状态下，因其间隙中残留的变速器油或有油流通过，则会产生黏性阻力损失，即所谓的带排损失。

当离合器转速较低时，油从内径处进入离合器，再从外径处被甩掉，因离心力较小，间隙中可以维持一个完整的油膜，如图6-7-10a所示，因连续性方程的要求，油流的径向速度在内径处较大，而在外径处较小；随着转速的升高，离心力开始起主导作用，靠近外径处的油流沿径向加速，从而无法满足连续性方程的减速要求，导致油膜从外径处开始破裂，形成数个放射状支流，如图6-7-10b所示。为了简化计算，可以将破裂的油膜外径等效为临界半径 R_c，如图6-7-10c所示。基于该简化模型，在 $R_i \leq R < R_c$ 范围内离合器阻力矩来自变速器油组成的油膜，即[2]

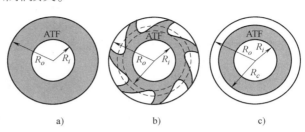

图 6-7-10 湿式多片离合器油膜的简化模型

$$T_{oil} = \frac{\pi \mu_{oil} \Delta \omega N}{2h}(R_c^4 + 2\phi R_o^2 - 2\phi R_c^2 - R_i^4) \quad (6\text{-}7\text{-}14)$$

在 $R_c \leq R < R_o$ 范围内离合器阻力矩来自空气和变速器油雾组成的混合物，即[2]

$$T_{mist} = \frac{\pi \mu_{mist} \Delta \omega N}{2h}(R_o^4 - 2\phi R_o^2 + 2\phi R_c^2 - R_c^4) \quad (6\text{-}7\text{-}15)$$

$$\varphi = \frac{6\mu_{oil} Q}{\pi \rho_{oil} h^3 \omega_c^2} \quad (6\text{-}7\text{-}16)$$

$$\omega_c = \sqrt{\omega_2^2 + \omega_2(\omega_2 - \omega_1) + 0.3(\omega_2 - \omega_1)^2} \quad (6\text{-}7\text{-}17)$$

$$R_c = \sqrt{\phi} \quad (6\text{-}7\text{-}18)$$

式中，μ_{oil}、μ_{mist} 是变速器油、油气混合物的动力黏度；ρ_{oil} 是变速器油的密度；ω_1、ω_2 是离合器对偶钢片、摩擦片的转速，且 $\omega_2 \geq \omega_1$；R_i、R_o 是离合器内、外半径；R_c 是临界半径；N 是离合器摩擦面的个数；Q 是一个摩擦面通过的变速器油流量。

最后，整个离合器的总阻力矩为

$$T_c = (1-\lambda)(T_{oil} + T_{mist}) \quad (6\text{-}7\text{-}19)$$

式中，λ 是摩擦片上油槽面积占总面积的比例。

3. 齿轮副的寄生损失

齿轮副啮合时的寄生损失与齿轮的几何参数、转速及其传递的载荷有关，可以通过下式估算[3,4]：

$$P_g = 0.133\left(\frac{1}{z_1}+\frac{1}{z_2}\right)\left[1+0.5\left(\frac{N_g}{N_{gmax}}\right)^{0.7}\frac{T_{gmax}}{T_g}\right] \quad (6\text{-}7\text{-}20)$$

式中，z_1 是主动齿轮的齿数；z_2 是从动齿轮的齿数；N_g 是齿轮转速；N_{gmax} 是齿轮工作的最高转速；T_g 是齿轮转矩；T_{gmax} 是齿轮传递的最大转矩。

对于变速器有多个齿轮副的情况，则可根据式 (6-7-20) 分别计算出各个齿轮副的寄生损失再相加。

4. 轴承的寄生损失

变速器轴承主要有滑动轴承、滚针轴承、滚针推力轴承、滚子轴承等几种。

（1）滑动轴承的寄生损失

滑动轴承如图 6-7-11 所示，其寄生损失可以通过下式求得：

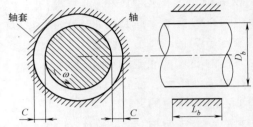

图 6-7-11 滑动轴承示意图

$$P_b = \frac{\pi\mu D_b^2 L_b \omega_b}{2\lambda(1-\varepsilon^2)^{0.5}}+\frac{eF_b}{2}\sin\psi \quad (6\text{-}7\text{-}21)$$

式中，μ 是润滑油的绝对黏度；D_b 是轴的直径；L_b 是轴承长度；ω_b 是轴承角速度；λ 是轴承游隙直径比（$\lambda = 2C/D_b$）；ε 是偏心率比；e 是偏心度；F_b 是径向载荷；ψ 是偏位角。

由于偏心度 e 通常未知并且其影响相对较小，工程上常采用式 (6-7-21) 的简化形式进行计算，即

$$P_b = \frac{\pi\mu D_b^2 L_b \omega_b}{2\lambda(1-\varepsilon^2)^{0.5}} \quad (6\text{-}7\text{-}22)$$

（2）滚针推力轴承的寄生损失

滚针推力轴承的寄生损失有 3 个来源[5-6]：①滚动摩擦损失，主要是滚道接触部分的弹性滞后与变形；②滑动摩擦损失，来自接触区域内的曲率差异保持架与滚动部件和引导面之间的滑动接触，滚子端部和套圈凸缘之间的滑动以及油封摩擦；③润滑油摩擦，主要是滚动部件、保持架和滚道表面的黏性剪切作用，以及润滑油的搅动、轴承腔室内润滑油的扩散作用等。

滚针推力轴承的寄生损失由 3 项组成，即

$$P_b = P_p + P_l + P_s \quad (6\text{-}7\text{-}23)$$

式中，P_p 是受载的滚动接触面上的滚动与滑动摩擦损失，与载荷相关，在低转速、重载荷时占支配地位；P_l 是润滑油黏性摩擦、滚动体余隙腔中的保持架摩擦以及保持架引导面之间的摩擦损失，在高转速、轻载荷时起主导地位；P_s 是密封轴承中的密封摩擦损失。

与载荷相关的寄生损失 P_p（单位为 W）可以用下式估算：

$$P_p = 0.5\times 10^{-3} f_p F_a D_p \omega_b \quad (6\text{-}7\text{-}24)$$

式中，f_p 是摩擦系数，与轴承的类型相关，对于滚子推力轴承，其值约为 0.005；F_a 是轴承的轴向载荷（N）；D_p 是滚动体的节圆直径（mm）；ω_b 是轴承角速度（rad/s）。

轴承的轴向载荷 F_a 可以通过与其作用的齿轮（通常是太阳轮）的转矩 T_s、压力角 ψ 及节圆半径 r_s 求得

$$F_a = \frac{T_s}{r_s}\tan\psi \tag{6-7-25}$$

润滑油摩擦寄生损失 P_l（单位为 W）的计算公式为

$$P_l = 10^{-10} f_l (\nu N_b)^{\frac{2}{3}} D_p^3 \omega_b \quad \nu N_b > 2000 \tag{6-7-26}$$

$$P_l = 160 \times 10^{-10} f_l D_p^3 \omega_b \quad \nu N_b \leq 2000 \tag{6-7-27}$$

式中，f_l 是润滑油的摩擦因子，它与轴承的载荷无关，而与润滑油的黏度、滚动速度及润滑油量有关，对于油浴润滑的滚针推力轴承，其值等于 5；ν 是轴承工作温度下润滑油的运动黏度（mm²/s）；N_b 是轴承转速（r/min）。

（3）滚子轴承的寄生损失

圆锥滚子轴承和球轴承都是变速器中广泛采用的轴承。其寄生损失可采用下式计算得到：

$$P_r = \frac{1}{2} f D_i (C_r F_r + C_a F_a) \tag{6-7-28}$$

式中，f 是滚子轴承的摩擦系数；D_i 是轴承内径；C_r、C_a 分别是径向、轴向载荷因数，可以从轴承产品手册中查到；F_r、F_a 分别是径向、轴向载荷。

（4）推力垫圈的寄生损失

推力垫圈常常带有沟槽，在沟槽两侧对称设计有台面，其与轴端面成一个微小斜角，使通过沟槽流入的润滑油进入楔形区域，如图 6-7-12 所示。

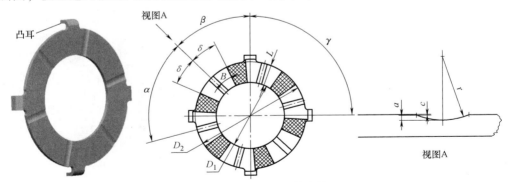

图 6-7-12 推力垫圈的结构

上述几何特征的推力垫圈可以简化为图 6-7-13 所示的带锥台面的推力垫圈以求解其寄生损失[7]。楔形油膜出口沿的厚度为

$$h_2 = K_h \sqrt{\frac{\mu U B}{p_{avg}}} \tag{6-7-29}$$

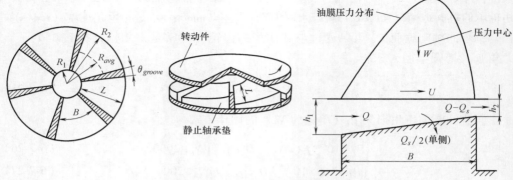

图 6-7-13　带锥台面的推力垫圈的结构参数[7]

楔形油膜进口沿的厚度可近似为

$$h_1 = h_2 + c \tag{6-7-30}$$

推力垫圈的摩擦功率损失为

$$P_w = \frac{K_f \mu U^2 BL}{h_2} \tag{6-7-31}$$

式中，K_h 和 K_f 是无量纲系数，可由表 6-7-1 查得；U 是轴承垫平均直径处的表面速度（m/s）；B 是轴承垫平均直径处的轴向宽度（m）；L 是轴承垫的径向长度（m）；p_{avg} 是作用在扇形轴承垫投影面积上的单位载荷（N/m²）；h_1 和 h_2 分别是轴承垫进口沿和出口沿的油膜厚度（m）。

表 6-7-1　带锥台面的推力垫圈的 K_h 和 K_f [7]

	h_1/h_2	L/B						
		0.25	0.5	0.75	1.0	1.5	2.0	∞
K_h	1.2	0.064	0.115	0.153	0.180	0.209	0.225	0.266
	1.5	0.084	0.151	0.200	0.234	0.275	0.296	0.351
	2	0.096	0.170	0.223	0.261	0.305	0.328	0.387
	3	0.100	0.173	0.225	0.261	0.304	0.326	0.384
	4	0.098	0.165	0.212	0.244	0.282	0.302	0.352
	6	0.091	0.148	0.186	0.211	0.241	0.256	0.294
	10	0.079	0.121	0.148	0.165	0.185	0.195	0.221
K_f	1.2	0.912	0.913	0.914	0.915	0.916	0.917	0.919
	1.5	0.813	0.817	0.821	0.825	0.830	0.833	0.842
	2	0.698	0.708	0.718	0.727	0.739	0.747	0.768
	3	0.559	0.579	0.600	0.617	0.641	0.655	0.696
	4	0.476	0.503	0.529	0.551	0.581	0.598	0.647
	6	0.379	0.412	0.448	0.469	0.502	0.521	0.574
	10	0.283	0.321	0.353	0.377	0.408	0.426	0.474

计算时，先假设楔形油膜出口沿的厚度 h_2，再根据式（6-7-24）计算出楔形油

膜进口沿的厚度 h_1，接着由表 6-7-1 查得 K_h 和 K_f，然后由式（6-7-23）计算出楔形油膜出口沿的厚度 h_2 的更新值，重复上述步骤迭代使楔形油膜出口沿的厚度 h_2 不再改变。最后，根据式（6-7-31）计算出寄生损失。

（5）搅油损失

搅油损失可以根据下式求得[8]：

$$P_{ch} = 0.5 C_m \rho \omega^3 A_m R_p^2 \qquad (6\text{-}7\text{-}32)$$

式中，ρ 是润滑油的密度；ω 是齿轮角速度；A_m 是齿轮浸油表面积；R_p 是齿轮节圆半径；C_m 是搅油损失系数，见式（6-7-33）。

$$C_m = \begin{cases} 1.366 \left(\dfrac{h_s}{D_p}\right)^{0.45} \left(\dfrac{V_0}{D_p^3}\right)^{0.1} F_r^{-0.6} Re^{-0.21} & Re<6000 \\ 3.644 \left(\dfrac{h_s}{D_p}\right)^{0.1} \left(\dfrac{V_0}{D_p^3}\right)^{-0.35} F_r^{-0.88} \left(\dfrac{b}{D_p}\right)^{0.85} & Re>9000 \end{cases} \qquad (6\text{-}7\text{-}33)$$

式中，h_s 是浸油深度；D_p 是齿轮节圆直径；V_0 是润滑油体积；F_r 是弗劳德数；Re 是雷诺数，见式（6-7-34）

$$Re = \dfrac{\omega R_p b}{\nu} \qquad (6\text{-}7\text{-}34)$$

式中，ν 是齿轮油运动黏度。

当 $6000 \leqslant Re \leqslant 9000$ 时，可以采用式（6-7-33）中任意一式计算 C_m。

（6）油封的寄生损失

油封的阻力矩 T_s 可以采用下式计算[9,10]：

$$T_s = f F_r R_{sft} + \dfrac{2\pi W U R_{sft}^2}{h_{avg}} \qquad (6\text{-}7\text{-}35)$$

式中，f 是摩擦系数；F_r 是油封上的径向载荷（N）；R_{sft} 是轴径（m）；W 是油封与轴接触宽度（m）；μ 是润滑油动力黏度（ms/m^2）；U 是接触表面的线速度（m/s）；h_{avg} 是平均油膜厚度。

显然，式（6-7-35）中的第一项为固体与固体接触造成的阻力矩；第二项为牛顿流体黏性阻力矩。

油封的寄生损失为

$$P_s = T_s \omega_s \qquad (6\text{-}7\text{-}36)$$

式中，ω_s 是轴的角速度。

（7）气动损失

气动损失分为径向和轴向两部分[11]。

1）径向气动损失

径向气动损失是指径向间隙中的气流对转动部件产生阻力矩所造成的功率损失。对于两个同轴圆柱，外圆柱静止且内圆柱转动，假定两个圆柱之间的空气间隙与内圆柱半径和轴向长度之比很小、不存在轴向流动并且流动为层流，则内圆柱表

面所受的周向阻力 F_{wr} 为[11-12]

$$F_{wr} = \frac{2\pi\mu\omega R^2 L}{\delta} \tag{6-7-37}$$

式中，μ 是空气间隙中流体（可以是空气或油雾与空气组成的两相流）的动力黏度；ω 是内圆柱的转动角速度；R 是内圆柱半径；L 是圆柱长度；δ 是两个圆柱之间的径向空气间隙。

因周向阻力造成的气动功率损失为

$$P_{wr} = \frac{2\pi\rho\omega^3 R^4 L}{Re} = \pi C_d \rho \omega^3 R^4 L \tag{6-7-38}$$

式中，ρ 是空气间隙中流体的密度；Re 是雷诺数；C_d 是表面摩擦系数。

$$Re = \frac{R\delta\omega}{\nu} \tag{6-7-39}$$

$$\nu = \frac{\mu}{\rho} \tag{6-7-40}$$

$$C_d = \frac{2}{Re} \tag{6-7-41}$$

式中，ν 是空气间隙中流体的运动黏度。对于流动为湍流的情况，C_d 可由下式求得[12]：

$$\frac{1}{\sqrt{C_d}} = 2.04 + 1.768\ln(Re\sqrt{C_d}) \tag{6-7-42}$$

径向气动损失还可以基于同轴的转动内圆柱和静止的外圆柱之间的 Taylor-Couette 流动进行计算[11-12]。首先计算泰勒数

$$T_a = Re\sqrt{\frac{\delta}{R}} \tag{6-7-43}$$

可见，泰勒数和雷诺数成正比。一般而言，当泰勒数较小时，流动为层流；当泰勒数大于临界值 41.3 时，流动呈轴对称环状涡，即泰勒涡；当泰勒数大于 250~300 时，流动转捩为湍流。然而，研究表明，对于很小的径向间隙，流动转捩可能在泰勒数远小于 250 时发生[12,14]。

内圆柱表面所受的周向阻力矩为[11-12]

$$T_{wr} = 0.5\pi C_m \rho \omega^2 R^4 L \tag{6-7-44}$$

$$C_m = \begin{cases} 1.03\left(\dfrac{\delta}{R}\right)^{0.3} Re^{-0.5} & 500 < Re < 10000 \\ 0.065\left(\dfrac{\delta}{R}\right)^{0.3} Re^{-0.2} & Re \geq 10000 \end{cases} \tag{6-7-45}$$

因周向阻力造成的气动功率损失为

$$P_{wr} = T_w \omega \tag{6-7-46}$$

2）轴向气动损失

轴向气动损失是指轴向间隙中的气流对转动部件产生阻力矩所造成的功率损失。

轴向气动损失可以通过将转动部件简化为圆盘在空气中旋转进行估算。假定圆盘两侧所受的阻力矩相等，则其和为[12,15]

$$T_{wa} = 0.5 C_m \rho \omega^2 R^5 \quad (6\text{-}7\text{-}47)$$

$$C_m = 0.982(\lg Re_d)^{-2.58} \quad (6\text{-}7\text{-}48)$$

式中，Re_d 为圆盘雷诺数，见式（6-7-49）。

$$Re_d = \frac{\omega R^2}{\nu} \quad (6\text{-}7\text{-}49)$$

6.7.4 变速器的冷却

变速器的冷却实际上是指对变速器的温度进行控制，以满足各种客户使用和环境条件下的功能、性能、寿命要求。因此，变速器的温度控制应该在设计初期就予以认真考虑。

变速器润滑油工作温度的控制要考虑多个工程参数，以确保摩擦、机械、液压及电子控制等部件都能够在最佳的状态下工作，从而满足设计寿命要求。

当整车根据客户要求在高功率状态下运行时，冷却系统必须提供充足的冷却油流，以确保达到设计性能以及摩擦部件寿命，尤其是在高温环境中运行的情况下。另外，必须限制润滑油的最高工作温度，使摩擦特性、润滑特性和其他有关特性不致变差。

一般而言，整车空气动力学设计造成的空间限制使得工程上多采用空气冷却，而不是水冷却。电动汽车通常采用效率较高的变速器，其寄生损失和发热量均比传统汽车的变速器小，一般采用空气冷却。在实际的整车应用中，冷却系统的设计必须在实际的整车环境中进行试验验证。

1. 变速器冷却系统的设计目标与方法

变速器的冷却目标主要包括 3 个方面：①当整车处于极端运行条件和高环境温度下时必须能够提供足够的冷却；②整车起动后在最短时间内使润滑油温提高到合适的工作温度，尤其是在寒冷环境中运行时；③整车正常工作时将油温维持在最佳值附近。自动变速器的冷却问题与传统的手动机械式变速器有内在的不同，这是因为前者对允许的工作温度受到的限制更大。然而，无论哪种变速器，其中产生的热都必须尽快传递到终极冷源，即大气之中。

变速器的最佳工作温度虽然取决于多个因素，但主要来自于温度对润滑油的黏性、比热、所添加的化学成分的稳定性、密封材料的热稳定性及寿命、摩擦部件的摩擦系数等的影响。随着温度的上升，通常润滑油的黏性会下降，而比热会增加，温度过高时所添加的化学成分会变得不稳定而分解，从而改变润滑油的物理特性。当润滑油黏性下降时，油泵、阀体、密封等处的泄漏量会增加，油泵的容积效率和泵油量均下降，油封的工作寿命也会缩短，而离合器等摩擦材料的摩擦系数发生变化会使换挡品质恶化。

对于不同的变速器，最佳工作温度会有所不同。变速器的油底壳温度在正常情况下为60~90℃，在极端条件下会达到110℃，变速器内局部润滑油温度甚至会高达130~160℃[16]。传统自动变速器的最佳工作温度为65~120℃[17]。

2. 变速器空气冷却系统的开发

(1) 变速器空气冷却系统的设计计算

空气冷却是变速器最常见的冷却方式。空气流过变速器外表面即可给变速器提供足够的冷却。虽然强制空气冷却曾经在自动变速器中得到过应用，但目前已很少采用。

为了满足上述要求，变速器的空气冷却设计需要考虑多个相关因素的影响。首先，变速器的布置和特性在很大程度上决定了冷却系统的类型是否满足实际需求；其次，变速器在整车上的总布置也对冷却系统有影响；最后，整车的比功率（最大功率与整车总重量之比）以及整车的使用也会影响变速器中的热量的产生。例如，较大功率的电机在加速时输入变速器的功率自然就较大，因此相应地会造成变速器的平均油温较高；长时间爬坡等大负荷运行使用条件也会对变速器冷却系统提出更高的要求。

为了计算变速器外表面向周围空气的传热，必须知道温度梯度随变速器外表面距离的变化情况。研究表明，该温度梯度在湍流状态下非常陡，可以根据热流量和流体摩擦近似获得。由于从运动中的车辆得到准确的传热表达式比较困难，下式只能用作粗略估算。空气对流换热系数h计算公式如下：

$$h = 0.0427 \frac{\phi \rho c_p V}{Re^{0.25}} \quad (6\text{-}7\text{-}50)$$

式中，ϕ是与变速器形状有关的系数；ρ是空气密度（kg/m³）；c_p是空气比热（W/kg·K）；V是气流速度（m/s）；Re是雷诺数。变速器温度随时间的变化则为

$$\sum_{i=1}^{n} m_i c_{pi} \frac{dT}{dt} + hA(T - T_a) = H \quad (6\text{-}7\text{-}51)$$

式中，m_i是变速器第i种材料（例如钢、铝、润滑油等）构成的零部件总质量（kg）；c_{pi}是第i种材料的比热（W/kg·K）；n是变速器零部件构成材料的总数；T是变速器温度（K）；t是时间（s）；A是变速器外表面的面积（m²）；T_a是环境空气温度（K）；H是单位时间变速器中产生的总热量（W/s）。

将式 (6-7-51) 积分，整理后得到

$$\frac{H - hA(T - T_a)}{H - hA\Delta T_0} = e^{\frac{-hAt}{\sum_{i=1}^{n} m_i c_{pi}}} \quad (6\text{-}7\text{-}52)$$

式中，T是时间t时刻的变速器温度；ΔT_0是$t=0$时变速器与环境空气之间的温差。

当变速器处于极端载荷下的短暂时间内，它能够安全地吸收比其散热量更多的热量，这种能力常以吸热系数来衡量。对于给定的润滑油流设计，吸热系数随变速器重量、零部件的比热以及散热能力的增加而升高。由于润滑油的比热较高，变速

器的油底壳容量对其吸热系数有重要影响。

变速器的吸热系数对于高载荷下其给定温升所需时间长度提供了一种保守的指示。它虽不精确,但很容易计算,一般用于复杂的三维仿真之前进行简单估算。对于非稳态运行工况,吸热系数 τ 可以表达为

$$\tau = \frac{100 \sum_{i=1}^{n} m_i c_{pi}}{H - \sum_{j=1}^{3} H_{Lj}} \qquad (6\text{-}7\text{-}53)$$

式中,H 是单位时间内变速器中产生的总热量(W/s);m_i 是变速器第 i 种材料(例如钢、铝、润滑油等)构成的零部件总质量(kg);c_{pi} 是第 i 种材料的比热(W/kg·K);n 是变速器零部件构成材料的总数;H_{Lj} 是单位时间内变速器通过对流($j=1$)、导热($j=2$)、辐射($j=3$)方式向环境传热量的总和(W/s)。

(2)变速器空气冷却系统的开发步骤

空气冷却系统的开发通常遵循以下 5 个步骤:

1)确定变速器的热负载。可借助 6.7.3 节中的公式进行估算。图 6-7-14 显示了某 2 挡变速器功率损失及传动效率曲线,它反映了全加速工况时变速器的效率和相应的变速器最大热输入之间的关系,还给出了定常状态下道路载荷的热输入。此外,在坡道载荷下的损失也可以计算得到。

2)计算传热的对流换热系数。可采用式(6-7-50)估算车辆在各种运行条件下的对流换热系数。

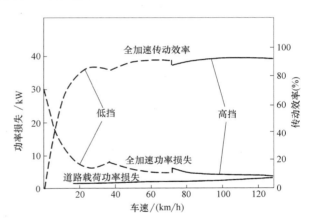

图 6-7-14 变速器功率损失及传动效率

3)通过热平衡计算确定系统的温度和散热速率。对于给定的条件,假定总散热速率与变速器净功率损失相等,即可得出润滑油温度。

4)对冷却能量进行设计调整。通过改变一个或多个设计变量,通常可以将变速器的最高工作温度保持在设计目标值以内。

5)对设计的变速器进行测功机台架和整车试验。必要时,可对冷却系统的设计进行有限的更改,最后定型发布。

在工程开发中,实际的步骤会因设计的不同、传热问题的复杂性以及运行条件的变化而与上述步骤有区别。

(3)变速器冷却系统的整车试验

为了验证变速器的冷却系统,需要进行各种整车试验。这些试验在工业界并未

标准化，但其目的是统一的，即验证冷却系统达到前文所述的设计目标。其中最重要的试验是确保在极端整车工况下变速器不会因为故障或损坏而过热。这些在高温环境中进行的试验一般包括 3 种类型：①市内时走时停的行驶工况；②高速公路正常行驶工况；③坡道和高海拔行驶工况。

通常以车辆满载通过高温地区的坡度大而长的坡道作为通过与否的标准。试验开始时变速器油温一般为 90℃，而环境温度约为 38℃。若到达坡顶时变速器温度不超过最高设计温度，则可认为冷却能力足够。

如果试验表明冷却能力不足，则需要对设计进行修改，这些修改包括考虑设计风道将空气引导到变速器附近。若依然不能满足要求，则可以考虑使用外置冷却器。外置冷却器通常布置在整车的冷凝器附近，利用冷却风扇对其进行强制冷却。

（4）变速器冷却系统的测功机台架试验

在进行整车试验之前，可以方便快捷地在底盘测功机台架上模仿上述条件进行试验。虽然散热器和空气密度的影响无法完全复制实际的道路条件，但可以确定冷却设计变更的效果，也易于与竞争车型冷却效果进行比较。图 6-7-15 所示是底盘测功机台架冷却试验得到的 3 台车辆油温数据比较的例子。在高挡位运行结束前油温尚未稳定，而后进行了降挡。

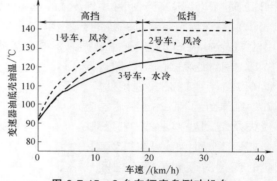

图 6-7-15　3 台车辆底盘测功机台架冷却试验油温数据比较

若设计合理，在行驶一定的距离和时间后，变速器会到达正常温度，这个距离和时间取决于整车运行的条件。图 6-7-16 是在郊区工况下油温随行驶距离逐渐升高的一个例子。

除底盘测功机之外，还可以采用双电力测功机对变速器进行试验，以测定其冷却特性。通常将变速器置于环境舱中，将空气预热到 38℃

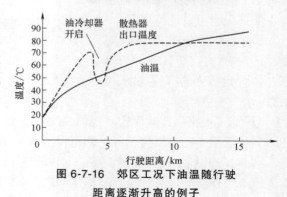

图 6-7-16　郊区工况下油温随行驶距离逐渐升高的例子

后导入舱内，通过微压计和风机来模拟整车条件，以各种热电仪器确定不同载荷与转速下的空气流量、平衡温度及散热速率。

（5）独立外置式冷却器

有时通过变速器箱体外表面向外界传热的效果无法满足冷却要求，这时可以考虑为变速器配置一个独立的外置式冷却器。它常常布置在冷凝器附近，例如冷凝器的前方。采用这种冷却器会增加系统的成本,仅在必要时才会考虑。

外置式冷却器的传热取决于油的流量、有效表面面积以及油与空气之间的平均温差。

其设计方法超出了本文的范围,这里从略。

6.7.5 变速器的润滑

在变速器设计的初始阶段就必须排入其润滑系统的开发计划,使之能够适应变速器的应用场合、载荷、寿命以及效率的要求。必须考虑润滑油出入口、润滑油射流、油泵、滤油器、加油口、放油口和通气塞等的最佳布置位置,从而保证最佳的润滑效果。

变速器的润滑系统主要分为两种:一种是带压力的循环润滑油流方式;另一种是浸油飞溅方式。这两种润滑系统可以完全容纳在变速器箱体之中,或者与外部冷却器通过油管相连。这两种润滑系统的共同特点是润滑油都得到循环再利用,前者是由油泵通过滤油器从变速器的底部或集油槽将润滑油泵回油路,而后者是通过重力作用使润滑油流到集油槽中。具体采用哪一种润滑方式,则需要根据齿轮载荷、环境条件、期望寿命等多种因素进行全面研究才能确定。一般而言,行星齿轮式变速器因其布置紧凑、功率密度高、齿轮、轴承等体积较小,散热和油膜形成条件较差,多采用压力循环润滑方式;平行轴式的变速器因其齿轮、轴承的体积较大,散热和油膜形成条件较好,则多采用浸油飞溅式润滑。

1. 润滑的基本原理

变速器润滑的基本原理是摩擦学理论。根据这一理论,两个相对运动的表面之间主要存在着3种润滑状态,即干摩擦滑动、液膜润滑以及边界润滑[6]。

(1)干摩擦滑动

干摩擦滑动是指在两个表面之间缺乏油膜时,实际上只有较软材料那个表面上足够高的点才能真正发生接触,在其上产生的压力会与总载荷取得平衡。如图6-7-17所示,在载荷 W 作用下,真正的接触面积只是很少一部分面积,它随着载荷的增加成比例增加。顺着某个粗糙表面滑动,另一表面需要一定的作用力,该力必须克服与粗糙点的屈服强度相关的摩擦力。当表面上施加或吸收一层很薄的固体润滑材料涂层时,摩擦力可以大大减小。磨损的体积则与滑动过程中粗糙接触点产生的碎屑相关。

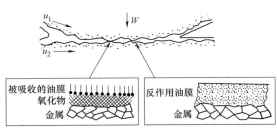

图 6-7-17 干摩擦相对滑动表面之间的油膜

(2)液膜润滑

液膜润滑是指相对运动表面完全被液体或气体润滑剂薄膜分开,这时一般会因为下面的3种作用会在两个表面之间建立起支持载荷的压力。

1)流体动力润滑。这种润滑状态是由于运动表面的自作用泵吸效应将液体带入收敛的楔形区域,从而形成油膜将表面分开,如图 6-7-18a 所示。在这种油膜中,压力和摩擦功率损失是润滑油黏度、几何形状以及因相对运动造成的剪切率的函数。在变速器中,滑动轴承、轴向推力轴承等都是这种润滑的典型应用。

这种状态的润滑还包括一种特殊的情形,即弹性流体动力润滑状态,是因为油膜中的压力高得足以使被润滑的表面产生显著的弹性变形而引起的。与流体动力润滑不同之处在于,材料的硬度、黏度随压力的变化以及接触表面几何的相互适应性等对于弹性流体动力润滑变得更加重要。接触表面几何适应性好的表面相互紧贴,承受载荷的面积相对较大,而接触表面几何适应性不好的表面,承受载荷的面积相对小得多,如图 6-7-19 所示,有时仅为前者表面面积的千分之一。弹性流体动力润滑包括两种不同的状态,即硬弹性流体动力润滑和软弹性流体动力润滑。

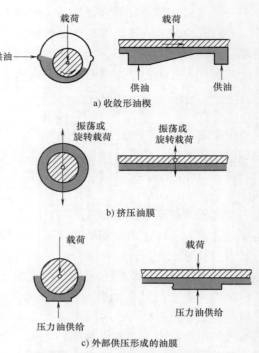

图 6-7-18 液膜润滑的 3 种类型

硬弹性流体动力润滑涉及接触表面几何适应性不好且材料具有较高的弹性模量的情形,接触形式主要包括滚动或滚动结合滑动的作用,典型的例子包括球轴承、滚子轴承、齿轮啮合等。因为表面几何适应性不好,载荷集中于发生弹性变形的很小区域内,这种润滑的特点是油膜非常薄,导致局部应力,对材料的疲劳强度构成负面影响。油膜压力一般高达 3GPa,比在大多数流体动力轴承中高上千倍。油膜的厚度通常为 $0.1 \sim 0.5 \mu m$,主要取决于润滑油的黏度、油膜形状、进入接触区的速度。

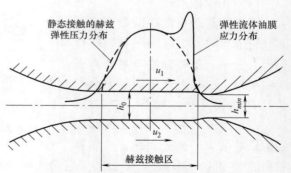

图 6-7-19 弹性流体动力润滑接触区弹性变形、油膜厚度及压力分布

软弹性流体动力润滑涉及材料具有较低弹性模量的情形,例如橡胶密封、重载低速下的巴氏合金滑动轴承以及使用较软的轴承材料等。由于接触压力较低,其对

润滑油黏度的影响可以忽略,分析难度比硬弹性流体动力润滑低。

2) 挤压油膜润滑。在承受往复运动或冲击载荷的相对运动表面会产生这种动态油膜,如图 6-7-18b 所示。由于将润滑油膜挤出接触区域需要时间,这种油膜能够比定常、单一方向的载荷承受的载荷大得多,其典型值见表 6-7-1。

表 6-7-1 挤压油膜润滑承受载荷的典型值

载荷种类	定常径向载荷	定常轴向载荷	冲击与动态载荷
载荷值/MPa	1.4~2.8	2.1~4.8	17~34

3) 外部压力油膜润滑。通过外部的油泵将润滑油加压后注入接触表面后产生的油膜,如图 6-7-18c 所示。对于流体动力学泵吸效应有限的场合通常会采用,尤其是适合用于润滑油黏度较低、刚起动或速度较慢的情况。

(3) 边界润滑

当变速器的载荷增加时,其速度和黏度最终会变得无法产生足够的油膜压力以承受整个载荷,接触表面上的粗糙点就会穿透油膜,开始相互摩擦,接触面积随之增大,会导致塑性变形,相接触的粗糙点温度升高,最后在更大尺度上使得表面撕开、剥离。这时润滑区域的摩擦系数从全油膜时的 0.001 数量级增加到混合油膜即边界润滑时的 0.03~0.1。随着载荷的不断增加,最终油膜的支撑力会完全丧失,摩擦系数会达到 0.2~0.4,即干滑动摩擦的典型范围[6]。

2. 润滑系统常用的计算公式

变速器中的齿轮、轴、离合器等运动部件在高速转动时,其中的润滑油会受到离心力的作用,在相对封闭的空间或油腔中会建立起压力场,其基本特点是压力随着到转动中心距离的增加而升高。假定在一个连续的润滑油旋转场中有点 1 和点 2,其距离转动中心的半径分别为 R_1 和 R_2,则其间的压力差为

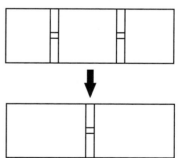

图 6-7-20 两个节油孔串联的等效计算

$$\Delta p = p_2 - p_1 = \frac{1}{2}\rho\omega^2(R_2^2 - R_1^2) \quad (6\text{-}7\text{-}54)$$

式中,ρ 是润滑油密度;ω 是润滑油转速。

另外,润滑系统中常见的两个节油孔串联布置的情形,如图 6-7-20 所示。这时,可以采用下式计算当量孔径

$$D_{eq} = \frac{D_1 D_2}{(D_1^4 + D_2^4)^{1/4}} \quad (6\text{-}7\text{-}55)$$

最后,通过节流孔的流量与孔径、压差的关系为

$$Q = 0.024 d^2 \sqrt{\Delta p} \quad (6\text{-}7\text{-}56)$$

式中,Q 是流量(m^3/s);d 是孔径(m);Δp 是压差(Pa)。

3. 压力循环润滑系统设计

图 6-7-21 是一个典型的变速器压力润滑系统。其工作原理是,在油底壳内收集的润滑油因油泵进油口形成的负压从取油口吸入润滑油路中,在过滤器中除去杂质,然后进入调压阀,调压阀通过对油流施加阻力将建立起压力,并将输出的油压控制在一定的水平,防止其波动。蓄能器可以改善系统的时间响

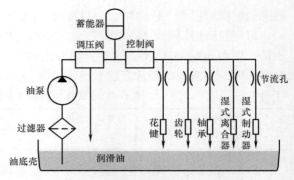

图 6-7-21 典型的变速器压力润滑系统

应,减小系统中润滑油流量的波动,控制阀则可以对系统的流量进行精准的控制,使其既满足各个部件的润滑要求,又不致使流量超过需求过多,增加系统油泵的功耗。在到达被润滑的部件的上游,通常还设有节流孔,通过孔径对润滑油的流量进行最后的调节,使系统中的不同部件,包括花键、齿轮、轴承、湿式离合器、湿式制动器等,都能得到所需的润滑油量。节流孔的主要作用是调节润滑油量在各个部件之间的分配,使之在各种不同工况下的流量分配都能满足变速器的工作要求。

4. 浸油飞溅润滑系统设计

浸油飞溅润滑系统应满足两个要求:①通过齿轮转动甩油润滑的部件应在任何设计工况下都能得到足够的油量,防止因润滑不足而失效;②在满足上一要求的前提下,润滑油注入量越小越好,润滑油液面越低越好,以最大限度地降低搅油损失。

一般而言,各个需要润滑的部件在不同工况下获得的油量可以通过建立润滑系统的一维仿真模型来进行计算,各部件的搅油损失则可以通过建立润滑系统的三维仿真模型来求解。

在系统中采用油泵的情况下,在设计润滑油液面高度时应确保在任何设计工作坡度条件下油泵进油口都不能暴露在空气中,导致油泵中吸入空气而引发线压降低、离合器打滑等故障。

对于齿轮甩油润滑的情形,一般要求主减速器大齿轮在油液中有一定的浸没深度,原则上浸没深度不小于 1 倍齿高,但也不应大于 3 倍齿高。浸没深度过小会导致冷却润滑不足,浸没深度过大则会造成搅油损失大,使油温上升过快。

通常在气温低时容易发生液面偏低的问题,因为润滑油体积缩小,黏度增大,回流较慢。在气温高时液面较高,会使搅油损失加大,气泡增多,也会造成变速器故障。在测试液面高度时,应考虑高低温、急剧转弯、紧急制动、陡坡等极限工况条件。

变速器油底壳深度的确定应顾及离地间隙要求,对前置前驱车型而言,还要考虑等速万向节角度的影响。

6.7.6 变速器油的选择

变速器油的物理、化学、电气等特性对变速器和电驱动系统的性能和耐久性都

有着重要影响。

首先，选择变速器油要考虑黏度及其随温度的变化。变速器的工作温度一般在 $-40\sim135℃$，而变速器油的黏度通常随着温度的升高而减小。当黏度太小时，油泵、液压系统、油封的泄漏都会增加，使油泵不得不提高转速以满足要求，造成油泵功耗增加。同时，线压和离合器作动油压下降，可能使处于接合状态的离合器打滑，或使换挡过程中离合器滑摩加剧，换挡时间延长，影响离合器寿命。低黏度的油还会使轴承等存在相对运动表面之间的油膜厚度变小，润滑条件变差，尤其是在高温、重载的情况下。另一方面，黏度过大则会造成系统的黏性阻力损失增加，液压系统的动态响应变慢，还易使油泵入口吸入空气，影响液压系统正常工作。因此，采用低温黏度较小、高温黏度较高的变速器油有助于提高离合器容量、缩短换挡时间。

第二，变速器油的摩擦特性及其稳定性对换挡时间、换挡平顺性、换挡过程的振动噪声、滑摩功及离合器寿命等有着重大影响。离合器的摩擦系数不仅与摩擦表面的材料和微结构有关，而且与变速器油的基油及添加剂有关。另外，离合器的摩擦特性还与滑摩速度、摩擦表面及变速器油温度、变速器油类型及使用时间长度等因素有关。为了接合得平顺且安静，一般希望在离合器滑摩速度减小时，变速器油不会导致摩擦系数增大。

第三，变速器油的抗氧化特性也至关重要。在摩擦表面产生的高温会引起变速器油里的碳氢化合物氧化，产生有机酸，形成黏稠淤积，使变速器油的摩擦特性劣化，黏度增加，抗磨损性能下降，影响密封性，并造成金属的腐蚀。通过选择合适的基油及抗氧化添加剂，可以提高变速器油的抗氧化性能。

第四，变速器油的抗磨损特性对于保护摩擦表面也有很大作用。变速器内部的离合器、齿轮副、轴承、液压阀、密封件等存在相对运动的表面均会产生磨损。变速器油中的抗磨损添加剂可以减少磨损，避免相关部件失效。

第五，变速器油的抗泡沫特性也十分关键。在变速器和电驱动系统中，变速器油在循环流动过程中因受到运动部件的搅动或以油流的形式注入液面，常常会引起泡沫，过多的泡沫会从通气塞中溢出，甚至导致油泵进油口暴露于空气中，造成油泵噪声、油泵失油及液压机构故障。结构设计、油的化学组成成分、滤油器等因素都会导致泡沫产生。采用硅、含硅化合物（如聚硅氧烷）或丙烯酸共聚物等泡沫抑制剂可以减少泡沫产生，这些泡沫抑制剂通常比变速器油的表面张力更小、溶解度更高，并在油中分解为微小液滴。

第六，变速器油的导热系数决定了其对摩擦表面的冷却性能，而体积热膨胀系数对变速器或电驱动系统中在极限温度下的内部容积以及设计的紧凑性有一定影响。

另外，变速器油的密度、比热容、体积模量、沸点范围分布、气体溶解度、抗剪强度、表面张力、电阻率以及其他单值特性（例如凝固点、闪点、燃点、苯胺点、浊点、汽化热、抗腐蚀性）等物理特性均对系统的功能、性能有不同程度的影响。

随着电驱动系统集成度的不断提高，电机和传动部件经常集成于同一个壳体中，并采用统一的润滑油进行冷却润滑，这对润滑油的理化、电气特性提出了更高要求，主要体现在以下几个方面[18-19]。

第一，更低的导电率。由于润滑油与电机的定子绕组直接接触，为防止短路，必须严格控制润滑油的导电率。

第二，更高的清洁度。为了防止淤积物等影响系统正常工作，通常润滑油中采用金属清洗剂和分散剂，其作用是保证系统清洁、调整摩擦特性、防止磨损、中和氧化反应的酸性产物以及防锈蚀。

另外，与传统的变速器油相比，电机和传动部件通用润滑油应该有较低的液体介电常数、更高的绝缘强度及抗腐蚀性。

表6-7-2给出了3种常见变速器油的特性参数。

表6-7-2　3种常见变速器油的特性参数

特性	ChevronATF VI	SAE 80W-90	SAE 75W-90
颜色	红色	琥珀	琥珀
密度/(kg/dm^3)	0.849	0.891	0.884
-40℃动力黏度/(MPa·s)	11700	—	—
40℃运动黏度/(mm^2/s)	30.6	132.84	106
100℃运动黏度/(mm^2/s)	6.0	13.56	17
黏度指数	147	110	175
凝固点/℃	-54	-27	-39
闪点/℃	217	240	210

表6-7-3给出了某ATF在不同温度下的详细物理特性参数。

表6-7-3　某ATF在不同温度下的详细物理特性参数

温度 T/℃	密度 ρ/(kg/m^3)	动力黏度 m/(N·s/m^2)	定压比热容 C_p/(J/kg·K)	导热系数 k/(W/m·K)
-40	885.50	8.35000	1755.75	0.1570
-30	879.25	4.70000	1784.46	0.1554
-20	873.00	1.47000	1813.16	0.1538
-10	866.30	0.50000	1841.87	0.1522
0	859.60	0.17874	1870.58	0.1506
10	852.98	0.10316	1899.29	0.1490
20	846.36	0.06382	1928.00	0.1474
30	839.74	0.04184	1956.70	0.1459
40	833.12	0.02880	1985.41	0.1443
50	826.51	0.02066	2014.12	0.1427
60	819.89	0.01534	2042.83	0.1411
70	813.27	0.01174	2071.54	0.1395
80	806.65	0.00922	2100.24	0.1379
90	800.03	0.00740	2128.95	0.1363

（续）

温度 T/℃	密度 ρ/(kg/m³)	动力黏度 m/(N·s/m²)	定压比热容 C_p/(J/kg·K)	导热系数 k/(W/m·K)
100	793.41	0.00605	2157.66	0.1347
110	786.79	0.00504	2186.37	0.1331
120	780.17	0.00425	2215.08	0.1315
130	773.55	0.00363	2243.78	0.1300
140	766.93	0.00314	2272.49	0.1284
150	760.32	0.00274	2301.20	0.1268
160	753.70	0.00242	2329.91	0.1252
170	747.08	0.00215	2358.62	0.1236
180	740.46	0.00192	2387.32	0.1220
190	733.84	0.00173	2416.03	0.1204
200	727.22	0.00157	2444.74	0.1188

参 考 文 献

[1] PARK D, SEO T, et al. Theoretical investigation on automatic transmission efficiency [J]. SAE Paper, 1996.

[2] IQBAL S, Al-BENDER F, Pluymers B, et al. Mathematical model and experimental evaluation of drag torque in disengaged wet clutches, ISRN Tribology, ID 206539, 2013.

[3] DOWSON D, HIGGINSON R. The fundamentals of roller gear lubrication-elastohydrodynamic lubrication. Pergamon, 1966.

[4] DOREY E, McCANDLISH D. The modelling of losses in mechanical gear trains for the computer simulation of heavy vehicle transmission systems [J]. SAE Paper 864190, 1986.

[5] ESCHMANN P, HASBARGEN L, WEIGAND K. Ball and roller bearings: theory, design, and application [M]. New York: John Wiley & Sons, 1985.

[6] KHONSARI M, BOOSER E. Applied tribology, bearing design and lubrication [M]. New York: John Wiley & Sons, 2001.

[7] Cameron A. Principles of Lubrication [M]. New York: Longman, 1966.

[8] BONES R J. Churning losses of discs and gears running partially submerged in oil [J]. Proc. ASME Int. Power Trans, Gearing Conf., 1989 (1): 355~359.

[9] JOHNSON D E, VOGT R. Rotary shaft seal friction, the influence of design, materials, oil and shaft surface. SAE 950764, 1995.

[10] LIN H, BURKE D C, Binoniemi R R, Wenstrup L, Woodard T. Seal friction effect on drive axle efficiency, SAE 2005-01-3779, 2005.

[11] VRANCIK J E. Prediction of windage power loss in alternators. Technical paper No. TN D-4849, NASA Lewis Research Center, 1968.

[12] GOLDSTEIN C, HETRICK J. Mechanical drag model for an electric machine [J]. SAE 2017-

01-1230, 2017.

[13] NELKA J J. Evolution of a rotating disk apparatus: drag of a disk rotating in a viscous fluid. Report No. 3851, Ship Performance Department, Naval Ship Research and Development Center, U. S. Naval Acadamy, 1973.

[14] BATTEN W M J, BRESSLOFF N W, TURNOCK S R. Transition from vortex to wall driven turbulence production in the Taylor-Couette system with a rotating inner cylinder [J]. International Journal for Numerical Methods in Fluids, 2002, 38 (3): 207 – 26.

[15] DORFMAN L A. Hydrodynamic resistance and the heat loss of rotating solids [M]. Edinburgh: Oliver and Boyd, 1963.

[16] NAUNHEIMER H, BERTSCHE B, RYBORZ J, et al. 汽车变速器理论基础、选择、设计与应用 [M]. 宋进桂, 等译. 北京: 机械工业出版社, 2014.

[17] Design practice-passenger car automatic transmissions, 4 ed. SAE, 2012.

[18] TANG T, DEVLIN M, MATHUR N, et al. Lubricants for (hybrid) electric transmissions [J]. SAE Int. J. Fuels Lubr. 2013, 6 (2).

[19] GAHAGAN M. Lubricant technology for hybrid electric automatic transmissions [J]. SAE Technical Paper 2017-01-2358, 2017.

6.8 箱体的设计

变速器的齿轮箱有一相对封闭的外壳,通常称为箱体或壳体。其主要作用有4个:①箱体中的润滑油可以保证齿轮、轴、轴承等部件得到充分的润滑,其封闭环境可以防止外界杂质进入箱体内部而导致的清洁度恶化,确保变速器的可靠性;②置于封闭环境中的润滑油被旋转部件搅动然后飞溅起来,箱体上的导油结构将其引至需要润滑的部件提供润滑,最后又被箱体收集起来,从而实现循环使用;③齿轮、轴等受力(来自原动机)部件通过轴承支撑在箱体上,并借助离合器、制动器对其进行控制,箱体提供将这些部件保持在原来位置的反作用力和力矩;④变速器总成通过箱体支撑在汽车的车架上,车架通过箱体提供使变速器总成保持在原来位置的反作用力和力矩。

箱体设计的一般要求包括:①能够承受来自原动机的驱动力和力矩,在保证结构强度、刚度的前提下尽量紧凑、轻巧;②在各种工况下都能保证齿轮、轴等部件的相对位置在可接受的范围内变化;③导油结构在各种工况下都能将润滑油引导至需要润滑的部位;④较好的导热和辐射热的性能;⑤隔离和降低齿轮箱内噪声的性能;⑥便于拆卸维修;⑦箱体上的通气孔能够保证在各种工况下箱体内部压力不超过可接受范围并且润滑油无泄漏;⑧在设计允许的工作环境温度条件下和各种工况下,箱体各个密封面均无泄漏。

6.8.1 箱体的结构特点及其与内部部件之间的间隙

汽车变速器箱体的结构拓扑通常为拼合式,即由一个以上腔体拼合而成,载荷一般由端部输入输出，其示意图如图 6-8-1 所示。输入端可通过法兰与驱动电机的壳体固定在一起，亦可将驱动电机和变速器合二为一，高度集成为一体，以提高紧凑性、降低制造成本。箱体应以最小体积对变速器的内部零部件形成包络，而其内壁与内部零部件之间应留有适当间隙。通常齿轮齿顶到变速器底部内壁之间的间隙应大于 15mm[1]；其内壁与齿轮等旋转部件之间的间隙应大于 5mm；与拨叉等线性运动部件之间的间隙取 3～5mm，而与挡油板等静止部件之间的间隙取 1～2mm[2]。

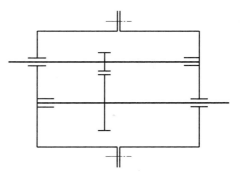

图 6-8-1　变速器结构示意图

箱体一般由基本壁厚与加强结构相结合组成。在轴承、螺栓等受力较为集中的局部通常要增加材料厚度，以减小应力。另外，箱体上通常有加强筋，以增强箱体的强度和刚度，减小其变形和噪声的反射。

6.8.2　箱体结构设计准则

1. 结构设计

箱体的结构设计首先要考虑作用在其上的载荷，主要包括 4 种：①变速器所受重力，包括内部的传动、控制部件、变速器油等；②运行时轴承、制动器、液压系统等作用于箱体上的力；③通过悬置作用于箱体上的力；④螺栓连接处的装配载荷[3]。

值得注意的是，后两种载荷在受到外界引起的冲击载荷时会激增，这些冲击载荷一般可以等效于变速器所受重力的倍数。根据整车运行道路的统计数据制订的载荷谱可以得到冲击载荷，通常冲击载荷为变速器所受重力的 5～10 倍。

根据汽车行业标准要求[4]，变速器总成静扭强度后备系数应大于等于 2.5，因此计算壳体强度时，1 挡和倒挡转矩应取变速器最大设计转矩的 2.5 倍[5-6]。

对于斜齿轮传动，作用于齿面的载荷可分解到齿轮周向、径向及轴向[7]，各力的大小为

$$F_t = \frac{2T}{d} \tag{6-8-1}$$

$$F_r = \frac{F_t \tan\alpha_n}{\beta} \tag{6-8-2}$$

$$F_a = \frac{F_t}{\tan\beta} \tag{6-8-3}$$

式中，T 是齿轮传递的转矩；d 是齿轮节圆直径；α_n 是法向压力角；β 是节圆螺旋角；F_t、F_r、F_a 分别是齿轮周向、径向及轴向分力。

由于 F_t 可分解为一个通过齿轮轴线的力和一个产生力矩的切向力，因此通过齿轮轴线的径向合力为

$$F_{rt} = \sqrt{F_r^2 + F_t^2} \qquad (6\text{-}8\text{-}4)$$

该径向合力经由轴承外圈传递给轴承座,在轴承座表面上在径向合力作用线两侧形成一定的压力分布,如图 6-8-2 所示。研究表明,该径向压力分布可以统一简化为 120°范围内的余弦压力分布[7],即

$$p(\theta) = \frac{5F_{rt}}{6BR} \cos \frac{3\theta}{2} \qquad (6\text{-}8\text{-}5)$$

式中,B 是轴承座宽度;R 是轴承座半径;θ 是与径向合力作用线之间的周向角,$-60° \leqslant \theta \leqslant 60°$。

另外,齿轮轴向力 F_a 通过轴承座对箱体产生轴向压力,可以将其简化为作用于轴承座止推面上的均布压力。

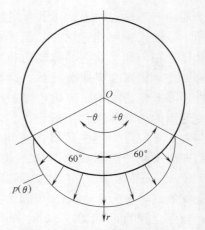

图 6-8-2 轴承座对箱体作用的径向压力分布示意图

基于上述载荷,可以借助于工程设计软件对箱体进行拓扑优化,得到其最佳拓扑结构。然后,借助有限元分析软件,对箱体在各种典型工况载荷下的应力分布和变形量进行仿真计算。一般而言,箱体承受的最大应力应该不高于其材料的许用应力,而轴承座处的变形量应该低于 0.2~0.25mm[8-9]。在应力和变形量不满足要求的情况下,可以通过加强筋、壁厚的添加或调整对局部结构进行加强。

另外,由于箱体在工作状态下受到周期性载荷的影响,会产生损伤,因此必须对其疲劳寿命进行分析,相关方法包括名义应力法(S-N 方法)、局部应力应变法以及多轴疲劳寿命方法等,可以根据载荷谱选择适当方法进行仿真分析,使之满足设计寿命要求。

2. 壁厚及加强筋的设计

1)压铸铝合金的基本壁厚一般取 3.5~4mm[1,2,10],铸铁箱体的基本壁厚一般取 5~6mm[1]。

2)加强筋应该总是沿着主应力的方向布置,从而通过支承截面积的增加来减小箱体上的拉伸应力,其厚度一般与基本壁厚相等,且应结构对称,厚度均匀。

3)轴承座的壁厚一般取 5.5~7.7mm[2],其附近的加强筋应以轴承孔为中心呈放射形布置,其高度为壁厚的 3~4 倍,宽度为壁厚的 1~2 倍。

4)倒挡齿轮轴承的加强筋应该更高一些,其高度为壁厚的 3~5 倍,相互之间呈平行或垂直布置。

5)纵向箱体的壁面应采用宽加强筋、大区率半径,宽度为壁厚的 1~2 倍,区率半径为壁厚的 1.2 倍,与齿轮箱纵向的轴线成 45°角方向布置。

6)加强筋较密时(间距为 5~15 倍壁厚)变速器的声学特性较好。

7)螺栓凸台的壁厚一般取 6~7mm[2]。

8)箱体最大壁厚一般不超过基本壁厚的 5 倍,以免形成气孔、缩孔等铸造缺陷。

3. 拔模斜度及圆角的设计

为了使箱体从压铸模具中顺利拔出,箱体内外侧均要设计一定的拔模斜度,其

大小取决于形状、壁厚、脱模深度等因素,一般压铸铝合金箱体取 1°~3°,且内外侧一致。

箱体上任何成一定夹角的两个壁面之间的连接处应设计为圆角,这些圆角不仅有利于铸造过程中金属的流动和成型,而且可以防止应力集中以及裂纹的产生。圆角的尺寸按照下式设计:

$$r = 0.5(s_1 + s_2) \tag{6-8-6}$$

$$R = r + s_1 \tag{6-8-7}$$

式中,r 是圆角内半径;R 是圆角外半径;s_1 是两侧壁面中较厚的壁面厚度;s_2 是两侧壁面中较薄的壁面厚度,如图 6-8-3 所示。

4. 箱体振动噪声设计与优化

当变速器齿轮啮合的运动传递误差引起的轮齿阶次激励频率与箱体模态频率一致时,系统产生共振,进而导致轮齿阶次激励的放大,造成变速器啸叫。因此,变速器箱

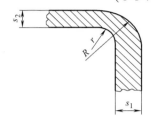

图 6-8-3 圆角设计示意图

体的模态设计与优化对于改善变速器的振动噪声性能有重要作用。一般可以通过添加加强筋、调整布局、优化壁厚等措施,提高箱体的模态频率,避开齿轮啮合频率范围,从而改善变速器的振动噪声性能[11]。箱体自由振动模态的求解可以借助有限元分析软件进行。

另外,变速器箱体应采取措施减小噪声辐射面积,尽量采用法线方向各不相同的小平面代替大平面。在箱体内壁施加吸声材料也可以有效降低噪声辐射,降噪幅度可达 4~5dB[12]。

近来,变速器、电机及其控制器经常采用一体化设计,变速器和电机共用箱体的设计方案变得越来越普遍。变速器和电机共用的箱体必须同时满足二者各自对结构强度、刚度、温度、振动噪声等设计要求,这对变速器和电机、电机控制器构成的电动力总成的结构拓扑和局部细节都带来了变革。

6.8.3 油道的设计

对于带有油泵的变速器而言,其箱体内部通常设计有油道,其作用是将润滑油从油泵输送到不同的部件上,用于液压作动或冷却润滑等目的。这些油道是变速器冷却润滑系统的一个组成部分。

油道设计的要求有二:①尽量减小油流在其中的阻力(及压降),因为阻力过大不仅造成油泵功耗增加,而且影响液压系统的响应;②尽量避免油流在其中的泄漏。为了减小阻力,油道设计应尽量避免截面的突变、转弯的次数,并控制好壁面的粗糙度。对于由数个箱体之间通过螺栓连接的情况,应尤其注意油道穿过不同箱体结合面处的密封,防止出现泄漏。有关密封的设计,可参考 6.9 节的内容。

有些变速器需要通过外置冷却器对变速器油进行冷却,使其不超出适当的温度范围。外置的变速器油冷却器一般安装在散热器附近,通过油管连接到变速器。在

这种情况下，油管和接头处都要设计和布置合理，避免泄漏。

对于变速器和电机共用冷却润滑系统的情况，变速器输入端和电机输出端的密封不复存在，但需要考虑轴承位置变化对其带来的影响，尤其是变速器和电机对统一油温的适应性，设计时需要考虑从系统的角度进行热管理，从而充分利用系统工作时产生的热量、提高系统效率、降低内部损失。

6.8.4 箱体的材料和工艺

目前电动乘用车变速器的箱体大多采用铝合金，而采用镁合金则可以进一步减轻箱体的重量。加工工艺则根据加工的批量大小有所不同，加工批量为个位数时一般采用机加工精雕工艺，加工批量为百件时则多采用木模砂铸工艺，而加工批量为十万件时则普遍采用金属模具精密压力铸造工艺。

常见的压铸铝合金箱体材料有 YL113、ALSi9Cu3、ADC12 等，而铸铁箱体材料则多用 HT200 和 HT250。3 种压铸铝合金变速器箱体材料的化学成分见表 6-8-1。

表 6-8-1 3 种压铸铝合金变速器箱体材料的化学成分（%）

合金牌号	Si	Cu	Mg	Zn	Fe	Mn	Cr	Ni	Sn	Pb	Ti	Al
YL113	9.5~11.5	2.0~3.0	<0.1	<2.9	<1.0	<0.5	—	<0.3	—	<0.1	—	其余
ALSi9Cu3（Fe）	8.0~11.0	2.0~4.0	0.05~0.55	<1.2	<1.3	<0.55	<0.15	<0.55	<0.25	<0.35	<0.25	其余
ADC12	9.6~12.0	1.5~3.5	<0.3	<1.0	<1.3	<0.5	—	<0.5	<0.2	<0.2	<0.3	其余

几种变速器箱体常用材料的力学性能见表 6-8-2。

表 6-8-2 几种变速器箱体常用合金的力学性能

材料牌号	抗拉强度/MPa	屈服强度/MPa	硬度/HBS	弹性模量/GPa	泊松比
YL113	230	170	80	70	0.33
ALSi9Cu3	240	140	80	70	0.33
ADC12	310~330	150~165	80	73	0.33
HT250	270	250	209	110~155	0.27~0.28

与铝合金相比，镁合金的密度更小，其比强度、吸振性、铸造性能以及回收利用性都更好，切削能耗更低，用作变速器箱体材料可进一步减重 25%~30%[13]。相关材料特性的对比见表 6-8-3。

表 6-8-3 铝合金和镁合金材料特性的对比

材料	密度/(g/cm³)	弹性模量/GPa	比弹性模量/GPa	强度/MPa	比强度/MPa	导热系数/[W/(m·K)]	减振系数	切削能耗指数
铝合金	2.7	70	25.9	200~350	73~128	247	2~5	1.8
镁合金	1.74	45	25.86	180~300	118~172	157	30~60	1.0

6.8.5 通气塞的设计

汽车变速器采用油润滑，其输入轴和输出轴与箱体之间的密封一般是转动轴油封，这些油封仅能密封无压力的液体。然而，若箱体完全气密，箱体内的空气压力会因温度的变化而变化，而箱体内部压力的升高会导致油封边缘接触压力的上升，使局部温度升高，从而造成密封面的磨损以致泄漏。当箱体内为负压时，油封边缘接触压力下降，又会使箱体之外的空气、水以及灰尘从油封处吸入箱体内。

为了防止油封处发生上述问题，箱体上通常设计有一个或数个通气塞，使空气可以进出箱体，从而维持箱体内外气压的平衡。为了使变速器可靠地工作并保护环境，不允许箱体内的润滑油、油泡沫、油汽或油雾从通气塞逸出，也不允许箱体外的水、灰尘经由通气塞进入箱体内。通气塞的位置一般选在变速器油飞溅时最不可能达到的区域，常见于变速器的顶部。

由于箱体内温度的变化，通气塞有两种工作模式，即排气和吸气。当箱体内温度升高时，其压力上升，箱体内的空气经由通气塞排出到环境中。这时空气可能夹带润滑油、油泡沫、油雾、油汽等。

当箱体内温度下降，其压力可能出现负压，环境中的空气会经由通气塞流入箱体内。这时空气流可能带入水、水汽、灰尘等。

当齿轮箱输入轴和输出轴的伸出端采用迷宫式油封等非接触式密封结构时，其空气驱动效应会在通气塞系统中造成较大的空气流量。为了避免这一问题，非接触式密封应该设计成不对气流起加速作用。在这个要求得到满足的条件下，通过通气塞的气流仅限于温度波动的影响。迷宫式油封由多个气流挡板和通道组成，它能够起到加长气流通路的作用，从而增进油在通气塞内表面的吸积，积下的油会返回齿轮箱。

一种典型通气塞的结构如图 6-8-4 所示。通气塞的内部结构需要考虑三个方面。首先，为挡住油雾，使之不直接流向通气位置，内部一般采用挡油片。其次，空气的通路上要有几处转弯和限流的结构，限流结构用来限制流动的横截面，因而使流动加速。有时还可用插入式通气阀，它分为排气阀和进气阀等两种。排气阀的功能是仅在一定压力以上才允许空气排出，由弹簧力或顶盖的重量来控制这一压力，这种单向阀使空气只能排出而不能吸入。进气阀是一种带弹簧的密封片，它使外部空气只能在箱体内达到一定负压时方能进入，内部的空气无法通过进气阀排出。第三，使用过滤网，通常以扁丝网、泡沫材料、过滤纤维等制成，其功能是过滤掉吸入空气中的灰尘以及排出空气中的油雾和油泡沫。

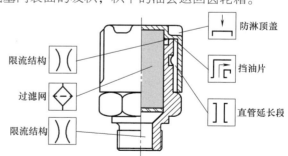

图 6-8-4　一种典型通气塞的结构

通气塞的外部结构包括三个方面。首先，为减小油汽到达顶部的概率，需要有一直管延长段。该延长段常常将各结构要素连接起来，它可以是圆形、方形或长方形截面。其次，通气塞的顶部要有一个顶盖，防止外部的水溅入和灰尘落入其中。第三，在极端运行工况下，还可以考虑加装外部过滤网。

大部分通气塞由金属制成，结构复杂时也可使用塑料注塑成型。在材料的选择上，重量和成本是主要的考量。

通气塞一般安装在箱体外部。在一些特殊的设计中，它还可以结合其他的功能。

参 考 文 献

[1] 王望予. 汽车设计 [M]. 4版. 北京：机械工业出版社, 2004.
[2] 王慧杰. 变速器壳体轻量化设计. 建筑工程技术与设计, 2017.
[3] 张兆奎, 宋文福, 王悦, 等. CAE在自动变速器壳体上的应用 [J]. 汽车实用技术, 2016 (11).
[4] QC/T 29063.2—2010. 汽车机械式变速器总成技术条件 [S]. 北京：中国标准出版社, 2010.
[5] 康一坡, 霍福祥, 魏德永, 等. 变速器壳体强度有限元计算及结构改进分析 [J]. 汽车技术, 2012 (10).
[6] 张星辉. 变速器壳体强度的有限元计算分析 [J]. 机械管理开发, 2017 (9).
[7] 周云山, 吴云兵, 傅兵. 纯电动汽车两挡变速器壳体强度分析与改进 [J]. 计算机仿真, 2015, 32 (1).
[8] 王龙, 张磊. 变速器壳体的有限元分析及结构设计优化 [J]. 建筑工程技术与设计, 2017.
[9] 余丹丹, 罗大国, 陈勇, 等. 详细有限元技术在MT变速器箱体结构仿真应用 [J]. 汽车实用技术, 2015 (2).
[10] 宋建军, 唐立中, 梁伟朋. 变速器壳体设计方法研究 [J]. 机械研究与应用, 2017 (2).
[11] 郑光泽, 刘子谦, 冯楠. 变速器壳体模态识别与优化研究 [J]. 重庆理工大学学报（自然科学版）, 2016 (1)：15-19.
[12] 周磊, 于柱春. 某型变速器箱体振动噪声分析研究 [J]. 山东交通学院学报, 2013, 20 (4).
[13] 赵琛, 陈云霞, 李中兵. 轻量化材料镁合金在汽车上的应用 [J]. 汽车工艺与材料. 2011 (07).
[14] Design practice-passenger car automatic transmissions, 4th ed. SAE, 2012.

6.9 密封的设计

变速器的密封按照密封面是否存在相对运动可分为静密封和动密封两种，其中动密封按照相对运动的形式又可分为转轴式（径向）和往复式（轴向）两类。

6.9.1 变速器的静密封设计

一般而言，变速器的静密封主要用于箱体之间、液压阀体与隔板之间、隔板与箱体之间、油底壳与箱体之间、执行机构与箱体之间等位置。

箱体刚度对静密封有影响。若箱体刚度不足，其在受载时变形较大，会造成接合面之间的间隙变大，使密封失效最终导致渗漏。因此，设计时要通过结构和材料的加强将箱体刚度控制在合理范围内。

箱体接合面之间的静密封还与螺栓的分布和拧紧力矩有关。若螺栓的分布设计不合理或拧紧力矩不足，则会导致渗漏。螺栓的分布设计不合理有两种情况：①相邻螺栓距离太远；②压力线密封线分离，即相邻螺栓之间的连线与箱体接合面不重合。

为了避免渗漏，设计时应采用的设计原则包括：①相邻螺栓间距小于10倍螺栓直径；②必要时增加螺栓数量，保证压力线密封线重合；③根据螺栓尺寸制订合适的拧紧力矩[1]。

变速器的静密封有两种基本类型，一种是密封条，另一种是密封胶。

1. 采用密封条的静密封设计

密封条的主要设计变量包括其形状、尺寸、材料以及密封表面的特性等。对于上述不同位置的静密封，其设计可以有很大不同。

长方形截面的密封条设计的两个典型应用例子如图6-9-1所示。其主要设计原则有以下4点：

1）对于受到完整约束的静密封，橡胶密封的最大横截面积不应超过密封槽横截面积的95%，如图6-9-1a所示。

2）即使对于未受到完整约束的静密封，橡胶密封的亦不应超过密封槽的体积，如图6-9-1b所示。

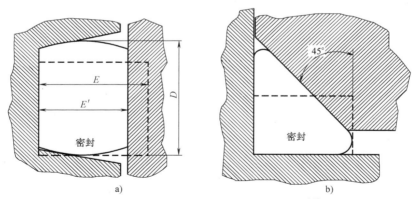

图 6-9-1　长方形截面静密封的两种情况[2]

3）为减少扭曲和扭转，尺寸 D 至少应大于尺寸 E，最好是 E 的2倍以上。

4）压缩变形 $E-E'$ 可占尺寸 E 的10%~30%，取决于密封材料和硬度。

各种材料密封条的一般应用要求见表6-9-1。

2. 采用密封胶的静密封设计

密封胶一般用于两个平面之间的密封，例如前后箱体之间的接合面。常见的平面密封胶有两种，即硅酮密封胶和厌氧密封胶。

表 6-9-1 各种材料静密封的一般应用要求

参数项	腈橡胶	优质腈橡胶	聚丙烯酸酯橡胶	氟化橡胶	乙烯丙烯酸橡胶
温度范围/℃	-40~+120	-40~+130	-40~+150	-40~+200	-40~+150
压力/kPa	2400	2750	2750	2750	2750
孔/轴公差/mm	±0.03	±0.03	±0.03	±0.03	±0.03

硅酮密封胶的优点为：①填充间隙大；②弹性大，柔韧性好，对箱体刚度要求低；③成本低。其缺点为：①在有氧环境中易凝固，涂胶后合箱时间短；②要求箱体接合面有倒角、圆角或沟槽；③落入变速器易堵塞润滑油路；④使用寿命有限。

厌氧密封胶的优点为：①在有氧环境中不易凝固，涂胶后合箱时间长；②对箱体接合面的形状无要求；③落入变速器不会堵塞润滑油路；④使用寿命长。其缺点为：①填充间隙小；②刚性高，对箱体的刚度和接合面粗糙度要求较高；③成本较高。

为了避免密封胶落入变速器内部堵塞润滑油路，根据接合面的材料，可将接合面设计出倒角或圆角，以容纳被挤出的密封胶[1]。对于铝铸件，可设计出倒角，如图 6-9-2a 所示；对于冲压件，则应设计为圆角，如图 6-9-2b。

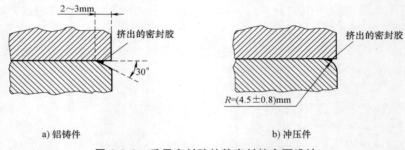

a) 铝铸件 b) 冲压件

图 6-9-2 采用密封胶的静密封结合面设计

另外，设计密封胶密封还要考虑接合面粗糙度的影响。接合面的粗糙度并非越小越好，因为过于光滑的接合面会造成密封胶全部被挤出，无法留在接合面之间，建议将粗糙度控制在 $0.8 \sim 3.2 \mu m$ 范围内[1]。

接合面的加工刀纹对密封胶密封也有影响，采用弧形交叉渔网状刀纹对密封较为有利[1]。

6.9.2 变速器的转轴式动密封设计

变速器的转轴式动密封是指密封面两侧的表面存在相对旋转运动的密封，即径向密封。典型的例子是变速器输入轴以及差速器左右侧输出半轴与箱体之间的油封。变速器油封的主要作用是防止变速器润滑油泄漏以及外界异物进入变速器内部污染润滑油。由于变速器工作时会产生热量，半轴工作时有一定转速，且其位置距离地面较近，因此要求油封具有防水、防尘、耐热、耐磨等性能。

变速器油封一般采用带骨架的唇形密封形式，其结构如图 6-9-3 所示。油封的外圆与箱体之间形成静密封，而油封内径处的密封唇口与半轴之间形成转轴式动密封。对于静密封，一般将油封外圆与箱体内孔之间设计为过盈配合以保证其有效性。对于转轴式动密封，则除了将密封唇口与半轴之间设计为过盈配合之外，还会设计抱紧弹簧，使唇口紧贴半轴表面，防止因半轴径向跳动造成局部间隙造成的泄漏。

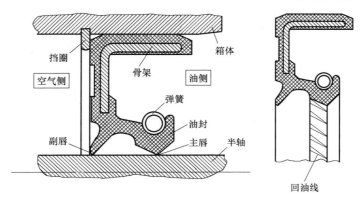

图 6-9-3 转轴式动密封结构示意图

转轴式动密封的工作原理是设计合理时在其唇口与旋转半轴之间会形成油膜，工作时其状态在干摩擦、边界润滑以及流体动力润滑三者之间不断交替变化[3]，起到润滑和密封的双重作用。油膜的存在使得唇口处产生泵吸作用，将越过油封刃口的油泵回油侧，如图 6-9-4 所示，如果油膜被破坏则会导致泄漏。一般而言，工作正常的油封也会存在微量磨损和泄漏，

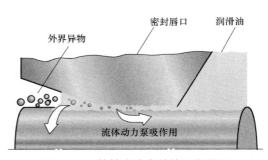

图 6-9-4 转轴式动密封的工作原理

尤其是在早期的磨合阶段。因此，转轴式动密封的设计主要考虑密封的结构、材料选择、轴的表面特性等要求，使其密封性能和使用寿命满足要求。

转轴式动密封的工作压力一般低于 0.05MPa。变速器内部压力过大时会使唇口与转轴之间接触压力升高，导致摩擦转矩的增加。另外，还会使唇口的空气侧与转轴接触，大大缩短其寿命。

1. 密封结构设计的基本原则

转轴式动密封的结构尺寸应尽量采用国家标准[4-5]。其主要结构尺寸如图 6-9-5 所示，设计原则如下：

唇口过盈量 i 是轴的基本外径与油封无弹簧自由内径之差。唇口过盈量 i 过小会造成密封面上接触压力不足，影响密封性能；而过大则使唇口变形大，旋转阻力及磨损增加，影响密封寿命。一般唇口过盈量 i 的选择应考虑轴的转速、密封材料的弹

性及耐磨、耐热性能。当轴的转速较高、密封材料的弹性较高、耐磨或耐热性较差时唇口过盈量 i 应该适当减小，可参考有关文献选择唇口过盈量 i[4]。

前唇角 α 的大小对唇口的轴向位置会产生影响，从而影响密封性能。前唇角 α 过大会影响弹簧与唇口之间的约束关系；前唇角 α 过小则使轴在高速转动时对油膜的搅动作用增加，不利于密封，α 一般选择 $35°\leqslant\alpha\leqslant55°$。

后唇角 β 的大小主要影响轴与唇口的接触面宽度，因此对密封性能有重要影响。后唇角 β 过大会使接触面宽度变窄，使油膜难以保持，引起泄漏；后唇角 β 过小则接触面宽度增加，发热量变

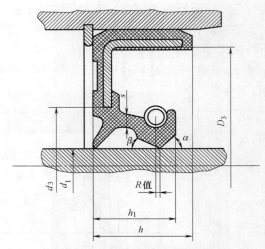

图 6-9-5　转轴式动密封结构尺寸

大，加速唇口老化，影响寿命。一般轴的转速较高时选择 $25°\leqslant\beta\leqslant28°$，转速较低时 β 选择 $15°\leqslant\beta\leqslant30°$。

唇宽 h 和唇口宽 h_1 的作用一致，主要影响油封的径向力。唇宽 h 和唇口宽 h_1 过大会使变形增加，径向力减小，不利于密封；过小则会使唇口跟随性能降低，对高速或偏心情况的密封不利。可参考有关文献选择唇宽 h 和唇口宽 h_1[4]。

腰部厚度 s 主要影响唇口对轴的跟随性。腰部厚度 s 过大会对跟随性产生负面影响，导致泄漏；过小会因为凸出变形影响密封。设计原则是当唇宽 h 较大、轴的转速较低或油压较高时适当加大腰部厚度 s；反之，则适当减小腰部厚度 s。可参考有关文献中的公式计算腰部厚度 s[4]。

流体动力回油线的设计对密封性能也有较大影响。回油线有单向、双向之分，也有变截面和定截面之分。有研究表明，单向回油线的回油效果远优于双向回油线，而变截面回油线的回油效果则优于定截面的回油线[4]。

R 值是主唇刃口与弹簧槽中心的轴向距离。它实际上是唇口的理论接触宽度。R 值过大则接触面过宽，会不仅导致摩擦生热增加，而且造成应力分布过于平均无法形成压力梯度，从而引起泄漏；R 值过小则无法保持油膜，对密封不利。选取的原则是，当油封的规格尺寸较大或轴的转速较低时，适当加大 R 值；反之，则减小 R 值[4]。

弹簧提供油封所需径向力的大约60%，因此其设计直接影响密封性能和寿命。弹簧直径 D_s 主要根据轴径确定，可参考表 6-9-2。弹簧钢丝直径 d_s 则可根据下式选择

$$D_s = (5 \sim 6) d_s \qquad (6\text{-}9\text{-}1)$$

弹簧自由长度可参考有关文献中的公式进行计算[4]。

骨架一般由 08 或 08F 钢板冲压制成，其作用是提高油封的结构强度。常见的骨架有三种类型：①外露型；②内包型；③装配型。其主要结构尺寸宽度 b_2、内径 d_3 及内壁直径 D_3 可参考有关文献进行选择[4]。

表 6-9-2 不同轴径下的油封结构设计主要参数推荐值[4] （单位：mm）

轴径 d_1	主唇过盈量 i	主唇过盈量极限偏差	唇宽 h	唇口宽 h_1	R 值	弹簧直径 D_s	副唇过盈量 i	副唇过盈量极限偏差
5~30	0.5~1.2	±0.25	6~6.5	5.0~5.5	0.25~0.60	1.6±0.05	-0.25	±0.25
30~60	1.0~1.6	±0.30	6.8~8.3	5.5~6.2	0.30~0.70	2.0	-0.30	±0.30
60~80	1.2~2.0	±0.35	8.5~9.2	7.2~8.0	0.35~0.80	2.5	-0.35	±0.35
80~130	1.4~2.4	±0.45	10.0~11.2	8.2~9.5	0.40~1.0	3.0	-0.40	±0.40
130~250	1.8~3.0	±0.60	12.0~14.0	10.0~11.8	0.45~1.1	3.5	-0.5	±0.50
250~400	2.5~3.5	±0.60	14.0~16.0	11.5~13.5	0.50~1.2	4.0	-0.6	±0.60

2. 密封材料设计的基本原则

油封唇口的材料对其密封性能有很大影响。

首先，油封唇口的材料既要有足够的挠性，又要有一定的刚性，使之在工作时保持对轴的跟随性，补偿轴的形位公差及振动对油膜造成的影响。一般只有橡胶材料能满足该项要求。

其次，油封唇口的材料要有适当的机械强度、硬度、耐介质、耐磨损性、耐高低温等性能，使其密封性能长期保持稳定。为了满足这些要求，一般采用配合剂对橡胶的性能进行改良，或是用自润滑减磨材料，甚至在唇口复合聚四氟乙烯薄膜层。

一般而言，变速器的油封常选用氟橡胶，因为其耐介质、耐磨损性、耐高温等性能较为均衡[6]。另外，丁腈橡胶的耐油性较好，聚氨酯橡胶的耐磨性较好，而硅橡胶的耐高低温性较好，可以根据具体情况进行选择。对于在-40~150℃温度范围工作的半轴油封，也可考虑采用加强型丙烯酸酯橡胶材料[7]。

3. 轴表面特性设计的基本原则

轴的表面粗糙度对动密封性能有极大影响。轴的表面粗糙度过大时，油膜无法避免轴与唇口的直接接触，从而造成唇口磨损，使密封失效；轴的表面粗糙度过小时，由于油几乎全部被挤出唇口，油膜难以建立，摩擦和磨损也会变得严重。因此，一般建议将轴的表面粗糙度控制在 $0.2~0.6\mu m$ 的范围内。

轴的表面加工痕迹对密封也有重要影响。通常应尽量避免轴向或螺旋加工痕迹。当无法避免螺旋加工痕迹时，建议将其升角控制在 $0°±0.05°$ 之内[7]。

轴的偏心和跳动量越小则对密封越有利。一般建议径向跳动量小于 0.05mm。

4. 油封阻力矩

润滑良好状态下弹性体油封的阻力矩可用以下经验公式估算

$$T_d = 7.1145 d_1^2 N^{\frac{1}{3}} \qquad (6-9-2)$$

式中，T_d 是阻力矩（N·m）；d_1 是轴的直径（m）；N 是轴的转速（r/min）。

当油封处于干摩擦状态时，其阻力矩约是式（6-9-2）计算结果的 2~3 倍。

5. 油封唇口温升

上述油封阻力矩会导致唇形油封刃口温度随轴的转速升高而升高。油封唇口温度与油池温度之差可用以下经验公式估算

$$\Delta T_{lip} = 7.7946\sqrt{V_s} - 17.7778 \qquad (6\text{-}9\text{-}3)$$

式中，ΔT_{lip} 是油封刃口温度与油池温度之差（℃）；V_s 是轴的外圆线速度（m/s）。

6.9.3 变速器的往复式动密封设计

变速器的往复式动密封常见于湿式多片离合器或制动器的液压油缸活塞执行机构，如图 6-9-6 所示。

往复式动密封一般为环状，其截面有 O 形、D 形、长方形、长唇形、短唇形等常见形状，如图 6-9-7 所示。前三种的密封效果受密封表面的径向压力影响较大，为了得到可靠的密封效果，一般会将径向压力设计得较大，导致摩擦损失增加。另外，系统公差对液压油缸运动的一致性也会产生负面影响。长期暴露于高温变速器油中造成的密封材料材质和特性的变化也会导致液压油缸运动的一致性变

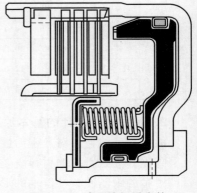

图 6-9-6　液压油缸活塞的往复式动密封简图

差。长唇形动密封是第一种在自动变速器中得到广泛应用的唇形密封。其突出优点有二：①对因公差造成的结构尺寸的变化不敏感，减小了其对密封效果带来的负面影响；②摩擦阻力小，因为密封面上的压力正比于油压，而非密封件的自身的压缩量。随着变速器技术的发展，短唇形密封逐渐代替了长唇形密封，变为目前应用最为广泛的往复式动密封形式。其优点有二：①稳定性更高，不易出现倾斜或卷起等问题；②当高速下离心力将密封唇口推离活塞内侧轴面时，短唇形可更好地保持密封性能[8]。

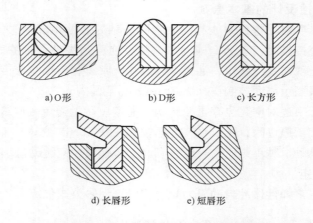

a) O 形　　　b) D 形　　　c) 长方形

d) 长唇形　　　e) 短唇形

图 6-9-7　往复式动密封的 5 种截面形状

唇形密封的横截面的几何特征及术语如图 6-9-8 所示。工作原理是利用油压使唇口变形，保持唇尖与密封面、基边与密封座壁面之间的接触压力，从而实现密封。在密封唇口出现磨损时，唇形密封有一定的自动补偿能力。

唇形密封的设计要求有三：①在高低油压和油温范围内都要密封良好；②密封效果不受公差的影响；③对包括钢制冲压件、铝合金机加工件、铸铁机加工件、锻钢机加工件等各种材料的密封表面有良好的适应性。

唇形密封根据其密封位置有孔密封和轴密封，其中孔密封用于活塞的外径处的密封槽与油缸孔内壁之间，而轴密封用于活塞的内径处的密封槽与轴的外表面之间，如图 6-9-9 所示。

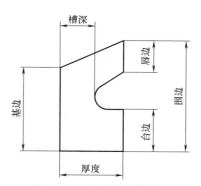

图 6-9-8 唇形密封横截面几何特征及术语

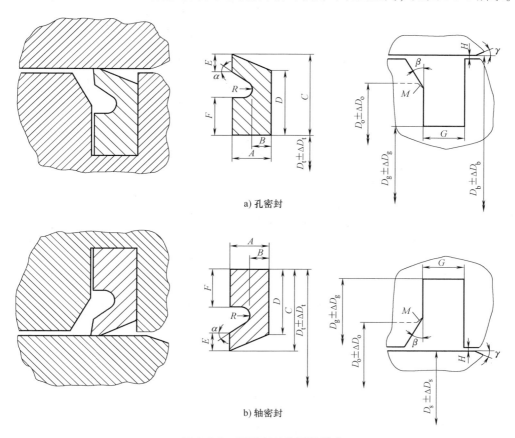

a) 孔密封

b) 轴密封

图 6-9-9 唇形密封的两种形式

根据基边的长度分两种规格，即全基边和短基边。在设计时通常尽量采用全基边类型，仅当径向空间受限时考虑采用短基边类型。

表6-9-3给出了唇形密封设计参数的推荐值。油缸孔内壁和轴的外表面与密封唇口接触表面的粗糙度根据其材料不同分别为：铝合金粗糙度不高于 $1.15m$，钢粗糙度不高于 $0.70m$。

表6-9-3 唇形密封设计参数的推荐值

密封位置	类型	尺寸/角度/公差	A	B	C	D	E	F	G	α
孔密封	全基边	上限推荐值	2.62	1.3	5.65	4.5	1.2	2.65	2.79	40°
		下限推荐值	2.36	1.0	5.35	4.1	0.8	2.15	2.66	30°
	短基边	上限推荐值	2.62	1.3	4.8	3.6	1.2	1.85	2.79	40°
		下限推荐值	2.36	1.0	4.4	3.2	0.8	1.35	2.66	30°
轴密封	全基边	上限推荐值	2.62	1.3	5.65	4.5	1.2	2.65	2.79	40°
		下限推荐值	2.36	1.0	5.35	4.1	0.8	2.15	2.66	30°
	短基边	上限推荐值	2.62	1.3	4.8	3.6	1.2	1.85	2.79	40°
		下限推荐值	2.36	1.0	4.4	3.2	0.8	1.35	2.66	30°

密封位置	类型	尺寸/角度/公差	β	γ	D_g	D_t	D_o	D_b 或 D_s	D_g	D_t	D_o
孔密封	全基边	推荐值	30°	20°	$D_b-9.8$	$0.98D_g$	$D_b-3.76$	0.05	0.1	0.75%	0.2
	短基边	推荐值	30°	20°	$D_b-8.05$	$0.98D_g$	$D_b-3.76$	0.05	0.1	0.75%	0.2
轴密封	全基边	推荐值	30°	20°	$D_s+9.8$	$D_s+9.9$	$D_s+3.76$	0.05	0.1	0.75%	0.2
	短基边	推荐值	30°	20°	$D_s+8.05$	$D_s+8.18$	$D_s+3.76$	0.05	0.1	0.75%	0.2

常见唇形密封材料有三种，即聚丙烯酸酯橡胶、乙烯丙烯酸酯橡胶、氟橡胶。其中聚丙烯酸酯橡胶因其价格低、对热油环境耐受性好而应用得最为广泛。乙烯丙烯酸酯橡胶可耐受$-35\sim150$℃的温度，但缺点是热膨胀系数稍大于聚丙烯酸酯橡胶。氟橡胶对温度和热油的耐受性大大超过变速器的相关工作范围，但价格较为昂贵。其特性见表6-9-4。

表6-9-4 常见唇形密封材料的特性

材料特性	聚丙烯酸酯橡胶	乙烯丙烯酸酯橡胶	氟橡胶
邵氏A硬度	80~90	80~90	70~80
抗拉强度/MPa	10.3	11.7	10.3
延伸率	100%	100%	170%
弹性模量/MPa	4.5	6.9	2.75
撕裂强度/N	556	445	667

参 考 文 献

[1] 钟勇. 浅谈影响变速器密封的设计技巧 [J]. 自动化应用，2017（4）.
[2] Static and Reciprocating Elastomeric Transmission Seals [J]. SAE Ground Vehicle Standard，J654_

200210，2002.
- [3] 鲁选才，贺永军，杨维章，等. 旋转轴唇形密封圈的设计与选材［J］. 特种橡胶制品，2010，31（5）.
- [4] GB/T 13871. 1—2007. 密封元件为弹性体材料的旋转轴唇形密封圈 第1部分：基本尺寸和公差［S］. 北京：中国标准出版社，2007.
- [5] GB/T 13871. 2—2015. 密封元件为弹性体材料的旋转轴唇形密封圈 第2部分：词汇［S］. 北京：中国标准出版社，2007.
- [6] 田沛，宋楠，古婷，等. 油封在变速器上的应用及常见故障分析［J］. 汽车实用技术，2018（14）.
- [7] 徐友良. 变速器半轴油封漏油原因的分析及对策［J］. 汽车与配件，2018（32）.
- [8] CHOI H J, PARK C, WOO J, et al. Piston sealing system structure design for automobile's lightweight auto-transmission［J］. SAE Paper 2014-01-2008，2014.
- [9] OSHANSKI J, BARRONS G, M ARTEKK. Design Practices for Reciprocating Clutch Seals in Automatic Transmissions［J］. SAE Paper 900334，1990.

第 7 章

电动汽车变速器的控制

电动汽车变速器的控制一般由变速器控制器（TCU）来完成，TCU 由硬件和软件组成。

7.1 控制软件概述

电动汽车自动变速器控制软件的功能主要包括：

1）根据车辆控制原则、车速、加速踏板开度确定挡位或最佳工作点，并在各挡位或最佳工作点之间切换，实现驾驶人的驾驶意图和变速功能。

2）对各传感器信号进行必要的校验和容错处理，对变速器各子系统的故障或失效作出实时判断和正确应对，保证车辆和驾乘人员的安全。

随着汽车技术的飞速发展，电动汽车变速器控制系统设计对动力性、能量经济性、换挡（变速）舒适性、实时性、可靠性、抗电磁干扰能力以及多种驾驶习惯的适应性都提出了越来越高的要求。另外，变速器开发周期越来越短，这对控制软件的模块化、可扩展性、可重复使用性、兼容性都不断提出新的挑战。

目前电动汽车变速器软件普遍采用嵌入式 C 语言进行开发，已经从面向硬件的前后台式控制系统向着实时操作系统转变。引入实时操作系统可显著提高控制系统的实时性、可靠性、开发效率，并且缩短开发周期。

图 7-1-1 是基于实时嵌入式操作系统的电动汽车自动变速器软件架构示意图。其中，嵌入式操作系统控制着系统硬件和应用软件的交互，利用其适合多任务管理的特点，对自动变速器工作时涉及的多种信息进行采集、收集，再进一步校验、运算、存储，最后控制执行。因此，需要根据各任务的数量、优先级以及任务之间的关系管理系统资源。

电动汽车自动变速器的控制逻辑与算法根据功能不同分为系统启动、驾驶意图和加速踏板策略、挡位决策、起步控制、换挡控制、在挡控制、信号采集与处理、

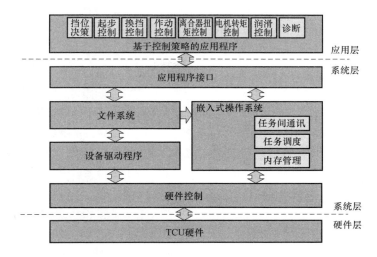

图 7-1-1 电动汽车自动变速器软件架构

校验与诊断、故障安全和系统停机等方面，详述如下。

7.2 系统启动的控制逻辑与算法

TCU 的启动通常分为正常启动（车辆初始速度为零）和行进中启动（车辆初始速度不为零）两种情况。

7.2.1 正常启动流程

图 7-2-1 为 TCU 正常启动流程，具体说明如下。

1）微处理器对存储器进行检查，包括 RAM 的每个储元是否工作正常以及 ROM 中的全部数据是否有效。若不正常或无效，则向诊断程序报告并进入停机程序。

2）检查驱动电路连续性，确认全部挡位传感器信号无丢失，确认各换挡电机驱动电路的连续性。若不正常，则向诊断程序报告并进入停机程序（见 7.10.2 节）。

3）设定变速器温度标志码。变速器温度是指变速器油温，一般需要根据变速器的种类及各子系统的极限工作温度设定几个范围，例

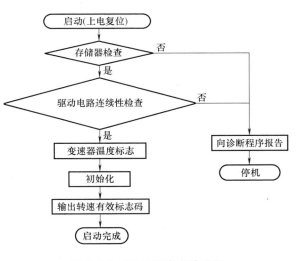

图 7-2-1 TCU 正常启动流程

如过热、热、正常、冷、超冷、极冷等。在低温下，某些挡的换挡规律可能需要调整，换挡时间会延长，甚至延迟所有换挡操作。

变速器油温可以由传感器（通常是热敏电阻）检测或计算获得。通常采用多重容错机制对检测数据加以处理。当其电压超出限值范围以外累计超过一定次数时，应向诊断程序报告。有时还通过设定每个指令周期允许的最大油温测量值变化量以及在某挡内累计时间应该引起的温升（即最大暖机时间）来进一步判断测量值的有效性。对油温传感器故障设定一定的容忍时间。当变速器油温检测值无效时，采用变速器油温计算值代替，该值是根据各子系统寄生损失引起的发热量并扣除外置式冷却器和变速器壳体的散热量计算得到的。计算油温需要用到空气温度，可以从CAN总线上获得空气温度。

4）在初始化阶段，在得到有效的输出转速数据之前，首先运行 N 挡在挡逻辑，并对 1 挡和 R 挡相关换挡执行机构工作参数进行设定。

5）在初始化时，将自学习方法记录的控制参数从 ROM 中调用到 RAM，并在停机后延迟一定时间用 RAM 中的自学习控制参数更新 ROM 中的值。

6）当连续两次计算的输出转速数据之差的绝对值小于某一阈值时，可以认为当前的输出转速数据有效。

7.2.2 行进中启动流程

当 TCU 的电源接地不良或电压偏低时，会造成其复位。在这种情况下，需要诊断程序设置相应的故障码，并使用临时换挡规律，使变速器换入直驱挡或 N 挡，避免引起离合器、制动器或同步器等挡位控制元件之间的干涉。在清除故障码后，方能恢复正常操作。

7.3 驾驶意图和加速踏板策略

对于非自动驾驶的电动汽车而言，动力传动系统控制的首要功能是根据驾驶操纵机构传感器的信号确定其驾驶意图，主要是确定加速和制动的期望转矩。

加速期望转矩估算的根据是加速踏板的开度以及驱动电机的外特性。加速踏板开度与加速期望转矩之间的对应关系对整车驾驶的动力性和舒适性有重大影响，如图 7-3-1 所示[2]。曲线 1 是一种硬踏板策略，其特点是中高负荷的驾驶感觉好，但低负荷时的操控性不佳；曲线 3 是一种软踏板策略，其加速感觉无力，但低负荷时的操控

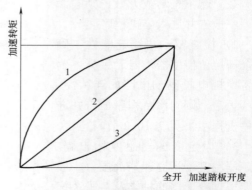

图 7-3-1　3 种加速踏板策略比较[2]

性较好;曲线 2 是线性踏板策略,其操控效果介于曲线 1 和 3 之间,这是最常用的踏板策略。

加速期望转矩通常根据上述踏板策略换算到电机的外特性曲线上加以表示。采用上述线性踏板策略,一种最简单的换算方法为

$$T_e = \beta T_{emax}(N_e) \tag{7-3-1}$$

式中,β 是加速踏板开度;N_e 是电机转速;$T_{emax}(N_e)$ 是电机转速为 N_e 时的最高输出转矩;T_e 是加速踏板开度为 β 时电机的加速期望转矩。如图 7-3-2 所示,这种换算方法完全不考虑电机的额定特性。显然,若 $N_e > N_{pc}$ 时的峰值转矩满足恒功率关系,即

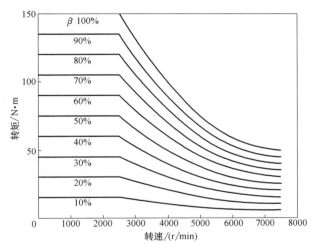

图 7-3-2 最简单的加速期望转矩算法

$$T_e N_e = T_{pc} N_{pc} \tag{7-3-2}$$

则有

$$T_{emax}(N_{pc}) = T_{pc} \quad 当 N_e \leqslant N_{pc} 时 \tag{7-3-3}$$

$$T_{emax}(N_{pc}) = \frac{T_{pc} N_{pc}}{N_e} \quad 当 N_e > N_{pc} 时 \tag{7-3-4}$$

由于电机峰值特性对应的基速并不总是等于电机额定特性对应的基速,式 (7-3-1) 的换算方法会导致电机动力不能得到充分的利用。

另一种比采用线性踏板策略更合理的换算方法为

$$T_e = \begin{cases} \beta T_{pc} & 当 N_e \leqslant N_{pc} + \dfrac{\beta T_{emax}(N_e) - T_{pc}}{T_{rc} - T_{pc}}(N_{rc} - N_{pc}) 时 \\ \beta T_{pc} \dfrac{N_{pc}}{N_e} + \dfrac{N_{rc} - N_{pc} \beta T_{pc}^2 (1-\beta)}{N_e} & 当 N_e > N_{pc} + \dfrac{\beta T_{emax}(N_e) - T_{pc}}{T_{rc} - T_{pc}}(N_{rc} - N_{pc}) 时 \end{cases}$$

$$\tag{7-3-5}$$

这种换算方法可使电机动力得到充分的利用。

为使电动汽车的驾驶感觉与传统燃油汽车相似，电动汽车常设计有起步蠕进（有时称爬行）功能，即在整车起步时加速踏板开度虽然为零，电机仍然输出一定转矩驱动车轮，使其在平路上能够缓慢前行或倒车，或者防止爬坡时溜坡过快。起步蠕进车速有一上限，通常不超过 6km/h。当整车以较高车速运行而加速踏板回零时，为了模拟传统汽车发动机制动的驾驶感受，电机将提供滑行制动转矩，整车将进入制动能量回馈状态，将整车动能转化为电能存储到电池中。一种采用线性踏板策略的、考虑蠕进的加速期望转矩的换算方法如图 7-3-3 所示。可以看出，在加速踏板开度 β 为零时，电机在低转速区输出一定的正转矩（驱动转矩），而在高转速区则输出一定的负转矩（制动转矩）。

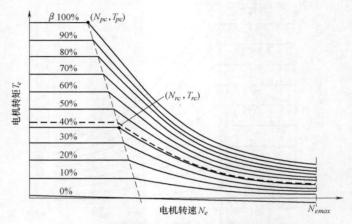

图 7-3-3　考虑蠕进的加速期望转矩的换算方法

7.4　挡位决策

挡位决策是指基于驾驶意图、车辆的运行状态以及道路条件，以能量经济性或动力性最佳为目标，确定当前车辆应处的挡位，挡位决策的结果即换挡规律。

7.4.1　换挡规律的形式

变速器何时从一个挡位换到另一个挡位由换挡逻辑选择程序决定，而换挡规律的决定程序正是换挡逻辑选择程序的输入。

一般地，换挡规律可表达为

$$\beta_{ij}=f(N_o,P_{sl},T,P_{tcase}) \tag{7-4-1}$$

式中，β_{ij} 是 i 挡换 j 挡时的加速踏板开度；N_o 是输出轴转速；P_{st} 是换挡手柄位置；T 是变速器温度；P_{tcase} 是分动器位置。对于换挡手柄位置为 D（即前进挡）、变速器温度处于极冷和过热之间、非四轮驱动的电动汽车变速器，换挡规律可以简化为

$$\beta_{ij}=f(N_o) \tag{7-4-2}$$

式（7-4-2）常称为两参数换挡规律。

为了提高动力性和能量经济性，有人提出了基于加速踏板开度、车速以及整车加速度的三参数换挡规律[4]，即

$$\beta_{ij} = f(V, \dot{V}) \tag{7-4-3}$$

考虑到输出轴转速与车速的对应关系，实际上式（7-4-3）表示的三参数换挡规律也可以表示为

$$\beta_{ij} = f(N_o, \dot{N}_o) \tag{7-4-4}$$

式中，$\dot{N}_o$ 是输出轴的加速度。

虽然有研究表明三参数换挡规律在传统汽车上具有动力性和燃油经济性更佳、挡位切换曲面变化平滑、更加符合驾驶人换挡经验和习惯等优点，但其在电动汽车上的应用没有得到充分的研究。

另有学者提出了基于加速踏板开度、车速、整车加速度以及荷电状态的四参数换挡规律[5]：

$$\beta_{ij} = f(V, \dot{V}, SOC) \tag{7-4-5}$$

研究认为，荷电状态较低时，电池的最大放电功率将减小，进而影响电机的最大输出功率。采用四参数换挡规律可以改善加速踏板开度较大时的动力性，缩短加速时间。

7.4.2 最佳动力性换挡规律

这里以两参数换挡规律为例来阐述最佳动力性换挡规律的制订步骤。

最佳动力性换挡规律通常以各挡加速度的大小作为选择换挡点的依据，为简单起见，有时也以各挡驱动力的大小作为选择换挡点的依据，这里采用前者为例。不考虑道路坡度影响时，在 i 挡整车加速度为

$$a_i = \frac{1}{\delta m}\left(\frac{T_e i_{gi} i_0 \eta_T}{r} - mgf\cos\alpha - \frac{1}{2}\rho C_D A V^2\right) \tag{7-4-6}$$

与 i 挡相邻的 j 挡整车加速度为

$$a_j = \frac{1}{\delta m}\left(\frac{T_e i_{gj} i_0 \eta_T}{r} - mgf\cos\alpha - \frac{1}{2}\rho C_D A V^2\right) \tag{7-4-7}$$

假定 i 挡是较 j 挡更低的挡位，那么可以从式（7-4-6）和式（7-4-7）得到图 7-4-2 所示的不同加速踏板开度下的整车加速度。在图 7-4-1 中，同样加速踏板开度 β 下 i 挡和 j 挡曲线的交点（或交线）即为最佳动力性换挡点，假定从 i 挡换 j 挡时变速器效率不变，即

$$\frac{1}{\delta_i}\left(\frac{T_{ei} i_{gi} i_0 \eta_T}{r} - mgf\cos\alpha - \frac{1}{2}\rho C_D A V^2\right) = \frac{1}{\delta_j}\left(\frac{T_{ej} i_{gj} i_0 \eta_T}{r} - mgf\cos\alpha - \frac{1}{2}\rho C_D A V^2\right)$$

$$\tag{7-4-8}$$

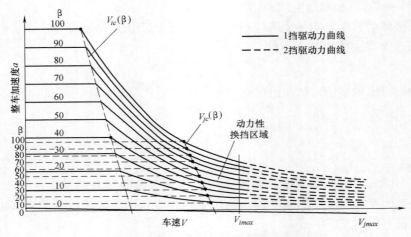

图 7-4-1 最佳动力性换挡规律的制订

以两参数换挡规律为例，式（7-4-8）与式（7-3-1）或式（7-3-5）联立可解出不同加速踏板开度 β 下从 i 挡到 j 挡的升挡车速 V_{ij}，如图 7-4-1 所示。值得注意的是，升挡车速 V_{ij} 必须满足

$$V_{jc}(\beta) < V_{ij}(\beta) < V_{imax} \quad (7\text{-}4\text{-}9)$$

式中，V_{imax} 为 i 挡的最高车速，一般而言 V_{imax} 为电机最高转速在 i 挡传动比下的对应车速；而 $V_{jc}(\beta)$ 为电机基速线在 j 挡传动比下的对应车速。

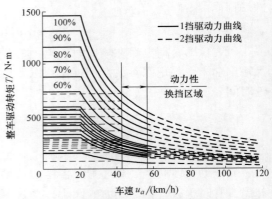

图 7-4-2 最佳动力性换挡规律的简单形式

式（7-4-9）的工程意义在于，换挡点的选择既不能在较低挡下使电机超速，又要保证整车驱动力和驱动功率的连续性。从图 7-4-1 中可以看出，满足最佳动力性要求的换挡点处于 $V_{jc}(\beta)$ 和 V_{imax} 两条直线之间，构成图 7-4-1 中所示的动力性换挡区域。

值得指出的是，换挡前后的电机驱动转矩一般不相等，即

$$T_{ei} \neq T_{ej} \quad (7\text{-}4\text{-}10)$$

为了使换挡前后加速度保持不变，处于较小传动比挡位时的电机转矩显然大于处于较大传动比挡位时的电机转矩。

将在不同加速踏板开度 β 通过式（7-4-9）计算得到的换挡点 (V_{ij}, β) 相连接，换挡点之间采用线性插值，即可获得升挡规律曲线，再对每个升挡点的车速给出一定降挡速差 $\Delta V(\beta)$，则可得到降挡车速 $V_{ji}(\beta)$

$$V_{ji}(\beta) = V_{ij}(\beta) - \Delta V(\beta) \quad (7\text{-}4\text{-}11)$$

将各降挡点 (V_{ji}, β) 相连接，将即可获得降挡规律曲线。在工程实践中，为了避免循环换挡和简单起见，经常取降挡速差 ΔV 为一个不随加速踏板开度 β 变化的常

数,其值一般在 2~8km/h 之间[7-8]。降挡车速 $V_{ji}(\beta)$ 也必须处于图 7-4-1 所示的动力性换挡区域中,即

$$V_{jc}(\beta) < V_{ji}(\beta) < V_{imax} \qquad (7\text{-}4\text{-}12)$$

图 7-4-2 显示了这种简单形式最佳动力性换挡规律的一个例子。

7.4.3 最佳能量经济性换挡规律

这里仍以两参数换挡规律为例来阐述最佳能量经济性换挡规律的制订步骤。

最佳能量经济性换挡规律理论上应以各挡能耗的大小作为选择换挡点的依据。由于电池效率的影响较小,一般以电驱系统(包括驱动电机及其控制器)效率为根据进行简化计算。电驱系统效率可以表示为其转矩和转速的函数关系,即

$$\eta_{mc} = f(T_e, N_e) \qquad (7\text{-}4\text{-}13)$$

考虑到电机转速与车速的关系,式(7-4-11)与式(7-3-1)或式(7-3-5)联立可以得出电驱系统效率是加速踏板开度 β 和车速的函数(曲线如图 7-4-3 所示)

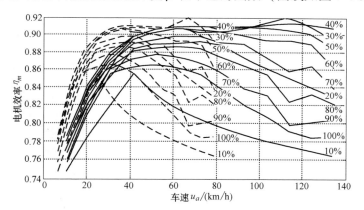

图 7-4-3 不同挡位下电驱系统效率曲线

$$\eta_{mc} = f(\beta, V) \qquad (7\text{-}4\text{-}14)$$

根据式(7-4-12),在相邻两挡 i 挡(较低挡)和 j 挡(较高挡)的电驱系统效率分别为

$$\eta_{mci} = f_1(\beta, V) \qquad (7\text{-}4\text{-}15)$$

和

$$\eta_{mcj} = f_2(\beta, V) \qquad (7\text{-}4\text{-}16)$$

对于最佳能量经济性换挡点,必须满足 $\eta_{mci} = \eta_{mcj}$,或者

$$f_1(\beta, V) = f_2(\beta, V) \qquad (7\text{-}4\text{-}17)$$

对于不同的加速踏板开度 β 可以从式(7-4-15)求得不同的车速 V,得到升挡点 (V, β),将其连接起来就得到升挡规律。如果式(7-4-17)无解,则取 i 挡(较低挡)电驱系统效率曲线的末端为换挡点。

为了避免由于车速下降或加速踏板开度波动造成频繁降挡和升挡(又称循环换

挡），一般采用式（7-4-11）表示的等值速差法计算降挡车速，速差 ΔV 常取 $2\sim 8\mathrm{km/h}$[6]。另一种计算升挡和降挡曲线的方法是从式（7-4-17）解得的升挡点为中心分别向左右平移 $\Delta V/2$，即 $1\sim 4\mathrm{km/h}$[8]。

另外，换挡时刻的延迟也可以防止循环换挡，通常采用等延迟，即实际换挡时刻

$$t_a = t_s + \Delta t \tag{7-4-18}$$

式中，Δt 是换挡延迟；t_s 是满足降挡规律的时刻。

典型的最佳能量经济性换挡规律如图 7-4-4 所示。

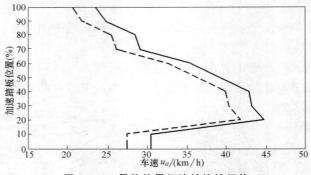

图 7-4-4　最佳能量经济性换挡规律

7.4.4　综合性换挡规律

采用上述最佳动力性换挡规律的整车能耗较高，而采用最佳能量经济性换挡规律会导致整车驱动力发生突变。为了兼顾整车的动力性和能量经济性，可以采用综合性换挡规律。其制订的步骤如下：

1）根据前文所述方法分别得到最佳动力性换挡规律和最佳能量经济性换挡规律。

2）若经济性升挡曲线与动力性换挡区有重合部分，则取重合部分的最高负荷点（即加速踏板开度）作为分界点，小于此开度采用经济性换挡曲线，大于此开度采用动力性换挡曲线[8]。

3）若经济性升挡曲线与动力性换挡区无重合部分，则取经济性升挡曲线最接近动力性换挡区的换挡点的负荷（加速踏板开度）作为分界点，小于此开度采用经济性换挡曲线，大于此开度采用动力性换挡曲线[8]。

图 7-4-5 是这种综合性换挡规律的一个例子。其不仅经济性明显优于动力性换挡规律，与经济性换挡规律非常接近，而且其加速性能优于经济性换挡规律，与动力性换挡规律相当[8]。

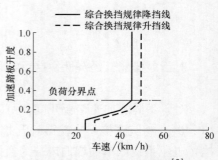

图 7-4-5　综合性换挡规律[8]

7.4.5 特殊工况下换挡规律的修正

在两种情况下需要修正换挡规律的输出：①在行驶过程中上电；②在低电压下工作时。

在实际控制程序中，换挡规律的决定程序通常涉及较为复杂的算法。以图7-4-6为例，从 i 挡向 j 挡顺序升挡（即 $j=i+1$），需要遵循 $C_{i \to j}$ 条件。从 j 挡向 i 挡顺序降挡（即 $i=j-1$），则需要遵循 $C_{j \to i}$ 条件。

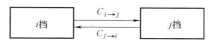

图 7-4-6　升挡和降挡逻辑

$C_{i \to j}$ 和 $C_{j \to i}$ 条件一般是根据换挡规律以及相关状态变量制订的逻辑表达式。升挡时这些状态变量主要包括加速踏板开度、输出轴转速、电机当前转速、i 挡升 j 挡电机最高转速等。一般而言，在加速或松开加速踏板时常需要升挡，而在下坡、滑行等状态下常需要降挡。

换挡过程控制主要考虑以下3个原则：
1) 避免电机最高转速超限。
2) 当输出轴转速的时间变化率小于升挡前后挡位变化造成的输出轴转矩变化对应的加速度值时，必须进行坡度搜寻检测。
3) 在 ESP 牵引力控制工况下，有时要采用替代的换挡规律，限制加速踏板开度值。

1. 路面坡度对换挡规律的影响

上坡时行驶阻力比水平路面大，行驶阻力增加，若依旧采用同样的换挡规律，则在特定的车速范围内会产生换挡循环，即在相邻的两挡之间频繁转换，使行驶舒适性变差[3]。

因此，上坡时换挡规律的制订需要考虑以下原则：
1) 通过增大换挡延迟以避免换挡循环。
2) 选取较低的挡位，尽可能使电机工作在恒功率区，保证以较大的功率驱动整车，以克服较大的行驶阻力。
3) 当坡度较大时，升挡后无法保证原来的整车加速度，应该抑制升挡以维持较大的牵引力。为此，必须进行坡度搜寻检测，确定是否能够满足要求的加速度。这部分程序的目的是确定车辆能否在下一个更高挡位保持车速，若不能，则禁止升挡。所采用的方法是检测车辆加速度并与下一个更高挡加速能力指标值比较（基于当前挡与下一个更高挡输出转矩的差）。若预测值较低，则禁止升挡。通常每秒计算一次。计算公式为

$$\alpha_o - \frac{T_{oi} - T_{oj}}{I} < \alpha_{or} \tag{7-4-19}$$

式中，α_o 是输出轴角加速度；α_{or} 是要求的输出轴角加速度；T_{oi} 是当前挡位的输出转矩；T_{oj} 是下个更高挡位的输出转矩；I 是车辆等效到输出轴的转动惯量。车辆等

效到输出轴的转动惯量 I 可以用下式估算

$$I = 91.189 \frac{mV^2}{N_o^2} \quad (7\text{-}4\text{-}20)$$

式中，m 是整车质量（kg）；V 是车速（m/s）；N_o 是输出轴转速（r/min）。

下坡时，行驶阻力减小，加速踏板开度常常减小，这可能会导致升挡。如果升挡后电机进入恒转矩区工作，则电机制动功率会减小，影响电机制动和能量回馈的效果。

因此，下坡时换挡规律的制订需要考虑以下原则：

1) 抑制升挡，避免电机进入恒转矩区工作。下坡时由于势能释放车速不断升高，抑制升挡能够保持较大的车轮制动转矩，提高电机制动效果以及能量回馈比例。

2) 若当前处于高挡位，则允许降挡。

坡度可以通过整车纵向加速度与牵引力（加速踏板开度）之间关系进行识别，其算法在此从略。

2. 弯道对换挡规律的影响

由于在弯道行驶时车速会发生变化，因此采用正常换挡规律就可能导致频繁换挡。为了避免影响行驶舒适性，在进入弯道行驶时，应该对换挡规律进行修订，基本原则是提高各升挡点相应的车速，并降低降挡点相应的车速。

7.4.6 受到抑制的换挡操作

对于设计有驻车挡（P 挡）的电动汽车，从 P 挡换入 R 挡、N 挡或 D 挡通常在静止状态进行，因此不受任何抑制。

对于不带驻车挡（P 挡）的电动汽车，驻车时一般处于 N 挡，其在静止状态换入 R 挡或 D 挡也不受抑制。

在以 D 挡行驶的过程中换入 N 挡、再从 N 挡换入 D 挡也不受抑制。在以 R 挡倒车的过程中换入 N 挡不受抑制，但当车速高于一定数值（16~24km/h）时从 N 挡换入 R 挡功能会被抑制。

对于 D 挡，在下列情况下应该保持目前挡位（即保持当前传动比不变），以防止选择错误的挡位：

1) 当故障计数值超过一定数值时。

2) 计划进行第二次测试以确认第一次显示的故障。

7.4.7 其他与故障安全相关的动作

1) 当检测到换挡机构故障时，应保持当前挡位不变。

2) 当电池电压低并且可能失去输入/输出完整性时，应保持当前挡位不变。

3) 当加速踏板出现故障（例如加速踏板数据出错）时，应保持当前挡位不变。

4) 当转矩管理故障计数达到一定值时，加速踏板开度对应的期望转矩将受限制。

故障安全逻辑分为以下两部分。

第一，对电压敏感并会产生迅速响应的部分，在低电压期间某些电子硬件功能会有不可靠的输入数据，这些硬件功能包括各挡位开关数据、点火开关运行状态以及看门狗等。采取的故障安全动作包括：①抑制换挡手柄位置的改变；②抑制 PRND 数据错误的设置；③抑制看门狗测试。

第二，在低电池电压期间，某些电子硬件功能不受控或输入数据不可靠，这些硬件包括电磁阀、换挡电机等。采取的故障安全动作包括：①结束任何正在进行的换挡；②低电压持续时间很短时可以维持当前的换挡规律输出挡位不变；③低电压持续时间很短时抑制换挡手柄位置的改变，否则就将换挡手柄位置设置为 N 挡；④抑制在挡传动比检查；⑤抑制在中性挡的速度检查；⑥抑制驱动回路连续性测试。

从容忍低电压情况恢复到正常状态的操作是通过低电压恢复程序进行控制的，以避免换挡元件之间发生干涉。此动作通常包括：①以 N 挡替代倒挡以及全部其他前进挡；②抑制 N 挡内的转速校验。

7.4.8 与转速校验故障计数有关的动作

原则上以当前挡位替代换挡规律中的其他各挡位，即保持当前挡位不变。

7.5 起步控制策略

纯电动汽车起步控制的基本要求是按照驾驶意图平稳起步，避免上陡坡时倒溜或下陡坡时前溜。

7.5.1 增量 PI 算法蠕进起步转矩补偿控制策略[9]

为了满足电动汽车蠕进起步时平稳起步的要求，避免驱动电机输出转矩的频繁波动导致的脉冲转矩，在电机输出转矩前加入惯性环节，即

$$T_e^*(s) = \frac{T_e(s)}{Ts+1} \tag{7-5-1}$$

式中，T 是时间常数；T_e 是电机输出转矩；s 是拉普拉斯变换复变量。

根据整车行驶方程可知

$$\frac{\mathrm{d}v}{\mathrm{d}t} = \frac{\dfrac{T_e i_g i_0 \eta_T}{R_d} - mg(f\cos\alpha + \sin\alpha) - \dfrac{1}{2}\rho C_D A v^2}{\delta m} \tag{7-5-2}$$

式中，v 是车速；t 是时间；i_g 是变速器输入轴到输出轴之间传动比；i_0 是主传动比；η_T 是变速器机械传动效率；R_d 是车轮的动态半径；m 是整车质量；g 是重力加速度；f 是滚动阻力系数；α 是道路坡度角；ρ 是空气密度；C_D 是空气阻力系数；A 是整车迎风面积；δ 是整车的旋转质量换算系数。

由于起步时空气阻力较小，$\frac{1}{2}\rho C_D A v^2$ 可忽略，结合式（7-5-1）可得

$$v(t) = \int \left[\frac{T_e^*(t) i_g i_0 \eta_T}{R_d \delta m} - \frac{mg(f\cos\alpha + \sin\alpha)}{\delta m} \right] dt = C_1 \int T_e^*(t) dt - C_2 \quad (7\text{-}5\text{-}3)$$

式中，

$$C_1 = \frac{i_g i_0 \eta_T}{R_d \delta m}$$

$$C_2 = \int \left[\frac{mg(f\cos\alpha + \sin\alpha)}{\delta m} \right] dt = \frac{mg(f\cos\alpha + \sin\alpha) t}{\delta m}$$

对式（7-5-3）进行拉普拉斯变换[9]，则有

$$v(s) = \frac{C_1 T_e(s)}{s^2 T + s} - \frac{C_2}{s^2} \quad (7\text{-}5\text{-}4)$$

起步过程中，某时刻 t_k（$k=1,2,3,\cdots,n$）的实际车速 $v_a(i)$ 与目标车速 v_t 之差为

$$\Delta v(k) = v_t - v_a(k) \quad (7\text{-}5\text{-}5)$$

根据式（7-5-4）和式（7-5-5），有

$$T_e(k) = T_e(k-1) + \Delta T_e(k) \quad (7\text{-}5\text{-}6)$$

式中，$\Delta T_e(k)$ 是 t_k 时刻的补偿转矩；$T_e(k)$ 是该时刻整车控制器输出的转矩命令。

另外，在驱动轮不打滑的条件下，车速与电机转速之间有以下线性关系

$$v = \frac{3\pi n R_d}{25 i} \quad (7\text{-}5\text{-}7)$$

式中，n 是电机转速；i 是总传动比（$i = i_g i_0$）。因此，由式（7-5-7）可得电机转速偏差

$$\Delta n(k) = n_t - n_a(k) \quad (7\text{-}5\text{-}8)$$

式中，n_t、n_a 分别是电机的目标转速、实际转速。

基于式（7-5-8），实际车速与蠕进目标车速的偏差可以从电机转速的偏差求得。整车控制器根据电机转速偏差计算得到该时刻整车的需求补偿转矩，并将式（7-5-6）计算得到的输出转矩命令发送给电机，电机发出该转矩使整车加速度得到更新，再将更新后的电机转速信号反馈给整车控制器进行下一时刻的需求转矩计算，从而实现起步补偿转矩闭环控制。由于系统的非线性特性，上述需求补偿转矩的计算必须采用增量式 PI 算法才能满足坡道起步蠕进要求。在第 k 时刻的转矩增量 $\Delta T_e(k)$ 为

$$\Delta T_e(k) = k_p [n_{err}(k) - n_{err}(k-1)] + \frac{t_s}{T_i} n_{err}(k) \quad (7\text{-}5\text{-}9)$$

式中，n_{err} 是电机转速偏差值；t_s 是控制系统采样时间；T_i 是积分时间常数；k_p 是比例系数。在式（7-5-9）中，比例系数 k_p 的大小影响补偿转矩的响应速度和幅值，而积分时间常数 T_i 的大小用于随时调整补偿转矩的变化范围。

在第 k 时刻的整车控制器的输出转矩命令则为

$$T_e(k) = T_e(k-1) + k_p[n_{err}(k) - n_{err}(k-1)] + k_p \frac{t_s}{T_i} n_{err}(k) \qquad (7\text{-}5\text{-}10)$$

上述控制原理如图 7-5-1 所示。

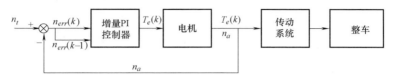

图 7-5-1 增量 PI 算法蠕进起步扭矩补偿控制策略

当坡度大于 10% 时，需要加强增量 PI 算法中比例部分在起步初期的作用，提高转矩补偿响应速度和幅值，防止出现长时间转速偏差或偏差量过大，避免积分控制量溢出。因此，设电机转速偏差阈值 $\varepsilon > 0$，根据电机转速偏差的绝对值 $|n_{err}(k)|$ 进行如下判断[9]：

1) 当 $|n_{err}(k)| > \varepsilon$ 时，若持续时间较长，则为大坡道起步初期阶段，为加快系统响应，防止整车倒溜，将比例控制部分变为 $k_p = k_c |e(k)|$，其中 $e(k)$ 为第 k 个采样时刻的输入量偏差值，k_c 为增量加强系数。

2) 当 $|n_{err}(k)| \leq \varepsilon$ 时，则为小坡道起步初期阶段，比例系数 k_p 保持不变，起步蠕进转矩补偿由前述基本增量 PI 算法控制，以保证控制器调速的控制精度。

为了保证起步蠕进过程的平顺性，整车冲击度指标必须控制在可接受范围内，详见第八章有关内容。

7.5.2 基于电机堵转的自适应起步蠕进控制策略[10]

将电动汽车起步阶段分为预起步、正常起步和有驾驶人参与起步三个阶段，其中的前两个阶段为整车起步蠕进阶段。

在预起步阶段，由于坡道条件未知，无法使驱动电机输出正确的起步转矩，因此使电机先工作于转速闭环控制模式，利用驱动电机的堵转特性，使整车维持在坡道上，避免倒溜或前溜。此时，电机转矩可以自动调整方向和大小，以克服起步阻力，直至达到转速指令给定的转速。在这个过程中，通过起步阻力识别整车所处坡道的条件，包括上下坡或平路行驶，以及坡度大小。该阶段电机转速指令 n_0 等于零，此时电机的堵转转矩 T_{e0} 既要能够克服最大爬坡度 α_{max} 对应的坡道阻力，又要满足冲击度要求，而实际转速与目标转速的偏差和驱动电机的堵转特性有关。因此，目标函数为

$$n_0 = 0 \qquad (7\text{-}5\text{-}11)$$

约束条件为

$$\begin{cases} T_{e0} > \dfrac{mg(f\cos\alpha_{max} + \sin\alpha_{max})R_d}{i_g i_0 \eta_T} \\ j = \dddot{v} = \dfrac{i_g i_o \eta_t}{\delta m R_d} \dfrac{dT_e}{dt} \leq j_{max} \end{cases} \qquad (7\text{-}5\text{-}12)$$

在正常起步阶段，电机处于转矩闭环控制模式，根据预起步阶段计算出的坡道大小，计算当前坡道下最低稳定车速所对应的阻力，并将其作为转矩指令发送给电机控制器，使整车保持在最低稳定车速。

此后，若检测到有加速踏板信号，则进入有驾驶人参与起步阶段。由加速踏板信号和坡道识别信息确定电机转矩指令，包括转矩方向和大小。

由上述分析可知，预起步阶段和正常起步阶段是控制的关键，按照上坡、下坡或平路等情况的不同，其坡度和转矩指令的算法不同。

1. 上坡起步

在预起步阶段，整车控制器使电机处于转速闭环堵转控制模式，并且给出电机转速为零的指令。

设 F_{tb} 为倒溜车速为零时的电机通过变速器输出到车轮的驱动力，则整车加速度为

$$a = \begin{cases} \dfrac{F_t - F_s + F_f}{\delta m}, & F_t < F_{tb} \\ 0, & F_{tb} \leq F_t \leq F_s + F_f \\ \dfrac{F_t - F_s - F_f}{\delta m}, & F_t > F_s + F_f \end{cases} \quad (7\text{-}5\text{-}13)$$

式中，F_t 是车轮驱动力；F_s 是坡度阻力；F_f 是滚动阻力；δ 是整车的旋转质量换算系数；m 是整车质量。

由于整车处于上坡坡道，电机控制器的转速闭环控制算法以电机保持在零转速为目标，势必使电机的正向转矩迅速增加，因此车轮驱动力也从零开始迅速增加，以克服起步阻力。然而，在驱动力从零增加到 F_{tb} 之前，整车处于倒溜状态，设 t_1 为倒溜车速降为零的时刻，则倒溜距离为

$$s = \int_0^{t_1} \int_0^t \frac{F_t - F_s + F_f}{\delta m} \mathrm{d}t \mathrm{d}t \quad (7\text{-}5\text{-}14)$$

在 $F_t > F_{tb}$ 后，整车即停止倒溜。此时，车轮驱动力与阻力呈平衡状态，电机输出转矩为

$$T_{e1} = \frac{mg(f\cos\alpha + \sin\alpha)R_d}{i_g i_0 \eta_T} \quad (7\text{-}5\text{-}15)$$

在上述过程中，电机输出转矩为正，整车控制器一旦检测到电机输出转矩为正，则可识别出整车处于上坡起步状态。由式（7-5-13）可得整车所处坡道的坡度为

$$\alpha = \arcsin \frac{i_g i_0 \eta_T T_{e1}}{mgR_d \sqrt{1+f^2}} - \arctan f \quad (7\text{-}5\text{-}16)$$

在随后的正常起步阶段，切换至电机转矩闭环控制模式，电机的转矩指令为

$$T_{e2} = \frac{mg\left[\sin(1+e)\alpha + f\cos(1+e)\alpha + \dfrac{1}{2}\rho C_D A v^2\right] R_d}{i_g i_0 \eta_T} \quad (7\text{-}5\text{-}17)$$

式中，e 是坡度识别误差；α 是坡度角（非负数）。

2. 下坡起步

当电机处于转速闭环控制模式下检测到电机输出转矩为负时，可认为整车处于下坡坡道。在预起步阶段，因处于转速闭环堵转控制，车轮驱动力从零开始迅速增加，其方向与整车运动方向相反，以克服起步阻力。此时整车加速度为

$$a = \frac{F_t + F_s - F_f}{\delta m} \tag{7-5-18}$$

整车进入前溜状态，设 t_1 为前溜车速降为零的时刻，则前溜距离为

$$s = \int_0^{t_1} \int_0^t \frac{F_t + F_s - F_f}{\delta m} \mathrm{d}t \mathrm{d}t \tag{7-5-19}$$

由于整车控制器给出电机转速为零指令，电机控制器的转速闭环控制程序会使电机输出负向转矩迅速增加，使车轮驱动力增加至与阻力平衡的状态，此时电机输出转矩为

$$T_{e1} = \frac{mg(f\cos\alpha - \sin\alpha)R_d}{i_g i_0 \eta_T} \tag{7-5-20}$$

注意：此时 T_{e1} 为负值，实际上是制动转矩。在随后的坡道识别阶段，整车控制器由式（7-5-18）可得整车所处坡道的坡度 α（非负数）为

$$\alpha = \arctan f - \arcsin \frac{i_g i_0 \eta_T T_{e1}}{mgR_d \sqrt{1+f^2}} \tag{7-5-21}$$

在随后的正常起步阶段，切换至电机转矩闭环控制模式，电机的转矩指令为

$$T_{e2} = \frac{mg[\sin(1+e)\alpha - f\cos(1+e)\alpha + \frac{1}{2}\rho C_D A v^2]R_d}{i_g i_0 \eta_T} \tag{7-5-22}$$

3. 平路起步

当电机处于转速闭环控制模式下检测到电机转速为零，既无倒溜也无前溜，则识别整车处于平路或不足以造成溜坡的小坡道。在预起步阶段，因处于转速闭环堵转控制，车轮驱动力从零开始迅速增加，以克服起步阻力。此时整车加速度为

$$a = \begin{cases} 0, & F_t \leqslant F_s + F_f \\ \dfrac{F_t - F_s - F_f}{\delta m}, & F_t > F_s + F_f \end{cases} \tag{7-5-23}$$

在预起步阶段的坡度识别算法可采用式（7-5-16）。在随后的正常起步阶段，切换至电机转矩闭环控制模式，电机的转矩指令可采用式（7-5-17）计算得到。

综上所述，电动汽车坡道自适应起步控制策略逻辑如图 7-5-2 所示，分为以下 7 个步骤[10]。

1) 松开制动踏板后，检测有无加速踏板信号，若有则直接根据加速踏板开度计算转矩指令，进入有驾驶人参与起步阶段。

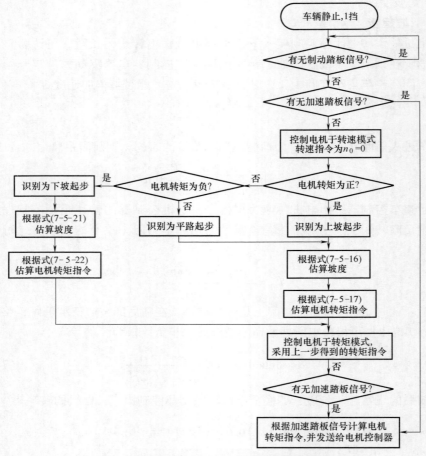

图 7-5-2　电动汽车坡道自适应起步控制策略逻辑

2）若无加速踏板信号，则进入起步蠕进的预起步阶段，使电机工作于转速闭环控制模式下，转速指令为 $n_0=0$。

3）检测电机转矩，若为正向（即驱动），则识别为上坡起步，待电机输出转矩稳定时，采用式（7-5-16）计算坡度，再根据坡度采用式（7-5-17）计算电机转矩指令。

4）若电机转矩为负，则识别为下坡起步，待电机输出转矩稳定时采用式（7-5-21）计算坡度，再根据坡度采用式（7-5-22）计算电机转矩指令。

5）若电机转矩为零，则为平路起步，采用式（7-5-16）计算坡度，再根据坡度采用式（7-5-17）计算电机转矩指令。

6）使电机工作于转矩闭环模式，转矩指令为步骤 4）~6）的计算结果。

7）检测加速踏板信号，若无加速踏板信号，则返回继续检测，若有加速踏板信号，则进入驾驶人参与起步阶段，根据加速踏板开度信号和坡度识别信息计算转矩指令。

7.6 换挡品质控制

整车在行驶过程中,变速器控制单元(TCU)对采集的换挡杆挡位、加速踏板、制动踏板、输出轴转速信号进行分析判断,确定驾驶人的操作意图。当满足换挡条件时,TCU 发出换挡指令,控制系统进入换挡流程。

7.6.1 总体换挡逻辑

总体换挡逻辑是升挡或降挡时换挡元件所遵循的控制规则。以图 7-6-1 所示的典型 2 速 PST 为例,其总体换挡逻辑见表 7-6-1。

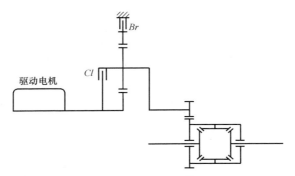

图 7-6-1 典型 2 速 PST 控制原理图

表 7-6-1 典型 2 速 PST 控制逻辑

换挡元件控制逻辑			
挡位状态		离合器 Cl	离合器 Br
升挡	1-2	接合-分离	分离-接合
降挡	2-1	分离-接合	接合-分离

7.6.2 AMT 换挡控制

电动汽车无离合器 AMT 的换挡控制原理如图 7-6-2 所示。变速器控制器(TCU)接收来自驾驶人操纵机构的传感器信号,包括换挡杆位置、加速踏板以及制动踏板信号等。另外,为了对变速器输出、输出状态作出判断,TCU 还接收电机转速、输出轴转速等传感器信号。根据这些信息,TCU 根据预先设定的换挡规律进行挡位决策,判断是否升挡或降挡。若判断结果为"是",则进入换挡程序。TCU 向电机控制器发出工作模式指令,根据换挡过程的不同阶段,电机控制器控制电机以转矩闭环模式(目标转矩 T_m^*)、自由模式或转速闭环模式(目标转速 N_m^*)运行。同时,TCU 向换挡执行机构的驱动源(通常为换挡电机)发送换挡脉冲,换挡执行机构进而完成摘挡、挂挡或保持当前挡位等动作。

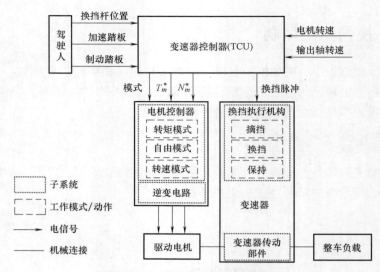

图 7-6-2　AMT 自动换挡控制原理

1. AMT 换挡控制策略

电动汽车 AMT 换挡控制流程如图 7-6-3 所示[11]。通常采用开环控制方法。由于

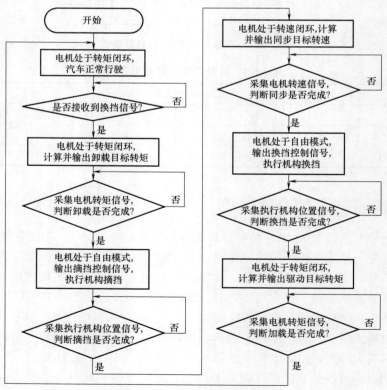

图 7-6-3　AMT 换挡控制流程[11]

驱动电机转子的转动惯量小，转矩、转速响应快，一般通过同步器与驱动电机的配合进行换挡。换挡过程通常分为卸载、摘挡、转速同步、换挡、加载五个阶段。其各阶段控制策略详述如下。

(1) 卸载阶段

电机控制器控制驱动电机运行于转矩闭环控制模式下，输出卸载目标转矩，对驱动电机进行卸载操作。该阶段的换挡冲击度与驱动电机的转矩变化率成正比，为了将冲击度限制在一定范围内，必须对电机转矩变化率进行限制，其限值由下式给出

$$\frac{\mathrm{d}T_m}{\mathrm{d}t} \leqslant \frac{Jj}{R_d \eta_T i_g i_o} \tag{7-6-1}$$

式中，T_m 是驱动电机转矩；J 是整车等效转动惯量；j 是换挡冲击度；R_d 是车轮的动态半径；η_T 是变速器的机械传动效率；i_g 是变速器传动比；i_o 是主减速比。德国标准要求冲击度 $|j| \leqslant 10 \mathrm{m/s}^3$。

(2) 摘挡阶段

待驱动电机的输出转矩达到卸载目标转矩时，电机控制器控制驱动电机由转矩模式切换到自由模式，使换挡执行机构在无载荷条件下完成摘挡操作。为了缩短换挡时间，采取的控制策略是换挡电机以最大功率驱动换挡执行机构，使之以最大速度进行摘挡[12]。

(3) 转速同步阶段

该阶段的控制目标是通过电机主动调速使同步器主、从动部分快速同步，减少同步器主、从动部分的转速差，从而减小换挡冲击以及对同步器的磨损。通常采用电机转速闭环控制方法，以电机控制器控制驱动电机由自由模式切换到转速闭环控制模式，对驱动电机进行主动调速，其目标转速 $n_{i,tar}$ 为

$$n_{i,tar} = \frac{n_{o,cur} i_{g,tar}}{i_{g,cur}} \pm \Delta n_i \tag{7-6-2}$$

式中，$n_{o,cur}$ 是当前挡位的输出轴转速；$i_{g,cur}$ 和 $i_{g,tar}$ 分别是当前挡位和目标挡位的传动比；$\pm \Delta n_i$ 是输入轴转速修正量[11]。转速修正量的引入是因为在完成同步的这段时间内同步转速会随车速的变化而变化。考虑到驱动电机调速完成到同步器开始同步这段时间内电机转速会有所下降以及电机超调的影响，有的研究建议转速修正量取 +50r/min[21]，还有的研究则建议转速修正量在升挡时取 +80r/min，降挡时取 +100r/min[14]。

为了使驱动电机能够快速、平滑地响应因车速变化造成的相应目标转速的变化，可采用如图 7-6-4 所示的模糊控制与 PID 控制相结合的算法，即利用模糊控制算法实时修正 PID 参数，而用模糊 PID 控制器对电机转速进行调节[11]。其中 [E] 和 [EC] 分别为实际车速与目标车速的偏差和偏差的时间变化率。

(4) 换挡阶段

待驱动电机转速与目标转速之差小于一定阈值时，电机控制器控制驱动电机由

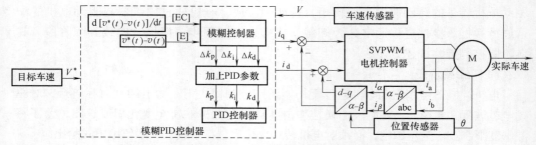

图 7-6-4 模糊控制与 PID 控制相结合的电机转速调节原理

转速模式切换回自由模式,使换挡执行机构在无载荷条件下完成换挡操作。换挡阶段可分为以下三个子阶段。

1)子阶段一:换挡行程开始至到达同步点之前。在换挡拨叉轴向力作用下,接合套由空挡位置开始移动,但同步环与接合齿圈锥面尚未接触,如图 7-6-5a 所示。为了缩短换挡时间,控制策略为使换挡电机以最大转速运转,使之尽快到达同步点。

2)子阶段二:根据同步器接合套转速 ω_{jht} 与接合齿圈转速 ω_{cq} 的关系,换挡过程可分为两类[13]:一)仿升挡换挡,即 $\omega_{jht}<\omega_{cq}$;二)仿降挡换挡,即 $\omega_{jht}>\omega_{cq}$。对于仿降挡换挡,其换挡过程通常不会出现打齿现象,因为换挡时同步器锁环可以直接进入正确的锁止位置[13]。对于仿升挡换挡,其换挡过程有可能出现打齿现象,因为换挡时同步器锁环要相对于同步器接合套向前转到一个齿宽后才能进入正确的锁止位置[13]。如图 7-6-6 所示,同步器接合套克服定位滑块间隙后,具有一定转速差的同步环与接合齿圈锥面开始接触,产生摩擦力矩。该力矩带动同步环相对接合套快速转到一个角度,使同步环凹槽侧面与滑块侧面接触,接合套的齿端和同步器的齿端正好相互抵触而不能接合,如图 7-6-5b 所示。在拨叉轴向力作用下,锁环与接合齿锥面之间产生摩擦力矩 M_f,而齿套对同步环则产生拨环力矩 M_b。当同步器两端未达同步状态时,同步器结构保证 $M_f>M_b$,同步器保持锁住状态。在摩擦力矩作用下,同步环转速和接合套转速趋于同步,摩擦力矩逐渐减小。

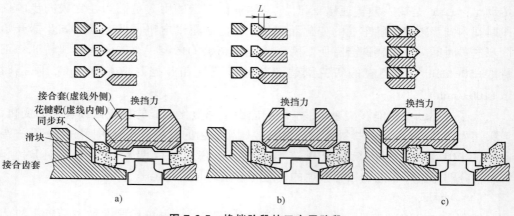

图 7-6-5 换挡阶段的三个子阶段

在该阶段，若换挡速度过快，接合套轮齿会越过同步锁止阶段直接与接合齿圈轮齿啮合，造成打齿，不仅会引起换挡冲击，还会出现换挡异响。通过对换挡速度进行限制可以避免这一现象的发生，即接合套移动一个同步环齿端角长度 L 的时间 t_1 不小于同步环转过一个齿宽的时间 t_2。由于

$$t_1 = \frac{L+\delta_2-\delta_1}{v_s} \quad (7\text{-}6\text{-}3)$$

$$t_2 = \frac{60}{z\Delta n} \quad (7\text{-}6\text{-}4)$$

式中，L 是同步环和接合套齿端长度；δ_1、δ_2 分别是定位滑块间隙、接合套间隙（见图 7-6-6）；v_s 是接合套轴向移动速度；z 是同步环齿数；Δn 是同步器主从动部分转速差。因此，同步过程不打齿的条件为[21-23]

$$v_s \leqslant \frac{(L+\delta_2-\delta_1)z\Delta n}{60} \quad (7\text{-}6\text{-}5)$$

另有研究指出，$\Delta n<20\text{r/min}$ 时，因为在接合过程中驱动电机产生的同步惯性矩较小，所以对整车产生的冲击也很小，换挡速度可加快，不需要按照式（7-6-5）来约束接合套运动速度[14]。

3）同步器同步后，摩擦力矩消失，拨环力矩推动同步环相对接合套与接合齿圈进入啮合，拨叉轴向力推动接合套继续移动，换入目标挡位，如图 7-6-5c 所示。

（5）加载阶段

最后进入加载行驶阶段，电机控制器控制驱动电机由自由模式切换到转矩闭环控制模式，控制驱动电机的输出转矩加载，恢复到动力系统所需的目标转矩，此时换挡执行机构保持在当前位置，自动换挡过程结束。

假定换挡时间短，换挡前后的车速近似相等，则转矩恢复的目标值可以根据换挡前后的传动比估算

$$T_s = T_0 \frac{n_i}{n_s} \quad (7\text{-}6\text{-}6)$$

式中，T_s 是驱动电机目标转矩；T_0 是换挡前驱动电机转矩；n_i、n_s 分别是当前挡位、目标挡位传动比。这一转矩恢复过程的控制策略包括简单直线恢复策略和基于模糊控制的智能化转矩恢复策略等。

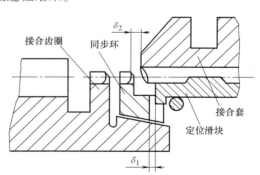

图 7-6-6 同步器的间隙
δ_1—定位滑块间隙　δ_2—接合套间隙

1）简单直线恢复策略。

目标转矩变化率通常采用恒定值，即目标转矩值按以下直线逐渐上升，直至达到目标值

$$\Delta T = K\Delta t \quad (7\text{-}6\text{-}7)$$

其中的斜率 K 为转矩恢复的速率，如图 7-6-7 所示。K 越大，则转矩恢复越快；K 越小，则转矩恢复越慢。通常在满足换挡冲击度的条件下，选取尽可能大的 K，以最快恢复转矩。然而，由于在平路、爬坡、加速超车等不同工况下 K 值不同，难以采用统一的 K 值满足所有工况的要求。

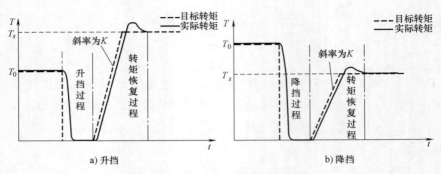

图 7-6-7　转矩恢复曲线示意图[21]

2）基于模糊控制的智能化转矩恢复策略。

该控制策略能够更好地满足驾驶意图，在动力性需求较强时，较快地恢复转矩；在舒适性需求较强时，则较慢地恢复转矩，如图 7-6-8 所示。

为此，各变量的语言集通常设置为：加速踏板开度 $\alpha \in$ ｛小（S），中小（MS），中（M），大（B），很大（VB）｝；加速踏板开度变化率 $\Delta\beta \in$ ｛负（N），小（S），中（M），大（B）｝；转矩恢复速率系数 $K \in$ ｛小（S），中（M），大（B）｝，其相应的隶属度函数如图 7-6-9 所示。

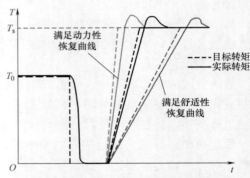

图 7-6-8　智能化转矩恢复曲线示意图

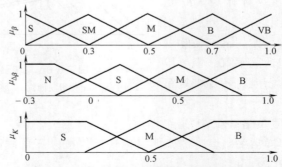

图 7-6-9　AMT 转矩恢复模糊控制隶属度函数

采用表 7-6-2 所示的模糊控制规则制订驱动电机转矩恢复速率系数 K。

表 7-6-2 驱动电机转矩恢复速率系数 K

K		β				
		S	MS	M	B	VB
$\Delta\beta$	N	S	S	S	S	S
	S	S	S	S	M	B
	M	S	M	M	B	B
	B	S	M	B	B	B

7.6.3 DCT 换挡控制

DCT 的换挡分为动力换挡和无动力换挡两种情况，因升挡和降挡的区别，又可分为动力升挡、无动力升挡、动力降挡以及无动力降挡四种类型。详见表 7-6-3。

表 7-6-3 DCT 换挡的四种类型[16]

换挡类型	典型工况	发生比例	换挡过程
动力升挡	踩下加速踏板加速	大多数升挡情况属于这类	转矩相
			惯性相
无动力升挡	加速时放开加速踏板	少数升挡情况属于这类	惯性相
	下坡滑行并加速		转矩相
动力降挡	踩下加速踏板上坡减速	少数降挡情况属于这类	惯性相
			转矩相
无动力降档	踩下制动踏板	大多数降挡情况属于这类	转矩相
	不踩加速踏板上坡		惯性相

1. DCT 换挡控制策略

DCT 控制方法通常分为离合器的开环控制和闭环控制两类[16]。离合器开环控制的优点是硬件简单、成本低，缺点是不易保证初始条件的一致性和控制过程的最优化；离合器闭环控制的优点是对初始条件一致性要求不高，易于保证控制过程的最优化，但缺点是不易满足结构紧凑性、精确性、鲁棒性的要求。

换挡控制策略的选择根据图 7-6-10 所示的逻辑进行，判断条件所涉及的变量包括当前挡位、目标挡位、加速踏板开度。目标挡位和当前挡位之差用于判断是否换挡、升挡还是降挡，加速踏板开度则用于判断是动力换挡还是无动力换挡。四种不同换挡控制策略详述如下。

（1）动力升挡控制

根据表 7-6-3，动力升挡控制分为转矩相在前、惯性相在后两个阶段。这一过程各参数的变化如图 7-6-11 所示。转矩相的任务如下：

1）确定分离离合器的目标转矩，控制其从接合状态进入滑摩状态。

2）确定接合离合器的目标转矩，保持整车的加速性能，减少换挡期间的功率损失。

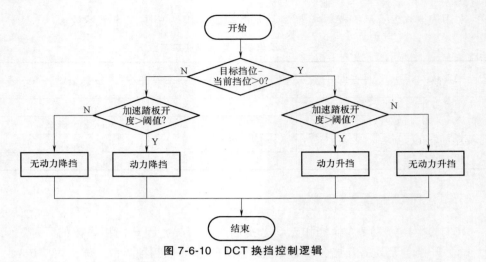

图 7-6-10 DCT 换挡控制逻辑

3）将功率传递由分离离合器平顺转移到接合离合器。

在这个阶段，转矩切换时机是换挡控制的关键因素。接合过早会导致抖动，接合太迟则会造成显著的转矩坑。因此，理想的方法是先在分离离合器的分离过程中保持少许滑摩，再将接合离合器接合。以 1 挡升 2 挡为例，随着 1 挡离合器压力减小，开始出现滑摩，在短暂延迟后，1 挡离合器采用滑摩补偿控制策略将滑摩控制在给定范围内，从而保证输出转矩不出现过度波动。滑摩的推荐值一般认为是 $5r/min$[17]，也有研究者建议 $8\sim12r/min$[16]。

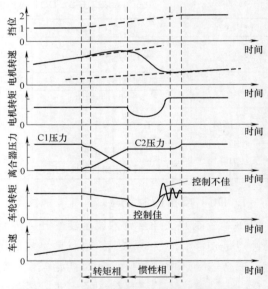

图 7-6-11 DCT 动力升挡过程各参数的变化

转矩相的任务如下：

1）确定接合离合器的目标转矩。
2）保持离合器压力以达到目标转矩。
3）在速度同步时增加离合器压力至最大值并锁止离合器。

在这个阶段，电机转速应下降以使接合离合器转速同步。电机转矩的降低可减小整车的不平顺性。以 1 挡升 2 挡为例，1 挡离合器压力降到零时标志着转矩相结束并且惯性相开始。一般建议在这一阶段采用转速闭环控制，使电机转速按照预定的曲线下降，但这一方法可能会带来离合器转矩的变化，进而造成输出轴转矩的波动，难以通过控制参数的调整使换挡平顺性满足要求[13]。另一种控制方法是采用简单的

分段转矩控制算法，使电机转速与 2 挡离合器转速同步，然后将 2 挡离合器压力增加到最大值并恢复电机转矩至要求值（原则是保证整车加速度不变）。换挡过程至此结束。转速同步过程分为三个步骤：①当 $|N_m-N_{c2}| \leq \Delta N_1$ 时，电机转矩逐渐减小；②当 $\Delta N_1 \leq |N_m-N_{c2}| \leq \Delta N_2$ 时，电机输出转矩保持在设定值；③当 $|N_m-N_{c2}| > \Delta N_2$ 时，电机转矩开始再次增加。阈值 ΔN_1 和 ΔN_2 都需要通过标定确定。当电机转矩减小时，输出到整车的转矩也不可避免地减小。为了防止出现较大的换挡冲击，对电机转矩应该设定最低限值。

1 挡到 2 挡的动力升挡控制逻辑如图 7-6-12 所示[16]。

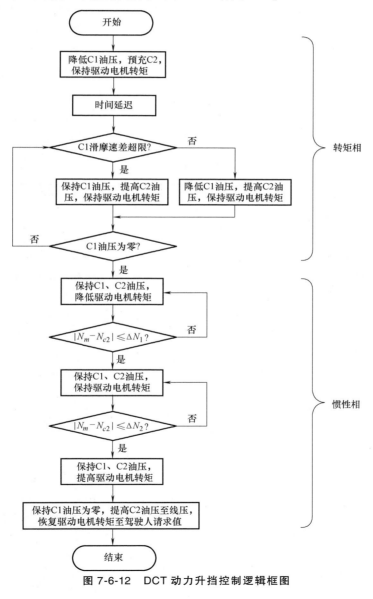

图 7-6-12　DCT 动力升挡控制逻辑框图

关于滑摩速差的影响，研究表明如果滑摩速差过小，则换挡冲击度的最大值可以得到较好的控制，但转矩相开始时会出现高频振动；反之，如果滑摩速差过大，则换挡冲击度会增加。另外，滑摩速差对滑摩功率损失影响不大。

关于在惯性相中电机最小转矩限值的影响，随着最小转矩限值的降低，虽然换挡时间急剧缩短并且滑摩功率损失减小，但是换挡冲击度变大。因此，确定最小转矩限值时需要综合考虑换挡冲击度、滑摩功、换挡时间等多个性能参数的影响。

（2）无动力升挡控制

由于在这种情况下升挡时没有功率向整车传递，不存在转矩中断的问题，其控制比动力升挡控制简单。这一过程各参数的变化如图 7-6-13 所示。根据表 7-6-3，无动力升挡控制分为惯性相在前、转矩相在后两个阶段。如图 7-6-13 所示，转速同步在惯性相完成，而转矩的切换则在转矩相发生。

1 挡到 2 挡的无动力升挡控制逻辑如图 7-6-14 所示[16]。

以无动力 1 挡升 2 挡为例，刚开始时 1 挡离合器压力减小，2 挡离合器压力开始加大并开始滑摩，在短时间延迟后转速同步开始。转速同步过程分成两个步骤：① 当 $|N_m-N_{c2}| \geq \Delta N_1$ 时，2 挡离合器压力逐渐增加；② 当 $\Delta N_2 < |N_m-N_{c2}| < \Delta N_1$ 时，1 挡和 2 挡离合器都保持在设定的输出转矩。当 $|N_m-N_{c2}| \leq \Delta N_2$ 时，转速同步和惯性相结束，转矩相开始。在整个惯性相电机的转矩保持不变。

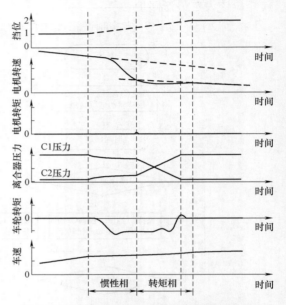

图 7-6-13 DCT 无动力升挡过程各参数的变化

在转矩相，转矩切换随着 1 挡离合器滑摩补偿控制开始，其目的是将 1 挡离合器的滑摩控制在给定限值内，以确保不造成换挡冲击。这个控制方法与上一节的动力升挡控制时相同。当 1 挡离合器压力降为零并且 2 挡离合器压力达到最大值时，转矩相结束。

（3）动力降挡控制

动力降挡与动力升挡的过程正好相反，它始于惯性相，终于转矩相。这一过程各参数的变化如图 7-6-15 所示[16]。其控制逻辑如图 7-6-16 所示。以 2 挡降 1 挡动力降挡过程为例，开始时 2 挡离合器压力降低，1 挡离合器压力增加，开始滑摩。电机转速升高以与 1 挡离合器同步。若电机转矩低于峰值转矩，则可增加转矩以缩短惯性相的时间。这一算法与动力升挡控制时的相同，而对阈值 ΔN_3 和 ΔN_4 需要进行选择和标定。当电机转速与 1 挡离合器转速同步达成后，惯性相结束，转矩相开始。

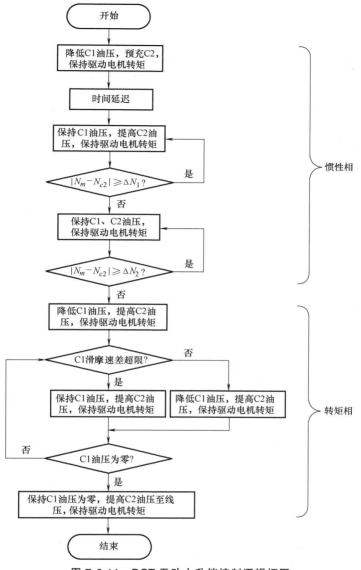

图 7-6-14 DCT 无动力升挡控制逻辑框图

在转矩相，2 挡离合器压力下降，1 挡离合器压力上升。在转矩切换过程中，采用与动力升挡控制中相同的滑摩反馈补偿控制，将 2 挡离合器的滑摩控制在给定目标值，以保证换挡平顺性。当 2 挡离合器压力降为零时，1 挡离合器压力升到最大值，换挡过程结束。电机转矩则恢复到满足驾驶意图的水平。

（4）无动力降挡控制

无动力降挡控制与动力升挡控制相同，即转矩相在前，惯性相在后。这一过程各参数的变化如图 7-6-17 所示[16]。因换挡过程中无动力传递，其控制比动力降挡时

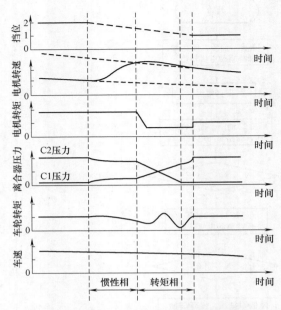

图 7-6-15　DCT 动力降挡过程各参数的变化

简单得多。2 挡到 1 挡的无动力降挡控制逻辑如图 7-6-18 所示[16]。

以 2 挡降 1 挡无动力降挡过程为例,开始时 2 挡离合器压力降低,开始出现滑摩,而 1 挡离合器压力增加,采用滑摩补偿控制策略将滑摩控制在给定范围内。电机转速升高以与 1 挡离合器转速同步。

2 挡离合器压力降到零时标志着转矩相结束并且惯性相开始。可参考上文动力升挡控制提及的简单的分段转矩控制算法,使电机转速与 1 挡离合器转速同步,然后将 1 挡离合器压力增加到最大值并恢复电机转矩至要求值(原则是保证整车加速度不变)。

2. DCT 换挡过程的闭环滑差控制方法

对于采用电控液压换挡执行机构的电动汽车 DCT,其升挡过程分为准备期、转矩相及惯性相,而其降挡过程分为准备期、惯性相及转矩相。准备期的控制策略是使即将接合的离合器进入轻微接触状态,同时使即将分离的离合器进入微小滑摩状态。为此,需要给即将接合的离合器充油,为其提供初始油压条件,提高其转矩容量;同时,给即将分离的离合器放油,降低其转矩容量。以 2 速 DCT 为例,升挡时两个离合器的转矩控制目标为[21]

$$T_{c1} = T_m(t) - J_m \dot{\omega}_m \qquad (7\text{-}6\text{-}8)$$

$$T_{c2} = 0^+ \qquad (7\text{-}6\text{-}9)$$

式中,C1 离合器摩擦转矩容量约等于电机输出转矩,而 C2 离合器摩擦转矩容量仅稍大于 0(以 0^+ 表示)。由于 DCT 通常不设置转矩传感器,式(7-6-8)和式(7-6-9)

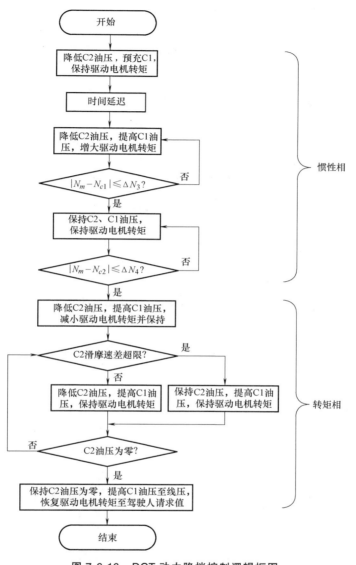

图 7-6-16 DCT 动力降挡控制逻辑框图

表示的控制目标无法直接判断，一般可以通过油压进行开环控制。C1 和 C2 离合器的滑差转速控制目标为

$$|n_{s,c1}| \leq 20 \text{r/min} \tag{7-6-10}$$

$$|n_{s,c2}| \leq 20 \text{r/min} \tag{7-6-11}$$

实现上述滑差转速控制目标所需初始油压可以通过各离合器的标定进行确定，并通过在线标定和自学习控制算法对其进行优化。

在转矩相，变速器仍以原挡位传动比工作，但两个离合器都处于滑摩状态，其

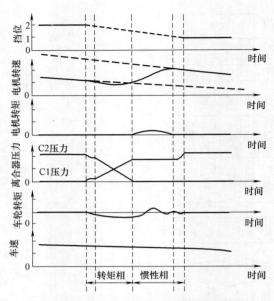

图 7-6-17　DCT 无动力降挡过程各参数的变化

转矩容量符合如下关系

$$T_{c1}+T_{c2}=T_m(t)-J_m\dot{\omega}_m \quad (7\text{-}6\text{-}12)$$

由于在转矩交换过程中电机转矩和加速度变化很小，可假设其维持不变，则式（7-6-12）可写为

$$\dot{T}_{c1}+\dot{T}_{c2}=0 \quad (7\text{-}6\text{-}13)$$

可见，交换转矩时两个离合器的转矩变化率应大小相等而符号相反。转矩变化率虽然可以通过油压进行控制，但系统油压的不稳定及相应的延迟会导致接合离合器的转矩容量变化率失当。若接合离合器的转矩容量增加过慢，则会导致电机负载不足引起的转速瞬间突升；若接合离合器的转矩容量增加过快，则会使传动系统过约束产生冲击。因此，可采用闭环滑差控制将转矩从分离离合器平稳移交给接合离合器，即在接合离合器油压上升过程中对其滑差 n_s 进行闭环控制，目标滑差为

$$|n_s|\leqslant 20\text{r/min} \quad (7\text{-}6\text{-}14)$$

在惯性相，电机转速由当前挡位的对应转速转变为目标挡位的对应转速，在此转速同步阶段的控制策略是对电机转速与目标挡位对应转速之间的滑差率 τ 进行闭环控制

$$\tau=\frac{\mathrm{d}n_s}{\mathrm{d}t} \quad (7\text{-}6\text{-}15)$$

使其跟随图 7-6-19（动力升挡）和图 7-6-20（无动力降挡）所示的参考转速变化曲线。为了辅助离合器滑差控制，减小换挡冲击，同时要对电机转矩进行管理，

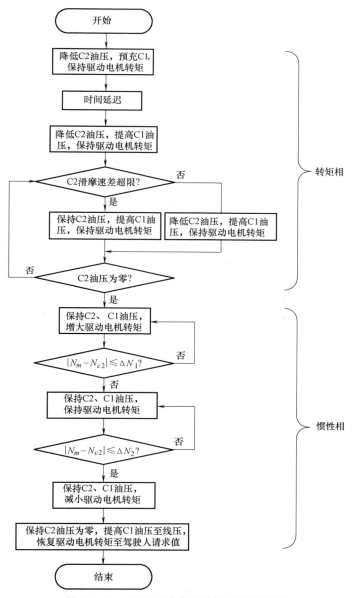

图 7-6-18　DCT 无动力降挡控制逻辑框图

TCU 通过总线向电机控制器发送降矩请求和降矩值

$$T_m = T_{c,obj} - J_m \tau \quad (7\text{-}6\text{-}16)$$

式中，$T_{c,obj}$ 是目标挡位对应的接合离合器转矩容量。

离合器闭环滑差控制采用带前馈的 PID 闭环控制原理如图 7-6-21 所示。该方法具有闭环控制的稳定和前馈控制的快速等优势。首先，主控制器对离合器的目标滑差 $n_{s,tar}$ 进行判断，将其与反馈的离合器滑差 n_s 比较，得到离合器滑差的偏差估计值

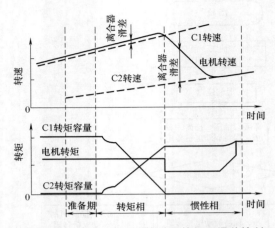

图 7-6-19 DCT 动力升挡过程的闭环滑差控制

$n_{s,est}$，通过带前馈的 PID 控制器将 $n_{s,est}$ 转换为离合器命令转矩 T_{cc}，即

$$T_{cc} = K_p n_{s,est} + K_i \int n_{s,est} \mathrm{d}t + K_d \frac{\mathrm{d}n_{s,est}}{\mathrm{d}t}$$

（7-6-17）

再根据湿式多片离合器传递转矩计算公式（7-6-18）计算出离合器命令油压 P_c，相应离合器在命令油压作用下获得转矩容量 T_c，从而得到离合器控制后的滑差 n_s。

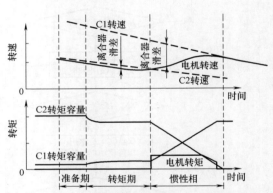

图 7-6-20 DCT 无动力降挡过程的闭环滑差控制

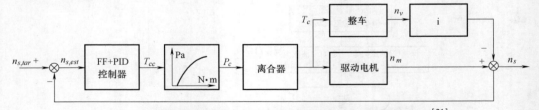

图 7-6-21 离合器闭环滑差控制采用带前馈的 PID 闭环控制原理[21]

$$T_c = \frac{2}{3} f_s A_e N_f P_c \frac{R_o^3 - R_i^3}{R_o^2 - R_i^2}$$

（7-6-18）

式中，f_s 是摩擦片的摩擦因数；A_e 是摩擦片的有效摩擦面积；N_f 是摩擦面个数；P_c 是作用于离合器的油压；R_i 和 R_o 分别是离合器内径和外径。

3. DCT 换挡过程的模糊控制方法

模糊控制的优点是不需要控制对象的数学模型，鲁棒性好，只需要利用专家经验制订的规则库进行控制。

为了进行模糊控制，首先需要选择输入、输出变量。

一般选择输入变量为[22]：①加速踏板开度 α；②接合离合器主动盘的角速度差 $\Delta\omega_{eng}$ 及其变化率 $\Delta\dot{\omega}_{eng}$；③分离离合器主动盘的角速度差 $\Delta\omega_{dis}$ 及其变化率 $\Delta\dot{\omega}_{dis}$。输出变量则为：①接合离合器的接合速度 V_{eng}；②分离离合器的分离速度 V_{dis}。为了消除这些变量量纲的影响，需要对其进行归一化处理。以加速踏板开度 α 为例，其归一化变量 $\hat{\alpha}$ 为

$$\hat{\alpha} = \frac{\alpha_{max} - \alpha}{\alpha_{max}} \qquad (7\text{-}6\text{-}19)$$

其他变量的归一化方法相似，在此从略。

上述各变量的语言集通常设置为：$\alpha \in \{$小（S），中（M），大（B）$\}$；$\Delta\omega_{eng}$ 和 $\Delta\omega_{dis} \in \{$非常小（VS），小（S），中（M），大（B），非常大（VB）$\}$；$\Delta\dot{\omega}_{eng}$ 和 $\Delta\dot{\omega}_{dis} \in \{$负大（NB），负小（NS），零（Z），正小（PS），正大（PB）$\}$；V_{eng} 和 $V_{dis} \in \{$非常小（VS），小（S），一般小（LS），中（M），一般大（LB），大（B），非常大（VB）$\}$。

各变量的论域 U 可选择为：$U_\alpha\{0,1,2,3,4,5,6,7,8,9,10\}$；$U_{\Delta\omega_{eng}}$ 和 $U_{\Delta\omega_{dis}}\{0,1,2,3,4,5,6,7,8,9,10\}$；$U_{\Delta\dot{\omega}_{eng}}$ 和 $U_{\Delta\dot{\omega}_{dis}}\{-5,-4,-3,-2,-1,0,1,2,3,4,5\}$；$U_{V_{eng}}$ 和 $U_{V_{dis}}\{0,1,2,3,4,5,6,7,8,9,10,11,12,13,14\}$。

各变量都采用正态性隶属度函数，如图 7-6-22 所示。

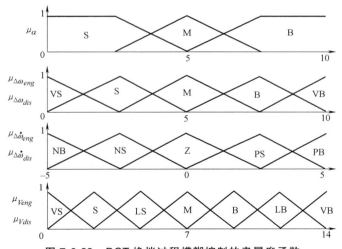

图 7-6-22　DCT 换挡过程模糊控制的隶属度函数

基于专家控制离合器的知识和经验，接合离合器的接合过程控制策略是：①在换挡初始阶段，接合离合器主、从动盘角速度差及其变化率较大，为了减小换挡冲击度，其接合速度应该较小；②在换挡中后期，接合离合器主、从动盘角速度差及

其变化率较小,为了缩短换挡时间,接合速度应该较大;③加速踏板开度较大时,接合离合器的接合速度应加快,反正则应减慢。根据以上控制经验,可制订出接合离合器的接合速度 V_{eng} 的模糊控制规则,见表 7-6-4。

另一方面,分离离合器的分离过程控制策略是:①在换挡初始阶段,分离离合器主、从动盘角速度差及其变化率较小,为了防止产生动力中断,其接合速度应该较慢;②在换挡中后期,分离离合器主、从动盘角速度差及其变化率较大,为了减小滑摩功,分离速度应该较快。③加速踏板开度较大时,分离离合器的分离速度应加快,反正则应减慢。因此,可制订出分离离合器的分离速度 V_{dis} 的模糊控制规则,见表 7-6-5。

表 7-6-4 接合离合器的接合速度的模糊控制规则

α	$\Delta\dot{\omega}_{eng}$	$\Delta\omega_{eng}$				
		VS	S	M	B	VB
S	NB	M	M	LS	S	VS
	NS	LB	M	LS	S	VS
	Z	LB	LB	M	LS	S
	PS	B	LB	M	LS	S
	PB	B	B	LB	M	LS
M	NB	LB	M	LS	S	VS
	NS	LB	LB	M	LS	S
	Z	B	LB	M	LS	S
	PS	B	B	LB	M	LS
	PB	VB	B	LB	M	LS
B	NB	B	LB	M	LS	S
	NS	B	LB	M	LS	S
	Z	B	B	LB	M	LS
	PS	VB	B	LB	M	LS
	PB	VB	VB	B	LB	M

表 7-6-5 分离离合器的分离速度的模糊控制规则

α	$\Delta\dot{\omega}_{dis}$	$\Delta\omega_{dis}$				
		VS	S	M	B	VB
S	NB	LS	M	LB	B	B
	NS	S	LS	M	LB	B
	Z	S	LS	M	LB	LB
	PS	VS	S	LS	M	LB
	PB	VS	S	LS	M	M

（续）

α	$\Delta\dot{\omega}_{dis}$	$\Delta\omega_{dis}$				
		VS	S	M	B	VB
M	NB	LS	M	LB	B	VB
	NS	LS	M	LB	B	B
	Z	S	LS	M	LB	B
	PS	S	LS	M	LB	LB
	PB	VS	S	LS	M	LB
B	NB	M	LB	B	VB	VB
	NS	M	LB	B	B	VB
	Z	LS	M	LB	B	B
	PS	LS	M	LB	B	B
	PB	S	LS	M	LB	B

4. DCT 换挡过程的粒子群控制方法

电动汽车 DCT 的换挡过程主要通过两个离合器的协调控制使传递的转矩在二者之间重新分配，实现无动力中断下的挡位切换。其升挡过程可分为三个阶段，即准备期、转矩相及惯性相。

DCT 换挡过程控制主要关注换挡平顺性和离合器磨损这两个指标，因为其决定了驾乘舒适性和离合器寿命。

换挡平顺性常以冲击度进行度量，其定义为整车纵向加速度的时间变化率，即

$$j = \frac{\mathrm{d}^2 v}{\mathrm{d}t^2} \quad (7\text{-}6\text{-}20)$$

对于 DCT，则有

$$j = \frac{i_0 \mathrm{d}T_o}{\delta m R_w \mathrm{d}t} = \frac{i_0}{\delta m R_w}\left[i_1 \frac{\mathrm{d}T_{c1}}{\mathrm{d}t} + i_2 \frac{\mathrm{d}T_{c2}}{\mathrm{d}t}\right] \quad (7\text{-}6\text{-}21)$$

式中，v 是车速；i_0 是主减速比；T_o 是输出轴转矩；T_{c1} 是 1 挡离合器传递转矩；T_{c2} 是 2 挡离合器传递转矩；δ 是旋转质量换算系数；m 是整车质量；R_w 是轮胎半径；i_1 是 1 挡传动比；i_2 是 2 挡传动比。

离合器磨损与滑摩功直接相关，其定义为接合过程中离合器主、从动片之间的滑动摩擦转矩做的功，即

$$W_s = \int_0^{t_f} (T_{c1}|\omega_{c1} - \omega_m| + T_{c2}|\omega_{c2} - \omega_m|)\, \mathrm{d}t \quad (7\text{-}6\text{-}22)$$

式中，t_f 是滑摩时间；ω_{c1} 是 1 挡从动片转速；ω_{c2} 是 2 挡从动片转速；ω_m 是电机转速。

换挡冲击度越大则驾乘舒适性越差，因此换挡控制的目标之一是尽可能减小冲击度。另一方面，换挡过程的滑摩功越大则离合器摩擦表面的发热量越大，温度越高，引起的离合器磨损越严重，因此换挡控制的另一目标是尽可能减小滑摩功。然而，减小滑摩功一般会导致冲击度变大。因此，为了同时考虑冲击度和滑摩功这对互相制约的指标，可采用 DCT 的换挡品质综合评价指标

$$J = \lambda_1 W_s + \lambda_2 \int_0^{t_s} j^2 \mathrm{d}t \tag{7-6-23}$$

式中，t_s 是换挡时间；λ_1、λ_2 分别是滑摩功和冲击度所占权重。

粒子群优化算法（Particle Swarm Optimization，PSO），是一种进化算法（Evolutionary Algorithm，EA），源于对鸟群捕食的研究。假设鸟群在一个空间中捕食，它可以感知与食物之间的距离（称为适应度），同时鸟群之间可以互相通信分享自己的位置。对于每一只鸟，它具有两个属性，即位置和速度。每一只鸟都可以记录自己的飞行轨迹，通过学习自身的经验和同伴的经验来动态地调整飞行速度和方向，通过不断的迭代调整逼近食物。换句话说，这一算法是从随机解出发，通过迭代寻找最优解，通过适应度来评价解的品质。它比遗传算法规则更简单，没有遗传算法的"交叉"（Crossover）和"变异"（Mutation）操作，通过追随当前搜索到的最优值来寻找全局最优。这种算法有实现容易、精度高、收敛快、对优化对象线性度及奇点等信息不敏感等优点，并且在解决实际工程问题中展示了其优越性。它是一种并行算法，粒子群算法适合于应对 DCT 换挡过程的潜在函数奇点及非线性因素问题。

在转矩相，因为 $\omega_{c1} = \omega_m$，且 $T_{c2} = T_m - T_{c1}$，根据式（7-6-22）换挡品质综合评价指标为[20]

$$J_1 = \lambda_1 \int_0^{t_1} T_{c2} |\omega_{c2} - \omega_m| \mathrm{d}t + \lambda_2 \int_0^{t_1} \left(\frac{i_0}{\delta m R_w} \right)^2 \left[i_1 \frac{\mathrm{d}T_m}{\mathrm{d}t} + (i_2 - i_1) \frac{\mathrm{d}T_{c2}}{\mathrm{d}t} \right]^2 \mathrm{d}t \tag{7-6-24}$$

式中，t_1 是转矩相结束时刻。

在惯性相，$T_{c1} = 0$，根据式（7-6-22）换挡品质综合评价指标为

$$J_2 = \lambda_1 \int_{t_1}^{t_2} T_{c2} |\omega_{c2} - \omega_m| \mathrm{d}t + \lambda_2 \int_{t_1}^{t_2} \left(\frac{i_0 i_2}{\delta m R_w} \frac{\mathrm{d}T_{c2}}{\mathrm{d}t} \right)^2 \mathrm{d}t \tag{7-6-25}$$

式中，t_2 是惯性相结束时刻。

控制目标为确定 T_m 和 T_{c2} 的轨线使式（7-6-24）和式（7-6-25）中的 J_1 和 J_2 分别在转矩相和惯性相达到最小。

为将上述换挡最优控制转化为粒子群算法的参数优化问题，令 $\alpha = [\alpha_0 \quad \alpha_1 \quad \alpha_2]$，$\beta = [\beta_0 \quad \beta_1 \quad \beta_2]$，进行以下变换

$$\begin{bmatrix} \dfrac{\mathrm{d}T_m}{\mathrm{d}t} & \dfrac{\mathrm{d}T_{c2}}{\mathrm{d}t} \end{bmatrix} = [\alpha \quad \beta] \begin{bmatrix} e_1 & 0 \\ 0 & e_1 \end{bmatrix} \tag{7-6-26}$$

式中，

$$e_1 = [0.5 \quad \sin t \quad \cos t]^T \tag{7-6-27}$$

$\begin{bmatrix} e_1 & 0 \\ 0 & e_1 \end{bmatrix}$ 为基的分块矩阵，其中 6 项傅里叶基向量构成优化控制轨线基底。

式（7-6-26）将换挡控制中 $\dfrac{\mathrm{d}T_m}{\mathrm{d}t}$ 和 $\dfrac{\mathrm{d}T_{c2}}{\mathrm{d}t}$ 的优化问题转化为参数 α 和 β 的优化，可通过粒子群优化算法求解。

在搜索空间粒子群中以一定速度飞行，寻找优化解 α 和 β。粒子群个体的位置取决于其适应度，在此采用评价指标式（7-6-24）和式（7-6-25）作为粒子群的适应度。各粒子由自己和同伴的飞行经验决定下一步的飞行状态。粒子的速度及位置的更新按照下式进行

$$v_{id}(k+1) = wv_{id}(k) + c_1 r_1 [p_{id}(k) - x_{id}(k)] c_2 + c_2 r_2 [p_{gd}(k) - x_{id}(k)] \quad (7\text{-}6\text{-}28)$$

$$x_{id}(k+1) = x_{id}(k) + v_{id}(k+1) \quad (7\text{-}6\text{-}29)$$

式中，w 是惯性权重；c_1、c_2 是加速系数；r_1、r_2 是值域为（0，1）的随机数；p_{id} 是该粒子出现的最优位置；p_{gd} 是全局粒子出现的最优位置；k 是迭代次数；$v_{id}(k)$ 是该粒子第 k 次迭代时的速度；$x_{id}(k)$ 是该粒子第 k 次迭代时的位置。

粒子群优化算法流程如图 7-6-23 所示。

粒子群各代飞行速度及位置可通过式（7-6-28）和式（7-6-29）循环迭代计算得到，而粒子群位置的优劣则由式（7-6-24）和式（7-6-25）确定，从而找出全局最优解位置，实现优化目的。

粒子群算法中的参数对其性能有重要影响，需要根据问题的不同进行选择。

首先，通常粒子数取为粒子自身维数的 5~10 倍时可搜索足够的解空间。取值过小时，PSO 运算速度较快，但由于种群的多样性差，容易引起过早收敛；而取值过大时，又会使得 PSO 的寻优效率降低。因此，适当选取粒子数方能保证种群的多样性和算法的搜索效率。对于上述换挡优化控制问题，粒子维数（即粒子的长度或问题解的长度）为 6，因此粒子数一般取 20~40 个。

其次，惯性权重 w 使粒子飞行过程中保持惯性，从而保持对一部分空间的持续探索。若 $w=0$，则粒子速度没有记忆性，总是飞向个体最优位置和全局最优位置的加权中心，这种条件下容易陷入局部最优解；w 增大时，粒子具备全局搜索的能力，因此可以针对具体问题，通过调整 w 来调整全局搜索能力和局部搜索能力的平衡。通常可取 $w=1$，或

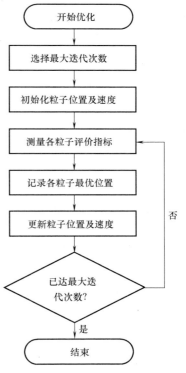

图 7-6-23 DCT 换挡过程粒子群优化算法流程

者让 w 在每次迭代过程中从 1.4 到 0 逐步减小以得到较好的效果。

再次，加速因子 c_1、c_2 又分别称为个体、全局学习因子，代表粒子飞向个体最优和全局最优的加速权重，根据经验通常设置为 2。当 $c_1=0$ 时，粒子不具备个体认知能力，侧重于对群体的学习，可以更快地收敛，但是容易陷入局部最优解；当 $c_2=0$ 时，粒子仅依靠个体的经验进行探索，没有对于群体的学习，往往无法得到最优解。

最后，最大循环代数为终止条件，一般可取 1000~2000，可视适应度是否达到所需范围或迭代是否继续改善适应度进行调整。

7.6.4 PST 换挡控制

典型的 2 速 PST 控制原理如图 7-6-1 所示。

PST 的换挡过程与传统自动变速器（AT）类似，分三个阶段，即准备期、转矩相和惯性相。换挡过程控制的关键是分离离合器和接合离合器的协调工作，因此其转矩下降和上升必须得到精确控制。若接合离合器接合太快，则会因两个离合器都传递较大转矩导致过约束冲击；若接合离合器接合太慢，则会导致输出轴转矩的过度下降，甚至动力中断[15]。

离合器的最优控制主要有线性二次型以及动态规划两种方法。

1. PST 换挡过程线性二次型最优控制方法[18]

该方法综合考虑换挡过程的冲击度和滑摩功这两个主要控制指标，采用 8.1.4 节中的综合评价指标表达式，即换挡品质

$$J = \frac{1}{2}\left(W_s + \lambda \int_0^t \dot{j}^2 dt\right) \quad (7\text{-}6\text{-}30)$$

式中，λ 是冲击度权重系数，一般 $0<\lambda<1$。换挡过程的最优控制问题即求解控制律使换挡品质 J 最小。

换挡过程可分为两个阶段，见表 7-6-6。

表 7-6-6 PST 换挡过程的两个阶段

阶段	升挡		降挡	
1	制动器 Br 接合 离合器 Cl 分离	$T_{cl}=0$ $T_{br}\neq 0$	制动器 Br 分离 离合器 Cl 接合	$T_{cl}\neq 0$ $T_{br}=0$
2	制动器 Br 分离 离合器 Cl 接合	$T_{cl}\neq 0$ $T_{br}=0$	制动器 Br 接合 离合器 Cl 分离	$T_{cl}=0$ $T_{br}\neq 0$

换挡过程的动力学方程为

$$\begin{bmatrix} J_{11} & J_{12} \\ J_{21} & J_{22} \end{bmatrix} \begin{bmatrix} \dot{\omega}_i \\ \dot{\omega}_o \end{bmatrix} = \begin{bmatrix} T_i - a_{11}T_{br} - a_{12}T_{cl} \\ -a_{12}T_{br} + a_{12}T_{cl} - T_o \end{bmatrix} \quad (7\text{-}6\text{-}31)$$

在离合器 Cl 分离阶段，取状态变量为

$$x_1 = \omega_i; \quad x_2 = \omega_i - \omega_r; \quad x_3 = T_{cl}$$

取控制变量为

$$u = \frac{dT_{cl}}{dt}$$

在制动器 Br 接合阶段，取状态变量为

$$x_1 = \omega_i; \quad x_2 = \omega_r; \quad x_3 = T_{br}$$

取控制变量为

$$u = \frac{dT_{br}}{dt}$$

则可将式（7-6-31）整理为以下状态方程

$$\dot{X} = AX + BU + V \tag{7-6-32}$$

式中，$X = [x_1 \quad x_2 \quad x_3]^T$；$B = [0 \quad 0 \quad 1]^T$；$U = [u]$。$A$ 和 V 取决于上述换挡阶段，干扰矩阵 V 和执行电机转矩和变速器输出端阻力矩有关，该阻力矩包括滚动阻力矩、空气阻力矩、坡道阻力矩等。在离合器 Cl 分离阶段，假定执行电机在恒转矩区工作，则有

$$A = \begin{bmatrix} 0 & 0 & \dfrac{-a_{12}(J_{12}+J_{22})}{J_{11}J_{22}-J_{12}J_{21}} \\ 0 & 0 & \dfrac{-a_{12}(J_{11}+J_{12}+J_{21}+J_{22})}{J_{11}J_{22}-J_{12}J_{21}} \\ 0 & 0 & 0 \end{bmatrix} \tag{7-6-33}$$

$$V = \begin{bmatrix} \dfrac{J_{22}T_i + J_{12}T_o}{J_{11}J_{22}-J_{12}J_{21}} \\ \dfrac{-J_{21}T_i - J_{11}T_o}{J_{11}J_{22}-J_{12}J_{21}} \\ 0 \end{bmatrix} \tag{7-6-34}$$

在制动器 Br 接合阶段，假定执行电机在恒转矩区工作（转速小于基速），则有

$$A = \begin{bmatrix} 0 & 0 & \dfrac{-a_{12}(J_{12}+J_{22})}{J_{11}J_{22}-J_{12}J_{21}} \\ 0 & 0 & \dfrac{-a_{12}(J_{11}+J_{12}+J_{21}+J_{22})}{J_{11}J_{22}-J_{12}J_{21}} \\ 0 & 0 & 0 \end{bmatrix} \tag{7-6-35}$$

$$V = \begin{bmatrix} \dfrac{J_{22}T_i + J_{12}T_o}{J_{11}J_{22}-J_{12}J_{21}} \\ \dfrac{(a_{11}J_{22}-a_{12}J_{21})T_i + (a_{11}J_{12}-a_{12}J_{12})T_o}{J_{11}J_{22}-J_{12}J_{21}} \\ 0 \end{bmatrix} \tag{7-6-36}$$

在制动器 Br 接合阶段，假定执行电机在恒功率区工作（转速大于基速），则可将电机转矩拟合为

$$T_i = a_0 + a_1\omega_i + a_2\omega_i^2 \tag{7-6-37}$$

式中，a_0、a_1、a_2 是拟合系数。将系统线性化后可得

$$A = \begin{bmatrix} \dfrac{J_{22}(2a_2\omega_i + a_1)}{J_{11}J_{22}-J_{12}J_{21}} & 0 & \dfrac{a_{12}J_{12}-a_{11}J_{22}}{J_{11}J_{22}-J_{12}J_{21}} \\ \dfrac{(a_{11}J_{22}-a_{12}J_{21})(2a_2\omega_i + a_1)}{J_{11}J_{22}-J_{12}J_{21}} & 0 & \dfrac{a_{11}J_{12}-a_{11}^2J_{22}+a_{11}a_{12}J_{21}+a_{12}J_{11}}{J_{11}J_{22}-J_{12}J_{21}} \\ 0 & 0 & 0 \end{bmatrix}$$

$$\tag{7-6-38}$$

$$V = \begin{bmatrix} \dfrac{a_0 J_{22} - J_{12} T_o}{J_{11} J_{22} - J_{12} J_{21}} \\ \dfrac{a_0(a_{11} J_{22} - a_{12} J_{21}) + (J_{11} + J_{12}) T_o}{J_{11} J_{22} - J_{12} J_{21}} \\ 0 \end{bmatrix} \qquad (7\text{-}6\text{-}39)$$

可以证明矩阵 $[\boldsymbol{B} \quad \boldsymbol{AB} \quad \boldsymbol{A}^2 \boldsymbol{B}]$ 的秩等于 3，系统完全能控。式（7-6-30）的线性二次型性能指标函数可写为

$$J = \frac{1}{2}\left(W_s + \lambda \int_0^t j^2 \mathrm{d}t\right) = \frac{1}{2}\int_0^t (x_2 x_3 + \lambda j u^2) \mathrm{d}t = \frac{1}{2}\int_0^t (\boldsymbol{X}^T \boldsymbol{Q} \boldsymbol{X} + \boldsymbol{U}^T \boldsymbol{R} \boldsymbol{U}) \mathrm{d}t$$

$$(7\text{-}6\text{-}40)$$

式中，$\boldsymbol{Q}$ 是状态加权矩阵，

$$\boldsymbol{Q} = \begin{bmatrix} 0 & 0 & 0 \\ 0 & 0 & 0.5 \\ 0 & 0.5 & 0 \end{bmatrix} \qquad (7\text{-}6\text{-}41)$$

$\boldsymbol{R}$ 是控制矩阵，

$$\boldsymbol{R} = [\lambda] \qquad (7\text{-}6\text{-}42)$$

升挡时，设离合器 Cl 从分离状态过渡到接合状态的时刻为 t_{cl}，完全接合时其主、从部件转速相同；设制动器 Br 从接合状态过渡到分离状态的时刻为 t_{br}，完全分离时其摩擦转矩为零。因此，离合器接合阶段的终端约束条件为

$$N[\boldsymbol{X}(t_{cl}), t_{cl}] = x_2(t_{cl}) = 0 \qquad (7\text{-}6\text{-}43)$$

制动器分离阶段的终端约束条件为

$$N[\boldsymbol{X}(t_{br}), t_{br}] = x_3(t_{br}) = 0 \qquad (7\text{-}6\text{-}44)$$

降挡时，设离合器 Cl 从接合状态过渡到分离状态的时刻为 t_{cl}，完全分离时其摩擦转矩为零；设制动器 Br 从分离状态过渡到接合状态的时刻为 t_{br}，完全接合时其主、从部件转速相同。因此，离合器分离阶段的终端约束条件为

$$N[\boldsymbol{X}(t_{cl}), t_{cl}] = x_3(t_{cl}) = 0 \qquad (7\text{-}6\text{-}45)$$

制动器接合阶段的终端约束条件为

$$N[\boldsymbol{X}(t_{br}), t_{br}] = x_2(t_{br}) = 0 \qquad (7\text{-}6\text{-}46)$$

至此，换挡过程的最优控制问题转化为寻求离合器和制动器摩擦转矩的最优轨迹，使式（7-6-40）的二次型性能指标最小。用最小值原理求解，可以把该问题归结为求解如下黎卡提（Riccati）矩阵微分方程[14-15]

$$\dot{\boldsymbol{K}}(t) = -\boldsymbol{K}(t)\boldsymbol{A}(t) - \boldsymbol{A}^T(t)\boldsymbol{K}(t) + \boldsymbol{K}(t)\boldsymbol{B}(t)\boldsymbol{R}^{-1}(t)\boldsymbol{B}^T(t)\boldsymbol{K}(t) - \boldsymbol{Q}(t) \qquad (7\text{-}6\text{-}47)$$

最优控制的控制量为[14-15]

$$\boldsymbol{U}^*(t) = -\boldsymbol{R}^{-1}(t)\boldsymbol{B}^T(t)\boldsymbol{K}(t)\boldsymbol{X}(t) \qquad (7\text{-}6\text{-}48)$$

摩擦力矩的最优轨迹为 $\boldsymbol{X}^*(t)$

$$\dot{\boldsymbol{X}}^*(t) = [\boldsymbol{A} - \boldsymbol{B}\boldsymbol{R}^{-1}(t)\boldsymbol{B}\boldsymbol{P}(t)]\boldsymbol{X}^*(t) \qquad (7\text{-}6\text{-}49)$$

2. 换挡过程的动态规划控制方法

多片式湿式离合器的液压作动机构如图 7-6-24 所示。采用此类离合器的换挡控制问题实际上就是离合器充油过程的最优控制问题。

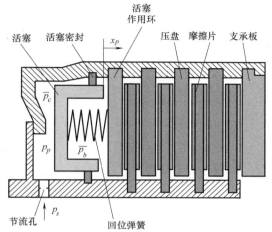

图 7-6-24 多片式湿式离合器液压作动机构示意图

该系统的动力学方程为[23]

$$\dot{x}_1 = x_2 \tag{7-6-50}$$

$$\dot{x}_2 = \frac{1}{m_p}[(x_3 + \overline{P_c} - \overline{P_b})A_p - F_{sl} - C_{cl}x_2 - K_{sp}(x_1 + x_{p0})] \tag{7-6-51}$$

$$\dot{x}_3 = \frac{\beta}{V_0 + A_p x_1}\left[\text{sign}(u - x_3)C_{di}A_{or}\sqrt{\frac{2(u - x_3)}{\rho}} - A_p x_2\right] \tag{7-6-52}$$

式中，$\begin{bmatrix} x_1 = x_p \\ x_2 = \dot{x}_p \\ x_3 = p_p \\ u = p_s \end{bmatrix}$，并且 $\begin{bmatrix} x_1(0) \\ x_2(0) \\ x_3(0) \end{bmatrix} = \begin{bmatrix} 0 \\ 0 \\ u(0) \end{bmatrix}$

$$A_p = \pi(R_o^2 - R_i^2)$$

$$\overline{P_c} = \frac{\rho \omega^2 (R_o^3 - R_i^3)}{3(R_o^2 - R_i^2)}$$

$$\overline{P_b} = \frac{1}{A_p}\int p_b \mathrm{d}A_p$$

x_1 是离合器活塞位移；x_2 是离合器活塞速度；x_3 是离合器油腔压力；u 是供油压力，即控制输入量；m_p 是活塞组件的质量；$\overline{P_c}$ 是离合器油腔内的变速器油因离合器旋转产生的作用于活塞上的平均压力；$\overline{P_b}$ 是离合器油腔活塞另一侧的平均压力，当有补偿油腔时为其中的变速器油因离合器旋转产生的作用于活塞上的平均压力，当没有补偿油腔时为大气压；A_p 是活塞表面的面积；C_{cl} 是离合器阻尼系数；K_{sp} 是回位弹簧的弹性系数；x_{p0} 是回位弹簧预载造成的压缩量；β 是变速器油的体积模量；V_0 是离合器油腔容积；C_{di} 是节流孔流量系数；A_{or} 是节流孔面积；ρ 是变速器油的密度；F_{sl} 是活塞密封产生的阻力，它与活塞的运动有关，即

$$F_{sl}(x_2,x_3+\overline{P_c}) = \begin{cases} [k_m(x_3+\overline{P_c})+c_m]\tan\dfrac{x_2}{\alpha} & x_2 \neq 0 \\ F_{st} & x_2 = 0 \end{cases} \quad (7\text{-}6\text{-}53)$$

式中，k_m 和 c_m 是常数；α 是活塞密封阻尼系数；F_{st} 是 Kanopp 黏滑模型的静态黏滞阻力[24]。

$$F_{st} = k_s(x_3+\overline{P_c})+c_s \quad (7\text{-}6\text{-}54)$$

式中，k_s 和 c_s 是常数。

为使离合器充油既快速又精准，必须满足下列要求：
1) 在要求的充油时间 T 内离合器活塞必须正好移动距离 d。
2) 在时刻 T 活塞速度 x_2 应该正好为零。
3) 为使活塞保持与离合器作用环的接触，离合器油腔中的压力必须等于回位弹簧力。据此，上述系统必须满足的最终状态条件为

$$\begin{cases} x_1(T) = d \\ x_2(T) = 0 \\ x_3(T) = \dfrac{K_{sp}(d+x_{p0})}{A_p}+\overline{P_b}-\overline{P_c} \end{cases} \quad (7\text{-}6\text{-}55)$$

活塞速度 x_2 在初始阶段的增长不能过快，因为随着活塞从静止到移动的状态变化，密封产生的黏滞摩擦力经历从最大值 F_{st} 到较小值的过渡，这个过程不仅非线性，而且不平顺，以致很难跟踪活塞速度。应对的办法是控制充油初始阶段的活塞速度 x_2，使之尽可能接近一个很小值 v_1，然后再迅速增加。假定充油初始阶段的时间长度为 T_1，即要求在 0 到时间 T_1 内 $|x_2(t)-v_1|$ 越小越好。

为了提高变速器的机械传动效率，优化控制的目标是将充油过程所需的最大流量减到最小，从而减小油泵排量。因为充油流量与活塞速度成正比，所以要求降低活塞移动的最大速度 x_2，其控制策略是将其快速接近平均速度并保持尽可能长时间，最后迅速减小以满足式（7-6-55）的最终状态条件。假定该阶段的时间长度为 T_1 到 T_2，即要求在 T_1 到 T_2 时间内 $\left|x_2(t)-\dfrac{d}{T}\right|$ 越小越好。

另外，在活塞接近行程终点时，其速度要快速从接近平均速度的数值下降到零，控制策略是将活塞速度先下降到一个非常小的值 v_2，假定速度开始下降的时刻为 T_2，则要求在 T_2 到 T 时间内 $|x_2(t)-v_2|$ 越小越好。

综合上述各项要求，对该离合器充油过程的优化问题可构建代价函数

$$g = \int_0^{T_1}[x_2(t)-v_1]^2 dt + \lambda_1\int_{T_1}^{T_2}\left[x_2(t)-\dfrac{d}{T}\right]^2 dt + \lambda_2\int_{T_2}^{T}[x_2(t)-v_2]^2 dt + \lambda_3[x_1(T)-d]^2 +$$

$$\lambda_4[x_2(T)]^2 + \lambda_5\left[x_3(T) - \frac{K_{sp}(d+x_{p0})}{A_p} - \overline{P_b} + \overline{P_c}\right]^2 \quad (7\text{-}6\text{-}56)$$

式中，λ_1、λ_2、λ_3、λ_4、λ_5 是权重因子。

采用 Bellman 动态规划可对上述优化问题进行递归求解。由于系统动力学模型式（7-6-50）~式（7-6-52）为非线性方程组，无法得到解析解，仅可用数值方法求解。为此，先将式（7-6-50）~式（7-6-52）离散化

$$x_1(k+1) = x_1(k) + x_2(k)\Delta t \quad (7\text{-}6\text{-}57)$$

$$x_2(k+1) = x_2(k) + \frac{1}{m_p}\{(x_3(k)+\overline{P_c}-\overline{P_b})A_p - F_{sl}(x_2(k), x_3(k)+\overline{P_c}) - C_{cl}x_2(k) - K_{sp}(x_1(k)+x_{p0})\}\Delta t$$

$$(7\text{-}6\text{-}58)$$

$$x_3(k+1) = x_3(k) + \frac{\beta}{V_0 + A_p x_1(k)}\left[\text{sign}(u(k)-x_3(k))C_{di}A_{or}\sqrt{\frac{2(u(k)-x_3(k))}{\rho}} - A_p x_2(k)\right]\Delta t$$

$$(7\text{-}6\text{-}59)$$

式中，Δt 是采样时间步长。

代价函数式（7-6-56）可离散化为

$$g(X) = \sum_{k=0}^{N_1}[x_2(k)-v_1]^2\Delta t + \lambda_1\sum_{k=N_1+1}^{N_2}\left[x_2(t)-\frac{d}{T}\right]^2\Delta t + \lambda_2\sum_{k=N_2+1}^{N-1}[x_2(k)-v_2]^2\Delta t +$$

$$\lambda_3[x_1(N)-d]^2 + \lambda_4[x_2(N)]^2 + \lambda_5\left[x_3(N)-\frac{K_{sp}(d+x_{p0})}{A_p}-\overline{P_b}+\overline{P_c}\right]^2$$

$$(7\text{-}6\text{-}60)$$

式中，$X(k) = [x_1(k), x_2(k), x_3(k)]^T$；$N = T/\Delta t$。

上述最优控制问题即寻找最优控制，输入 u 使以下代价函数最小

$$J(X) = \min_{u \in U} g(X) \quad (7\text{-}6\text{-}61)$$

式中，$X = [X(0), \cdots, X(N)]$，$u = [u(0), \cdots, u(N)]$，U 是可行的控制输入集。

采用传统的动态规划数值方法求解上述离合器充油控制问题会遇到 4 个困难：①因快速变化的瞬态过程导致系统刚性过高，采样速率必须非常高；②状态空间需要进行离散化和插值，造成计算量过大；③某些量化的离散状态实际上并不为动态规划过程所需；④用于计算代价函数的插值会造成近似误差，这些误差会随时间步长传播并线性增长。

为了解决上述困难，可采用定制化的动态规划方法。该方法能得到准确的最优控制序列，而计算量则大为减少。其主要优点包括：①将刚性的动力学模型转化为非刚性方程，减少了动态规划的步数；②因为过程中所有的状态都能达到，消除了插值造成的近似误差；③在过程中无需考虑所有的离散区域，减轻了维度过大的困难。其具体求解步骤如下[23]：

1）将 $x_2(k)$ 离散为尺寸为 L 的有限网格，并将相应于每个离散 $x_2^j(k)$ 的 x_1 和 x_3 平面离散为 $L \times L$ 区域；

$$\begin{cases} x_2(k) \in \{x_2^1(k), x_2^2(k), \cdots, x_2^j(k), \cdots, x_2^L(k)\} \\ \text{region}_j(k) \in \{\text{reg}_j^1(k), \text{reg}_j^2(k), \cdots, \text{reg}_j^h(k), \cdots, \text{reg}_j^{L \times L}(k)\} \end{cases} \quad (7\text{-}6\text{-}62)$$

式中，$\text{region}_j(k)$ 是 x_1-x_3 平面上相应于特定 $x_2^j(k)$ 的离散区域。

2）若将 f 定义为状态空间模型的简单表达符号，而 λ 为对角元素为权重因子 λ_3、λ_4、λ_5 的对角矩阵，则有

第 $N-1$ 步，对于 $1 \leq j \leq L$，

$$[x_1(N-1), x_3(N-1), u(N-1)] = R[X_{final}, x_2^j(N-1)] \quad (7\text{-}6\text{-}63)$$

$$[X^j(N-1) = [x_1(N-1), x_2^j(N-1), x_3(N-1)] \quad (7\text{-}6\text{-}64)$$

$$[J_{N-1}[X^j(N-1)] = \lambda_2[x_2^j(N-1) - v_2]^2 + \{f[X^j(N-1),$$
$$u(N-1)] - X_{final}\}^T \lambda \{f[X^j(N-1), u(N-1)] - X_{final}\} \quad (7\text{-}6\text{-}65)$$

第 k 步，对于 $0 \leq k \leq N-1$，$1 \leq j \leq L$，且 $1 \leq i \leq L_{k+1}$，

$$[x_1(k), x_3(k), u(k)] = R[X^i(k+1), x_2^j(k)] \quad (7\text{-}6\text{-}66)$$

$$X_{temp} = [x_1(k), x_2^j(k), x_3(k)] \quad (7\text{-}6\text{-}67)$$

如果 $X_{temp} \in \text{reg}_j^h(k)$，则有

$$J_{k\_temp} = \lambda_e[x_2^j(k) - v]^2 + J_{k+1}[X^i(k+1)] \quad (7\text{-}6\text{-}68)$$

如果 $J_{k\_temp} < J_k[x_2^j(k), \text{reg}_j^h(k)]$，则有

$$J_k[x_2^j(k), \text{reg}_j^h(k)] = J_{k\_temp} \quad (7\text{-}6\text{-}69)$$

$$X_j^h(k) = X_{temp} = [x_1(k), x_2^j(k), x_3(k)] \quad (7\text{-}6\text{-}70)$$

3）在每个可达到的状态得到最小代价函数后，即可求得能使总代价函数最小的最优控制输入序列 $u = [u(0), \cdots, u(N)]$。

7.6.5 驱动电机控制信息

该信息通知驱动电机控制器（MCU）换挡正在进行。在换挡过程中，期望 MCU 的响应包括保持驱动电机、动力电池负荷恒定（例如空调的状态不变）以得到最佳的换挡品质。信息在换挡开始时播报，当在挡时间超过一定阈值时取消，在换挡和在挡期间周期性更新状态。

7.7 在挡控制

7.7.1 在挡识别容差

对于在挡传动比故障安全校验，需要给定最大容许的输入转速偏差。对于第 k 挡，相应的输入转速应为

$$N_i = i_k N_o + N_{TOL} \quad (7\text{-}7\text{-}1)$$

式中，N_o 是输出转速；i_k 是 k 挡传动比；输入转速的容差 N_{TOL} 的推荐值是 $\pm 40 \text{r/min}$。

在挡的滑转 S 根据输出轴转速 N_o 及在挡传动比 i 计算出的输入轴转速与实际输入轴转速 N_i 之差的绝对值，即

$$S = |N_i - iN_o| \qquad (7\text{-}7\text{-}2)$$

最大滑转 S_{max} 每隔一段时间（比如200ms）归零一次，在这段时间内

$$S_{max} = S \qquad S > S_{max} \qquad (7\text{-}7\text{-}3)$$

$$S_{max} = S_{max}^{old} \qquad S \leq S_{max} \qquad (7\text{-}7\text{-}4)$$

式中，S_{max}^{old} 是 S_{max} 的上个值。

当滑转 S 大于输入转速的在挡容差 $N_{IG,TOL}$ 时，则让 $N_{IG,TOL} = S$。$N_{IG,TOL}$ 每隔一段时间（比如200ms）更新一次，这时 $N_{IG,TOL} = (3N_{IG,TOL} + S_{max})/4$。

7.7.2 在挡组件逻辑

在挡组件逻辑是在挡时换挡元件所遵循的控制规则。以图 7-6-1 所示的 2 速 PST 为例，其典型的在挡组件逻辑见表 7-7-1。

表 7-7-1 典型的 2 速 PST 在挡逻辑

换挡元件	在挡逻辑			
	R	N	1	2
Cl	OFF	OFF	OFF	ON
Br	ON	OFF	ON	ON

7.8 信号采集与处理

7.8.1 转速和转角加速度计算

电动汽车变速器的控制通常需要驱动电机、变速器输入轴、变速器输出轴的转速和转角加速度等参数值。若采用无换挡离合器设计，驱动电机通常与变速器输入轴直接连接，则变速器输入轴转速等于驱动电机转速，可省去输入轴的转速传感器及相关组件。

转速信号一般来自霍尔或可变磁阻转速传感器，传感器检测出安装在轴上的感应齿轮在传感器上产生的脉冲数，通常感应齿轮为 60 齿。计算转速通常由一个计算机程序周期内转过传感器的齿数除以第一个和最后一个齿之间实际经过的时间求得。时间由对计算机时钟周期计数求得。低速时当在一个程序周期里没有齿通过，则需要延长计数周期至 2 倍、3 倍等，为计算所需最低转速提供数据。转角加速度则通过将最后两个测量值之间速度变化除以两段经过的时间的平均值进行计算。

假定感应齿轮的齿数为 n_t，脉冲数最新值为 $n(i)$，相应的时间长度为 $T(i)$ 秒，则相关部件的转速 $N(i)$ 为

$$N(i) = \frac{60n(i)}{n_t T(i)} \quad (\text{r/min}) \tag{7-8-1}$$

转角加速度 $\alpha(i)$ 为

$$\alpha(i) = \frac{N_t(i) - N_t(i-1)}{0.5[T(i) + T(i-1)]} \quad (\text{r/min} \cdot \text{s}) \tag{7-8-2}$$

为了减少随机误差的影响，有时采用更加稳定的数值进行判断，需要计算上述物理量的筛选值，一般算法为

$$N_f(i) = \frac{\sum_{i=0}^{m} N(i)}{m+1} \tag{7-8-3}$$

$$\alpha_f(i) = \frac{\alpha(i) + \alpha_f(i-1)}{2} \tag{7-8-4}$$

在一些工况下，常常采用高度筛选的转速的时间变化率，用来判断是否转速变化已经完成并且驱动电机不再需要为加速相关转动部件提供转矩。转角加速度的高度筛选值计算方法通常为

$$\alpha_{hf}(i) = \frac{k_1 \alpha(i) + k_2 \alpha_{hf}(i-1)}{k_1 + k_2} \tag{7-8-5}$$

甚至

$$\alpha_{hf}(i) = \frac{k_1 \alpha(i) + k_2 \alpha_{hf}(i-1) + k_3 \alpha_{hf}(i-2)}{k_1 + k_2 + k_3} \tag{7-8-6}$$

一般来说，$k_1 = 1$，而 k_2、k_3 数倍于 k_1。

车辆加速度的计算一般基于输出轴的转角加速度。首先根据式（7-3-4）计算出输出轴转速的筛选值，当车速变化较剧烈时输出轴的转角加速度为

$$\alpha_o(t) = \frac{N_{of}(t) - N_{of}(t-\tau)}{\tau} \tag{7-8-7}$$

当车速变化不剧烈时，

$$\alpha_o(t) = \frac{1}{2} \frac{N_{of}(t) - N_{of}(t-\tau)}{\tau} + \frac{1}{2} \alpha_o(t-\tau) \tag{7-8-8}$$

当车速变化较剧烈时，宜采用较短的计算间隔时间，即 $\tau \approx 100\text{ms}$，否则可以采用较长的间隔时间 $\tau \approx 1\text{s}$。

7.8.2 车速的计算

车速 τ 通常由输出轴上的车速传感器的读数 N_o 推算出来。对于某一车型而言，其输出轴转速与车速的比 N_o/V 是一个定值。车速传感器的读数 N_o 是一个脉冲序列，其频率则为

$$f = \frac{kN_o}{N_o/V} \tag{7-8-9}$$

式中，k 是转速传感器脉冲频率与车速的比率（Hz/km·h^{-1}）。

7.9 校验与诊断

7.9.1 传动比校验

为了实时识别变速器故障，控制程序不断对多个传动比进行校验，使其能够容忍转速传感器的失效，并在必要时维持车辆以某种功能受限的方式继续运行，例如跛行回家等工作模式。

传动比校验依据的基本关系式是

$$|RN_o - N_i| \leq 2R\delta_{N_o} \qquad (7\text{-}9\text{-}1)$$

式中，R 是输入件与输出件之间的机械传动比；N_o 是输出件转速；N_i 是输入件转速；δ_{N_o} 是传感器误差。

7.9.2 转速校验

工作在某前进挡时的转速校验可以识别数个转速传感器信号同时丢失的失效。这一校验方法的根据是，驱动电机转速较高并且加速踏板开度较低的工况若是能够持续一段时间，则车辆必定处于运动状态，即上述转速不应为零，故而可以判断这些传感器信号出现故障。

7.10 故障安全和系统停机

故障安全应对措施在上述校验结果出错累计次数达到一定阈值时方才启动。出错累计次数的计算可采用非线性加减分机制。当校验结果出错时加分，在连续数次校验无误则减分。

根据校验结果出错累计次数的大小，控制程序一般采取下述措施：

1）当校验结果出错累计次数较小时，系统维持正常运行。

2）当校验结果出错累计次数稍大且动力传动系转速不低时，对换挡规律的输出进行修改，使其输出 1 挡或当前挡位（根据能否换挡而定），进入跛行回家运行模式。

3）当校验结果出错累计次数很大时，激活驱动电路连续性测试，并在校验结果出错持续一定时间后向故障诊断程序报告失效，设置停机标志。

4）当校验结果出错累计次数接近最大值时，结束任何正在进行中的换挡操作，并在校验结果出错持续一定时间后向故障诊断程序报告失效，设置停机标志。

7.10.1 跛行回家

跛行回家程序通常按照如下原则进行，分为以下情况：

1）若换挡手柄位置处于 R，则保持该挡不变，以低速运行。

2）若换挡手柄位置处于 D，则按以下情况进行选择：

① 若故障不影响换挡，则换入最低挡（1 挡）或直接挡（如果存在的话），并以跛行回家限速以下的车速继续行驶。

② 若故障影响换挡，则维持原挡位，并以跛行回家限速以下的车速继续行驶。

③ 给出警告灯或语音信息，告知驾驶人变速器处于跛行回家模式。

3）若换挡手柄位置处于 N、R 或 P，则先换入 N 挡，再换入其他挡位（R 或 P 挡）。

7.10.2 系统停机

当停机标志设置次数超过一定阈值时，设置停机标志并进入停机程序。停机程序通常按照如下原则进行：

1）当换挡手柄位置处于 D 时：

① 若故障不影响换挡，则换入最低挡（或直接挡，如果有直接档）。

② 若故障影响换挡，则维持原挡位。

③ 给出警告灯或语音信息，告知驾驶人变速器即将停机。

④ 在到达下述时间延迟前，若检测到换挡手柄位置变为 N、R 或 P，则先换入 N 挡，再换入其他挡位（R 或 P 挡）。

⑤ 在一定时间延迟后，抑制变速器所有操作，但保留 TCU 上电状态。

2）当换挡手柄位置处于 R 时：

① 若故障不影响换挡，则换入 R 挡。

② 若故障影响换挡，则维持原挡位，给出警告灯或语音信息。

3）当换挡手柄位置处于 N 或 P 时，维持 N 挡或 P 挡不变。

7.10.3 向诊断程序报告的错误码

控制软件应区分由机械故障导致的转速错误和通常由电气故障造成的传感器错误，以便辨别其原因。停机时，具体的错误情况会报告给诊断程序，错误代码有时不止一个。表 7-10-1 是控制软件向诊断程序报告错误的几个例子。

表 7-10-1 控制软件向诊断程序报告的错误

报告的原因	辨别逻辑或条件
在 i 挡的转速错误	i 挡内传动比校验
在 N 挡的转速错误	N 挡内转速校验
输入或输出转速传感器错误	在挡转速校验
传感器接地错误	N 挡内传动比校验
换挡后故障	换挡后一定时间内出现任何传动比校验错误

7.11 电气无级变速器的控制

7.11.1 系统控制原理

根据 3.3 节中阐述,电气无级变速器分为混合动力和纯电动两类。在此着重讨论纯电动电气无级变速器控制原理。

双转子电机电气无级变速器的控制系统主要由整车控制器和电机控制器组成[25],如图 7-11-1 所示。控制系统通过加速踏板或制动踏板信号,接收来自驾驶人的指令,并接收来自整车的其他必要信息(如荷电状态和车速)。首先,整车控制器基于嵌入电驱动系统的控制算法以及所接收到的信号确定动力系统运行模式,即驱动模式或能量回馈模式,并给出相应的转矩和转速指令。然后,电机控制器根据所接收的指令和内置算法,控制内、外转子电机各自输出相应的转矩和转速。最后,双转子电机所输出的转矩和转速经行星齿轮机构耦合后,通过减速器和差速器等传动装置传递至驱动轮。

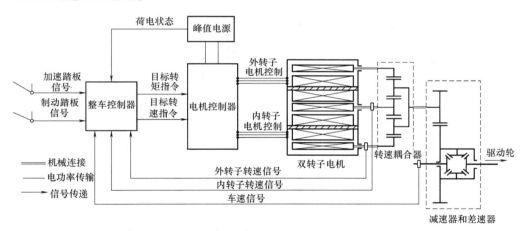

图 7-11-1 双转子电机电气无级变速器的控制系统结构

双转子电机电气无级变速器的系统运行模式控制策略如图 7-11-2 所示。

首先,整车控制器根据加速踏板、制动踏板开度,选择动力系统运行模式,其判断逻辑为如图 7-11-3 所示。当加速踏板开度大于 0 时,车辆运行于牵引模式;当制动踏板开度大于 0 时,车辆运行于制动模式,该过程中当制动踏板开度大于某一阈值时,车辆采用混合制动模式,电机产生最大的制动功率,而机械制动系统产生剩余的制动功率;当制动踏板开度小于该阈值时,车辆采用再生制动模式。

然后,整车控制器根据电机当前转速、行星齿轮耦合器的拓扑结构以及齿轮齿数确定内、外转子须提供的转矩 T_{m1}、T_{m2};又根据车速、车轮动态半径算出行星架转速 ω_c,再根据所述内电机分系统和外电机分系统效率曲线实时计算出内、外转子最佳的工作转速。

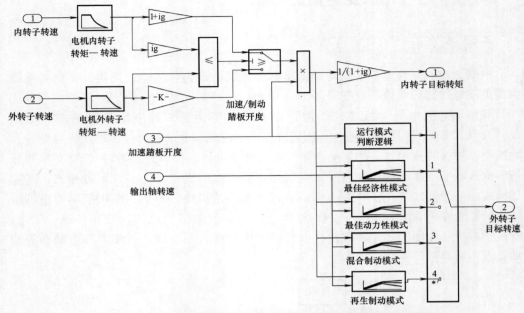

图 7-11-2 双转子电机电气无级变速器的系统运行模式控制策略

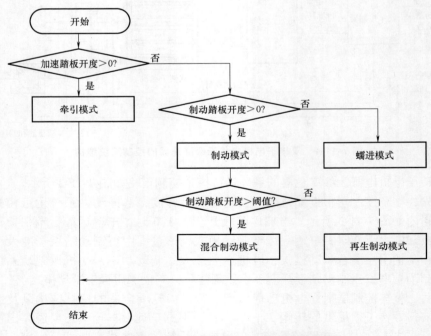

图 7-11-3 无级变速器系统运行模式控制逻辑

为使电机能同时满足整车控制器给出的转矩和转速双重指令,系统采用双闭环控制方法。根据双转子电机的结构特点,确定内、外电机分系统分别采用的闭环控制参量。在图 7-11-4 所示的例子中,内转子为插入式,外转子为面装式,双转子电机的总体控制方法为内电机采用转矩模式,外电机采用转速模式,通过双转子电机的主动控制与行星齿轮机构的耦合作用相结合,保证双转子电机在输出整车目标转矩的同时,电机运行在最佳工作转速下。电机内、外转子各分系统的控制策略采用典型的磁场定向矢量控制技术,其核心是在转子磁场旋转坐标系中针对激磁电流 i_d 和转矩电流 i_q 分别进行控制,并采用经典的比例积分线性调节器,系统呈现出良好的线性特性。逆变器控制可采用较成熟的空间矢量脉宽调制方法技术。具体的控制算法可参阅参考文献 [26]。

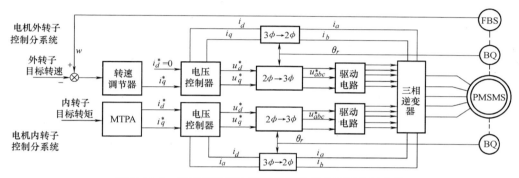

图 7-11-4 双转子电机电气无级变速器的闭环控制方法

7.11.2 最佳能量经济性控制方法

双转子电机电气无级变速器可实现系统的最佳能量经济性控制。假定在某一时刻,相应于车速的行星架角速度为 ω_c,相应于加速踏板开度的行星架转矩为 T_c,则有

$$T_1 = \frac{T_2}{K} = \frac{-T_c}{K+1} \tag{7-11-1}$$

式中,K 是行星排特性参数。根据式(7-11-1)可以得到内、外电机分系统分别应该输出的转矩 T_1、T_2。另一方面,内、外电机的转速应满足以下关系式

$$\omega_1 + K\omega_2 = (K+1)\omega_c \tag{7-11-2}$$

显然,这样的 ω_1、ω_2 组合有无穷多个,并且满足式(7-11-1)和式(7-11-2)要求的工作点都落在图 7-11-5a 中 $T=T_1$ 以及图 7-11-5b 中 $T=T_2$ 的水平线上。考虑到

$$\eta_{sys} = \eta_1(T_1, \omega_1)\eta_2(T_2, \omega_2)\eta_T \tag{7-11-3}$$

假定系统中随工作点的变化 η_T 的变化远小于 η_1 和 η_2 的变化,则在上述无穷多个 ω_1、ω_2 组合中,总能找到一组最佳工作点 $A(T_1, \omega_{1,opt})$ 和 $B(T_2, \omega_{2,opt})$,使得

$$\max[\eta_{sys}] = \eta_1(T_1, \omega_{1,opt})\eta_2(T_2, \omega_{2,opt})\eta_T \tag{7-11-4}$$

式中，η_{sys} 是系统总效率；η_1 是内电机分系统效率；η_2 是外电机分系统效率；η_T 是传动部件效率。

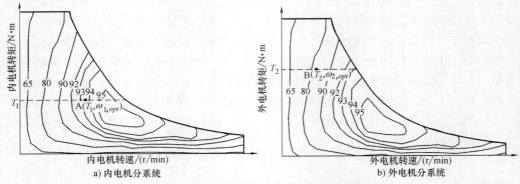

图 7-11-5 最佳能量经济性工作点示意图

一旦确定内、外电机分系统的目标转矩 T_1、目标转速 $\omega_{2,opt}$，则根据矢量控制算法可确定内侧三相绕组和外侧三相绕组的励磁电流分量 i_{d1}、i_{d2} 和转矩电流分量 i_{q1}、i_{q2}，计算公式在此从略。

7.11.3 最佳动力性控制方法

双转子电机电气无级变速器可实现对系统动力需求突变的快速响应，从而满足整车动力性要求。假定在某一时刻，相应于车速的行星架角速度为 ω_c，内、外电机的工作点分别为图 7-11-6 中的 A（T_1，ω_1）点、B（T_2，ω_2）点。若此时加速踏板开度突然增加，其相应的行星架转矩增加到 T'_c，则存在以下两种情况：

1) 根据式（7-11-1）得到相应于 T'_c 的内、外电机分系统分别应该输出的新转矩 T'_1、T'_2，在内、外电机运行区域内可以找到新工作点 A'（T'_1，ω'_1）、B'（T'_2，ω'_2），同时满足

$$\begin{cases} \omega'_1 = \omega_1 \\ \omega'_2 = \omega_2 \end{cases} \quad (7\text{-}11\text{-}5)$$

即内、外转子的转速不变，仅需增加各自的转矩即可满足动力性要求，如图 7-11-6 所示。在这种情况下，内电机分系统以 T'_1 为转矩闭环控制目标，外电机分系统以 $\omega'_2 = \omega_2$ 为转速闭环控制目标，则可实现系统动力性的瞬时响应。由于这一过程不涉及电机转速的变化，系统响应快捷。在后续的指令周期内，再根据标定得到的车速变化率，估算得到新的转速闭环控制目标值。

2) 根据式（7-11-1）得到相应于 T'_c 的内、外电机分系统分别应该输出的新转矩 T'_1、T'_2，在内、外电机运行区域内无法找到新工作点 A'（T'_1，ω'_1）、B'（T'_2，ω'_2）同时满足式（7-11-5），即至少有一个电机分系统的新工作点不在可运行范围之内。在图 7-11-7 显示的例子中，内电机分系统的新工作点 A'（T'_1，ω'_1）落在其可运行区域之外，因此必须调整其至 A''（T''_1，ω''_1），使之可以运行。由于 $\omega''_1 < \omega'_1$，即内转子必

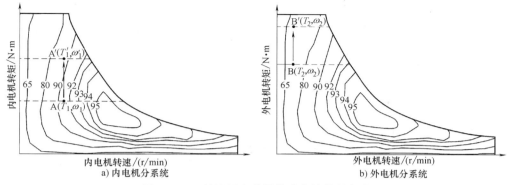

图 7-11-6　转速不变的最佳动力性控制方法

须减速,根据关系式(7-11-2),外电机必须加速,即 $\omega_2'' > \omega_2'$。在这种情况下,内电机分系统以 T_1' 为转矩闭环控制目标,外电机分系统以 $\omega_2'' > \omega_2$ 为转速闭环控制目标,则可实现系统动力性的快速响应。然而,因转速的变化,外电机的转速闭环控制需要一定的响应时间,总体上对动力性需求的响应不如第一种情况快捷。

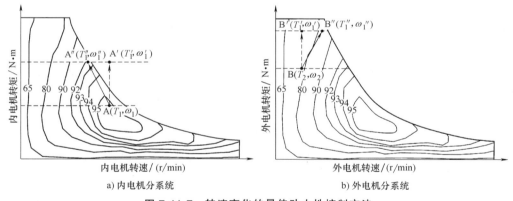

图 7-11-7　转速变化的最佳动力性控制方法

7.11.4　双电机驱动系统的准堵转驱动原理

上述双转子电机电气无级变速器的研究可以进一步推广至典型的双电机与单行星齿轮系组成的系统,如图 7-11-8a 所示。该系统有三种工作模式:①电机1驱动,制动器B闭合,离合器C分离;②电机1驱动,制动器B分离,离合器C闭合;③电机1、电机2共同驱动,制动器B和离合器C都分离。其中第三种实际上就是电气无级变速(EVT)工作模式。对这种工作模式的研究表明,在一些工况下,电机1或电机2经常在堵转工况下运行时系统效率最佳,如图 7-11-9 所示[27]。其内在机理是,由于处于堵转工况的电机功耗有限,另一处于正常驱动状态的电机可以选择在最佳的高效工作点上工作,从而使系统效率最大化。

基于这一研究结果,可以将图 7-11-8a 所示的典型系统构型简化为图 7-11-8b 所示的简化系统构型,采用"准堵转"控制方法,即根据动力需求,在某些工况下使电机 1 或电机 2 在接近堵转的状态下工作,可以在满足动力性的前提下,使系统效率接近典型系统构型的水平。

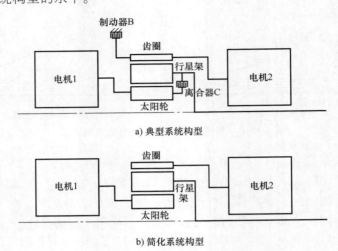

图 7-11-8 双电机行星齿轮系统 EVT 工作模式

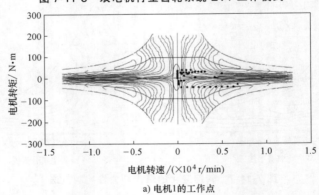

a) 电机1的工作点

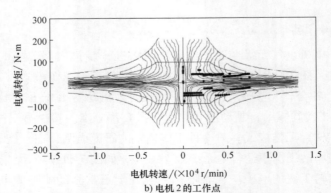

b) 电机 2 的工作点

图 7-11-9 EVT 工作模式下双电机的工作点

由于电机在堵转工况下无法长时间工作，可以根据温升的情况适时调整其工作点。调整方法有二：①当两台电机中的任意一台电机都能满足当前工况的动力要求时，可使电机 1 和电机 2 轮流在堵转工况下工作；②当两台电机中仅一台电机能满足当前工况的动力要求时，可将堵转电机的工作点偏离堵转状态一段时间，待电机温度降到一定阈值以下时再回到堵转状态工作。这种简化系统构型的主要优点是因为去掉了较为昂贵的离合器和制动器，可以进一步降低系统成本。

参 考 文 献

[1] 徐国凯，赵秀春，苏航. 电动汽车的驱动与控制 [M]. 北京：电子工业出版社. 2010.

[2] 窦国伟，刘奋，程浩等. 纯电动轿车整车驱动控制策略开发实践 [J]. 上海汽车，2010 (5)：8-31.

[3] 马文明. AMT 换挡规律与软件系统开发 [D]. 合肥：合肥工业大学，2007.

[4] 孔慧芳，刘成. 搭载两挡 AMT 的纯电动汽车动力性换挡规律研究 [J]. 中国科学技术大学学报，2012 (42)：1.

[5] 杨易，江清华，周兵，等. 纯电动汽车最佳动力性换挡规律研究 [J]. 汽车技术，2011 (3)：1-5.

[6] 周孟喜. 电动汽车驱动工况下的整车控制策略研究 [D]. 重庆：重庆大学，2012.

[7] 余盼霞. 机械自动变速器电动换挡执行机构动态特性分析 [D]. 重庆：重庆大学，2010.

[8] 陈淑江，秦大同，胡明辉，等. 兼顾动力性与经济性的纯电动汽车 AMT 综合换挡策略 [J]. 中国机械工程，2013，24 (19).

[9] 莫旭辉，朱园园，杨辉. 电动汽车坡道起步电机转速控制研究 [J]. 计算机仿真，2018，35 (4).

[10] 陈椒江，秦大同，胡明辉，等. 纯电动汽车坡道自适应起步控制策略. 重庆大学学报，2012，35 (9).

[11] 张炳力，汤波，周德明，等. 基于 AMT 的自动换挡协调控制策略研究 [J]. 合肥工业大学学报（自然科学版），2016，39 (9).

[12] 陈曦. 纯电动汽车用两挡 AMT 换挡控制研究 [D]. 合肥：合肥工业大学，2013.

[13] 陈淑江. 纯电动汽车动力传动系统参数匹配与综合控制研究 [D]. 重庆：重庆大学，2013.

[14] 胡建军，李康力，胡明辉，等. 纯电动轿车 AMT 换挡过程协调匹配控制方法 [J]. 中国公路学报，2012，25 (1).

[15] 戴振坤，徐向阳，刘艳芳，等. 液力自动变速器离合器的闭环滑差控制 [J]. 汽车工程，2012，34 (8).

[16] ZHU B. Research of two speed DCT electric power-train and control system. Ph. D. Dissertation [D]. Sydney：University of Technology，2015.

[17] GOETZ M，Integrated powertrain control for twin clutch transmissions [D]. Dissertation, University of Leeds，2005.

[18] 李军求，陈建文，王宜范，等. 电动车辆组合式离合器换挡过程优化控制 [J]. 湖南大学学报（自然科学版），2016，43 (2).

[19] 秦大同，陈清洪. 基于最优控制的 AMT/DCT 离合器通用起步控制 [J]. 机械工程学报，

2011, 47 (12).

[20] 顾强, 程秀生. 基于粒子群算法的电动汽车 DCT 升档动力协调控制 [J]. 农业工程学报, 2012, 28 (8).

[21] 孙贤安, 吴光强. 双离合器式自动变速器汽车换挡控制策略仿真 [J]. 东南大学学报 (自然科学版), 2011, 41 (4).

[22] SONG X, ZULKEFLI M, SUN Z. Automotive transmission clutch fill control using a customized dynamic programming method. Journal of Dynamic Systems [J]. Measurement and Control, 2011 (133).

[23] KARNOPP D. Computer simulation of stick–slip friction in mechanical dynamic systems [J]. ASME J. Dyn. Syst., Meas., Control, 1985, 107 (1): 100-103.

[24] 陈新文, 袁一卿, 伍国强. 电动汽车用 EVT 动力系统控制策略及其仿真研究 [C]. 第十七届中国电动车辆学术年会, 2012: 38-46.

[25] 王成元, 夏加宽, 孙宜标. 现代电机控制技术 [M]. 北京: 机械工业出版社, 2008.

[26] WANG L, YUAN Y, SHI L. Improvements of energy efficiency under electric driving mode for plug-in hybrid electric vehicles [J]. 2018SAECCE-EV011, 2018.

第 8 章 电动汽车变速器换挡过程动力学

8.1 换挡品质评价标准

8.1.1 换挡时间

换挡时间一般是指由变速器控制器发出换挡指令给执行机构之时起到换挡过程结束为止的时间。换挡品质的提高通常要求在满足驾乘舒适性的前提下尽可能缩短换挡时间。

8.1.2 换挡冲击度

换挡冲击度 j 是指整车纵向加速度 a 的时间变化率,它是评价换挡品质的客观指标之一,可表示为

$$j = \frac{\mathrm{d}a}{\mathrm{d}t} = \frac{\mathrm{d}^2 u}{\mathrm{d}t^2} \tag{8-1-1}$$

式中,u 是纵向车速。当冲击度过大时,整车的换挡平顺性和驾乘舒适性会受到影响。因此,一般希望将其控制在一定范围之内,德国标准要求 $|j| \leqslant 10\mathrm{m/s}^3$,而中国标准要求 $|j| \leqslant 17.64\mathrm{m/s}^3$[1]。

8.1.3 换挡滑摩功率损失

换挡过程的转矩切换过程中都会因离合器滑摩的发生导致功率损失,一般以总滑摩功的形式表达。对于换挡过程仅涉及两个离合器切换的情形,总滑摩功为

$$W_s = \int_0^{t_1} T_{c1} |\omega_m - \omega_{c1}| \, \mathrm{d}t + \int_0^{t_2} T_{c2} |\omega_m - \omega_{c2}| \, \mathrm{d}t \tag{8-1-2}$$

式中,W_s 是总滑摩功;T_{c1}、T_{c2} 分别是离合器 1、离合器 2 的摩擦转矩;ω_m 是电机

角速度；ω_{c1}、ω_{c2} 分别是离合器 1、离合器 2 的从动盘角速度；t_1、t_2 分别是离合器 1、离合器 2 分离或接合时间。

由于滑摩时间越长，离合器摩擦转速的变化率越小，冲击度就越小，但滑摩功会变大。若换挡时间过短，则冲击度就可能过大，换挡冲击大，平顺性差；若换挡时间过长，则滑摩功增加，摩擦盘工作寿命就会降低。因此，滑摩功和冲击度常常是一对矛盾，需要在设计过程中权衡利弊进行选择。

8.1.4 换挡综合评价指标

由于离合器换挡过程的冲击度和滑摩功是一对相互制约的指标，因此有时采用综合换挡评价指标 I

$$I = \frac{1}{2}\left(W_s + \lambda \int_0^t j^2 \mathrm{d}t\right) \tag{8-1-3}$$

式中，λ 是冲击度权重系数，一般有 $0<\lambda<1$。λ 越大，表明在综合换挡评价指标中冲击度的影响越大。通过 λ 值的调整，可以综合考虑冲击度和滑摩功的控制目标[2]。

8.2 无离合器机械式自动变速器（AMT）换挡过程动力学

以同步器位于输出轴的一款无离合器 2 速 AMT 为例（见图 8-2-1），假定齿轮副啮合间隙可以忽略，则其动力学模型简图如图 8-2-2 所示。该系统的动力学方程为

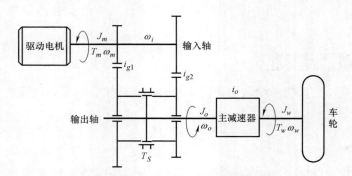

图 8-2-1 一种 2 速 AMT 结构简图

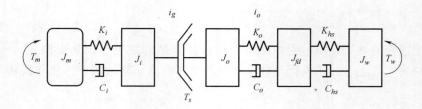

图 8-2-2 一种 2 速 AMT 动力学模型简图

$$J_m \ddot{\theta}_m = T_m - K_i(\theta_m - \theta_i) - C_i(\dot{\theta}_m - \dot{\theta}_i) \tag{8-2-1}$$

$$J_i \ddot{\theta}_i = K_i(\theta_m - \theta_i) + C_i(\dot{\theta}_m - \dot{\theta}_i) - \frac{T_s}{i_g} \tag{8-2-2}$$

$$J_o \ddot{\theta}_o = T_s - K_o(\theta_o - i_o \theta_{fd}) - C_o(\dot{\theta}_o - \dot{\theta}_{fd}) \tag{8-2-3}$$

$$J_{fd} \ddot{\theta}_{fd} = K_o\left(\frac{\theta_o}{i_o} - \theta_{fd}\right) + C_o\left(\frac{\dot{\theta}_o}{i_o} - \dot{\theta}_{fd}\right) - K_{hs}(\theta_{hs} - \theta_v) - C_{hs}(\dot{\theta}_{hs} - \dot{\theta}_v) \tag{8-2-4}$$

$$J_w \ddot{\theta}_w = K_{hs}(\theta_{hs} - \theta_v) + C_{hs}(\dot{\theta}_{hs} - \dot{\theta}_w) - T_w \tag{8-2-5}$$

式中，K 是弹性系数；C 是阻尼系数；T_m 是驱动电机转矩；T_s 是同步转矩；T_w 是车轮阻力矩；θ 是转角；下标 m、i、o、fd、w 分别指电机、输入侧、输出侧、主减速、车轮（整车）；i_g 是变速器的速比（不含主减速比），

$$i_g = \begin{cases} i_{g1} & 1\ 挡时 \\ i_{g2} & 2\ 挡时 \end{cases} \tag{8-2-6}$$

电动汽车无离合器 AMT 换挡过程一般分为五个阶段[3]，即卸载阶段、摘挡阶段、空挡（电机调速）阶段、换挡阶段以及动力恢复阶段。以 1 挡升 2 挡为例，相关物理量在升挡过程中的变化如图 8-2-3 所示。

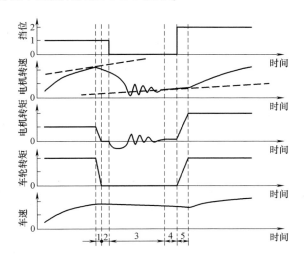

图 8-2-3 AMT 换挡的五个阶段

1—卸载阶段 2—摘挡阶段 3—空挡阶段 4—换挡阶段 5—动力恢复阶段

8.2.1 卸载及动力恢复阶段的传动系统动力学

在卸载及动力恢复阶段，与正常驱动行驶时一样，电机处于转矩闭环控制状态。在忽略变速器中传动部件弹性、阻尼、间隙的条件下，式（8-2-1）~式（8-2-5）的传动系统动力学方程可简化为

$$J_{ieq}\frac{\mathrm{d}\omega_m}{\mathrm{d}t}=T_m-\frac{T_w}{i_g i_o \eta_T} \tag{8-2-7}$$

式中，J_{ieq} 是整个传动系统在输入轴的等效转动惯量；ω_m 是电机及输入轴角速度；T_m 是驱动电机转矩；T_w 是整车所受的阻力矩；η_T 是变速器的机械传动效率。J_{ieq} 由下式求得

$$J_{ieq}=J_i+\frac{J_o}{i_o^2 \eta_{io}}+\frac{J_w}{(i_g i_o)^2 \eta_T} \tag{8-2-8}$$

式中，J_i 是电机转子、输入轴及输出轴上的输入侧齿轴件等效到输入轴的转动惯量；J_o 是输出轴上的输出侧齿轴件转动惯量；J_w 是整车在主减速器输出端的等效转动惯量；η_{io} 是变速器输入轴到输出轴之间的机械传动效率。J_w 的计算公式为

$$J_w=\delta m R_d^2 \tag{8-2-9}$$

式中，δ 是旋转质量换算系数；m 是整车质量；R_d 是车轮的动态半径。

在卸载及动力恢复阶段，冲击度由下式给出

$$j=\frac{R_d}{J_w}\left(\eta_T i_g i_o \frac{\mathrm{d}T_m}{\mathrm{d}t}-\frac{\mathrm{d}T_w}{\mathrm{d}t}\right) \tag{8-2-10}$$

式中，J_w 是整车等效转动惯量。因换挡过程短暂，一般整车所受阻力矩变化可以忽略不计，则式（8-2-5）可简化为[4]

$$j=\frac{R_d \eta_T i_g i_o}{J_w}\frac{\mathrm{d}T_m}{\mathrm{d}t} \tag{8-2-11}$$

由式（8-2-11）可见，在此阶段的冲击度与驱动电机的转矩变化率成正比，为了将冲击度限制在一定范围内，必须对电机转矩变化率进行限制。

8.2.2 摘挡阶段的传动系统动力学

在摘挡阶段，驱动电机处于自由模式，不输出转矩。由于同步器主、从动部分两侧在该阶段之初处于完全接合状态，在摘挡过程完成之前，同步器都将传递整车的阻力矩，这个转矩会使同步器主、从动部分两侧按照相同的减速度减速，而在这个阶段结束时两侧转速会由于两侧阻力矩和转动惯量的不同开始呈现差异。在忽略变速器中传动部件弹性、阻尼、间隙的条件下，式（8-2-1）~式（8-2-5）的传动系统动力学方程在这个阶段可简化为

$$J_{ieq}\frac{\mathrm{d}\omega_m}{\mathrm{d}t}=-\frac{T_w}{i_g i_o \eta_T} \tag{8-2-12}$$

$$T_w=\left(mgf\cos\alpha+mg\sin\alpha+\frac{C_D A V^2}{21.15}\right)R_d \tag{8-2-13}$$

$$i_g=\begin{cases}i_{g1} & \text{摘 1 挡时}\\ i_{g2} & \text{摘 2 挡时}\end{cases} \tag{8-2-14}$$

式中，J_{ieq} 是整个传动系统在输入轴的等效转动惯量；ω_m 是电机及输入轴角速度；

T_w 是车轮阻力矩；i_g 是输入轴到输出轴的传动比；i_o 是主减速比；η_T 是变速器的机械传动效率。

8.2.3 空挡（电机调速）阶段的传动系统动力学

在空挡（电机调速）阶段，电机处于转速闭环控制状态。该阶段控制目标是通过电机的主动调速来达到同步器主、从动部分的快速同步，减少后续的换挡过程对同步器的磨损，并且减小换挡冲击。在这个阶段中，同步器的主、从动部分两侧处于完全分离状态。因此，在忽略变速器中传动部件弹性、阻尼、间隙的条件下，式（8-2-1）~式（8-2-5）的传动系统动力学方程在这个阶段可得到简化，输入侧的传动系统动力学方程为

$$J_{ieq}\frac{d\omega_m}{dt} = T_m \tag{8-2-15}$$

式中，J_{ieq} 是输入侧在输入轴的等效转动惯量。输出侧的传动系统动力学方程为

$$J_{oeq}\frac{d\omega_o}{dt} = -\frac{T_w}{i_o\eta_{ow}} \tag{8-2-16}$$

式中，J_{oeq} 是输出侧在输出轴的等效转动惯量；ω_o 是输出轴角速度；η_{ow} 是输出轴到车轮之间的机械传动效率。

在这一阶段的冲击度为

$$j = -\frac{dT_w}{J_w dt} \tag{8-2-17}$$

式中，J_w 是输出侧在主减速器输出端的等效转动惯量。由于换挡过程短暂，整车所受阻力矩变化较小，这一阶段的冲击度很小，对换挡过程的影响不大。

8.2.4 换挡阶段的传动系统动力学

在换挡阶段，驱动电机处于自由模式，不输出转矩。由于同步器主、从动部分两侧转速差的存在，在达到完全同步之前，同步器将传递一定的转矩，这个转矩会使转速较高的一侧减速，同时使转速较低的一侧加速，从而在这个阶段结束时达到两侧转速相同的状态。这个阶段的系统动力学模型与同步器位于输入轴还是输出轴等结构布置有关。在忽略变速器中传动部件弹性、阻尼、间隙的条件下，式（8-2-1）~式（8-2-5）的传动系统动力学方程在这个阶段可简化为[3,5,6]

输入侧：$$J_{ieq}\frac{d\omega_i}{dt} = -\frac{T_s}{i_g\eta_{io}} \tag{8-2-18}$$

输出侧：$$J_{oeq}\frac{d\omega_o}{dt} = T_s - \frac{T_w}{i_o\eta_{ow}} \tag{8-2-19}$$

$$T_s = \frac{fnd_fF}{2\sin\alpha} \tag{8-2-20}$$

$$T_w = \left(mgf\cos\alpha + mg\sin\alpha + \frac{C_D A V^2}{21.15}\right) R_d \tag{8-2-21}$$

$$i_g = \begin{cases} i_{g1} & \text{换入 1 挡时} \\ i_{g2} & \text{换入 2 挡时} \end{cases} \tag{8-2-22}$$

式中，J_{ieq}、J_{oeq} 分别是输入侧、输出侧等效到输入轴、输出轴的总转动惯量；ω_i、ω_o 分别是输入轴、输出轴角速度；T_s 是同步器传递的转矩；T_w 是车轮阻力矩；i_g 是输入轴到输出轴的传动比；i_o 是主减速比；α 是同步器摩擦锥面半锥角；n 是摩擦锥面个数；f 是工作锥面摩擦因数；d_f 是摩擦锥面平均直径；F 是接合套上的轴向力。

这个阶段的冲击度为

$$j = \frac{R_d}{J_{oeq} i_o} \frac{\mathrm{d}}{\mathrm{d}t}\left(T_s - \frac{T_w}{i_o \eta_{ow}}\right) \tag{8-2-23}$$

因换挡时间较短，而整车的惯量很大，一般车轮阻力矩的时间变化率较小，可忽略不计，因此这个阶段的换挡冲击度主要与同步器传递转矩 T_s 的变化率有关，即

$$j = \frac{R_d}{J_{oeq} i_o} \frac{\mathrm{d}T_s}{\mathrm{d}t} \tag{8-2-24}$$

AMT 的换挡同步过程可分八个阶段[7]，如图 8-2-4 所示。工作过程具体如下：

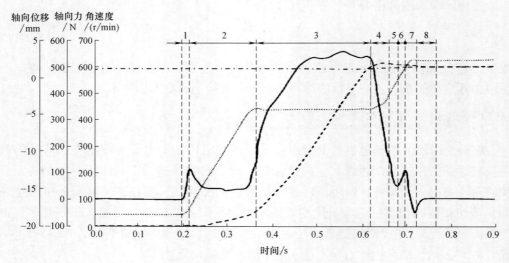

图 8-2-4　AMT 换挡工作过程[6]

（1）初始自由行程　接合套沿轴向开始移动的初期遇到的机械阻力不大，接合套带动定心机构并推动同步环向齿轮的锥面移动，如图 8-2-5 所示。接合套的轴向速度较高，但所需的轴向力较小，并且均保持不变。

（2）速度同步开始　接合套的接合齿位置在该阶段处于上个阶段的最后位置，但作用在接合套上的轴向推力增大，该作用力传递到定心机构的钢珠上，再传递到

同步环的侧面。钢珠的平衡由弹簧保证。当传递的力达到一定大小时，弹簧无法保持钢珠的平衡，定心机构的钢珠会退回凹槽中。这时接合套会稍向前移，接合套的接合齿开始与同步环的接合齿发生接触，接合套的轴向力会直接传递到同步环上。当同步环接近齿轮的锥面时，会挤压同步环和齿轮锥面之间的油。随着锥面之间法向距离的减小，油膜压力增加，因而所需的轴向力急剧增加。为减小所需的轴向力，破碎油膜并将油导出，通常在同步环的锥面上设计有油槽。接合套的轴向速度则下降至零。

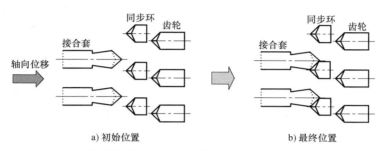

图 8-2-5　初始自由行程阶段（第 1 阶段）接合套位置的变化

（3）角速度同步。该阶段各机械部件的接合齿处于第 1 阶段的最终位置。在大部分油排出后，摩擦锥面之间为混合型润滑，施加的轴向力增加并保持在 500~700N 不变。混合型摩擦将转速差造成的动能消耗掉，因而接合套与齿轮之间的角速度差减小并趋于零。当接合套与齿轮之间存在角速度差时，轴向力和切向力在接合齿倒角上的平衡阻止了换挡过程。

（4）转动同步环。若角速度差变位零，摩擦现象结束，因摩擦能量耗散加热的同步环开始放出热量，其直径减小，很快就卡套在齿轮锥面上，作用在花键倒角上的阻力分量也会消失。与此同时，轴向作用力减小，接合套的位移使同步环和齿轮发生转动，而倒角则保持接触，如图 8-2-6 所示。接合套的轴向速度从零增加到最大值，轴向力则减小至最小值。

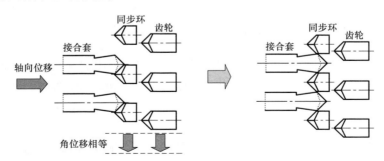

图 8-2-6　转动同步环阶段（第 4 阶段）接合套位置的变化

（5）第二次自由行程　当接合齿倒角分离时同步环停止转动。接合套沿轴向向前移动，直至接近齿轮的接合齿倒角，如图 8-2-7 所示。接合套的轴向速度达到最大值，而所需的轴向力则减到最小。接合套与同步环啮合。齿轮的角速度可假定与接合套相同。

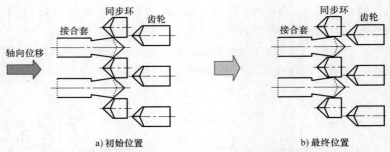

图 8-2-7 第二次自由行程阶段（第 5 阶段）接合套位置的变化

（6）第二次碰撞开始 接合齿倒角和齿轮倒角相互接近时，在倒角表面会再次形成一层很薄的油膜。为了维持接合套的轴向速度，油膜的压缩要求增加轴向力。通常这一增加不足以维持轴向速度，因此接合套将减速，而油膜会破碎。当油排出时，轴向力会大大增加，倒角表面受到压迫。当作用在倒角上的平衡作用力的切向分量大到足以转动原来卡套在锥面上的同步环时，轴向力不再增加，同步环变得可以自由转动，而接合套则可以继续沿轴向移动。由于轴向力的再次增大，这个阶段构成二次冲击现象的第一部分[7]。

（7）转动齿轮 同步环和齿轮锥面分离后，接合套以较低轴向速度向前移动时会转动齿轮。显然，转动齿轮所需的轴向力取决于接合套和接合齿套上接合齿的相对位置。这一相对初始位置在同步阶段结束时得到。若转动角度较大，则所需的力较小；若转动角度较小，则所需的力会很大。当接合套以一定速度出现轴向位移时，为在较短时间内加速和转动齿轮，转角越小，需要的力越大。这个阶段构成二次冲击现象的第二部分，也是更为重要的部分。

（8）最终自由行程 在转动齿轮后，接合套沿轴向前移，与齿轮的结合齿啮合。接合套的轴向速度达到最大值，而轴向力则变得很小。

关于描述上述八个阶段的动力学方程，可参考有关文献的附录[7]。

8.2.5 换挡时间

AMT 换挡时间 t 是指换挡过程的动力中断时间[8]，通常由四部分组成：摘挡时间 t_1；驱动电机调速时间 t_2；换挡时间 t_3；各传感器信号及执行器响应滞后时间 t_4。因此，

$$t = t_1 + t_2 + t_3 + t_4 \tag{8-2-25}$$

8.3 双离合自动变速器（DCT）换挡过程动力学

8.3.1 DCT 换挡的类型和过程分析

DCT 换挡通常有两种情况，即动力换挡和无动力换挡[1]。动力换挡时动力的传

递方向是从驱动电机到车轮，而无动力换挡时动力的传递方向是从车轮到驱动电机。考虑到升挡和降挡的情况，DCT 的换挡有以下四种类型（见表 8-3-1）[1]：

表 8-3-1 DCT 换挡的四种类型

换挡类型	典型工况	发生比例	换挡过程
动力升挡	踩下加速踏板加速	大多数升挡情况属于这类	转矩相
			惯性相
无动力升挡	加速时放开加速踏板	少数升挡情况属于这类	惯性相
	下坡滑行并加速		转矩相
动力降挡	踩下加速踏板上坡减速	少数降挡情况属于这类	惯性相
			转矩相
无动力降挡	踩下制动踏板	大多数降挡情况属于这类	转矩相
	不踩加速踏板上坡		惯性相

DCT 的换挡过程按时序分为准备期、转矩相和惯性相。

在准备期，电控液压式换挡执行机构要完成预充油，消除机构内部间隙，为系统快速响应做好准备[9]。

在转矩相，分离离合器传递的摩擦转矩逐渐转交给接合离合器。分离离合器按照目标转矩由无滑摩逐渐进入滑摩状态；接合离合器则按照满足整车加速的要求接合，同时尽量减小驱动力的下降以及整车加速度的波动。一旦达到上述目标转矩，则进入惯性相。

在惯性相，按照接合离合器的目标转矩，使离合器压力满足该目标转矩要求，当离合器主动侧和从动侧转速一致时，将离合器压力升到最高值并将其锁止。接合离合器的转矩则尽可能保持不变，以减小换挡冲击。

8.3.2 DCT 换挡过程的动力学模型

典型的 2 速 DCT 结构简图如图 8-3-1 所示。其换挡过程动力学简图如图 8-3-2 所示[1]，其两个离合器均处于滑摩状态。驱动电机的转矩首先加速电机的转动惯量，

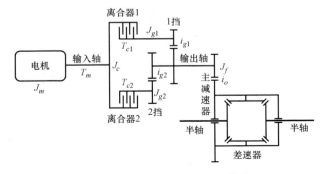

图 8-3-1 典型的 2 速 DCT 结构简图

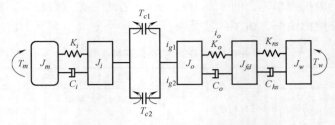

图 8-3-2 2 速 DCT 换挡过程动力学简图

再经由其输出轴传递到离合器毂。在双离合器上，转矩传递路径有两条，既可以分别、也可以同时向下游的齿轮副传递，然后通过变速器将转矩传递到驱动轴，进而驱动整车。基于该模型的动力学方程为[1]

$$J_m \ddot{\theta}_m = T_m - K_c(\theta_i - \theta_m) - C_i(\dot{\theta}_i - \dot{\theta}_m) \tag{8-3-1}$$

$$J_i \ddot{\theta}_i = K_i(\theta_i - \theta_m) + C_i(\dot{\theta}_i - \dot{\theta}_m) - T_{c1} - T_{c2} \tag{8-3-2}$$

$$J_o \ddot{\theta}_o = i_{g1} T_{c1} + i_{g2} T_{c2} - K_o(\theta_o - i_o \theta_{fd}) - C_o(\dot{\theta}_o - i_o \dot{\theta}_{fd}) \tag{8-3-3}$$

$$J_{fd} \ddot{\theta}_{fd} = K_o\left(\frac{\theta_o}{i_o} - \theta_{fd}\right) + C_o\left(\frac{\dot{\theta}_o}{i_o} - \dot{\theta}_{fd}\right) - K_{hs}(\theta_{fd} - \theta_w) - C_{hs}(\dot{\theta}_{fd} - \dot{\theta}_w) \tag{8-3-4}$$

$$J_w \ddot{\theta}_w = K_{hs}(\theta_{fd} - \theta_w) + C_{hs}(\dot{\theta}_{fd} - \dot{\theta}_w) - T_w \tag{8-3-5}$$

式中，θ、$\dot{\theta}$、$\ddot{\theta}$ 分别是角位移、角速度、角加速度；i 是传动比；J 是转动惯量；K 是刚度系数；C 是阻尼系数；T 是转矩；下标 m 表示电机；c 表示离合器；g 表示变速器；fd 表示主减速器；w 表示车轮（整车）；1 和 2 分别表示双离合器及相应挡位的齿轮副。J_o 是离合器从动侧及齿轮副组件等效到输出轴的转动惯量

$$J_o = i_{g1}^2 J_{g1} + i_{g2}^2 J_{g2} \tag{8-3-6}$$

式中，i_{g1} 是 1 挡齿轮副传动比；i_{g2} 是 2 挡齿轮副传动比；J_{g1} 是离合器 1 从动侧及 1 挡齿轮副组件的转动惯量；J_{g2} 是离合器 2 从动侧及 2 挡齿轮副组件的转动惯量。

当双离合器之一锁止时，由于锁止的离合器将离合器毂的惯量经齿轮副与变速器的惯量合二为一，上述四自由度系统退减为三自由度。以第 1 离合器锁止的情况为例，相应的动力学方程为

$$J_m \ddot{\theta}_m = T_m - K_c(\theta_i - \theta_m) - C_i(\dot{\theta}_i - \dot{\theta}_m) \tag{8-3-7}$$

$$(J_o + i_{g1}^2 J_i)\ddot{\theta}_o = i_{g1} K_i\left(\frac{\theta_i}{i_{g1}} - \theta_o\right) + i_{g1} C_i\left(\frac{\dot{\theta}_i}{i_{g1}} - \dot{\theta}_o\right) - K_o(\theta_o - i_o \theta_{fd}) - C_o(\dot{\theta}_o - i_o \dot{\theta}_{fd}) + (i_{g2} - i_{g1})T_{c2} \tag{8-3-8}$$

$$J_{fd} \ddot{\theta}_{fd} = K_o\left(\frac{\theta_o}{i_o} - \theta_{fd}\right) + C_o\left(\frac{\dot{\theta}_o}{i_o} - \dot{\theta}_{fd}\right) - K_{hs}(\theta_{fd} - \theta_w) - C_{hs}(\dot{\theta}_{fd} - \dot{\theta}_w) \tag{8-3-9}$$

$$J_w \ddot{\theta}_w = K_{hs}(\theta_{fd} - \theta_w) + C_{hs}(\dot{\theta}_{fd} - \dot{\theta}_w) - T_w \tag{8-3-10}$$

为了求解上述动力学方程，首先必须求得离合器转矩。基于分段的离合器模型将动态和静态摩擦相结合，其表达式为[1]

$$T_c = \begin{cases} 0 & x < x_0 \\ NFf_d \dfrac{r_o^3 - r_i^3}{r_o^2 - r_i^2} & x \geq x_0, |\Delta\dot{\theta}| > 0 \\ T_{avg} & x \geq x_0, |\Delta\dot{\theta}| > 0, T_{avg} < T_{c,s} \\ NFf_s \dfrac{r_o^3 - r_i^3}{r_o^2 - r_i^2} & x \geq x_0, |\Delta\dot{\theta}| = 0, T_{avg} \geq T_{c,s} \end{cases} \quad (8\text{-}3\text{-}11)$$

式中，N 是摩擦面的数量；x 是离合器压盘的位移；x_0 是摩擦片之间产生接触所需的最小位移；f_d 是动摩擦系数；f_s 是静摩擦系数；r_i、r_o 分别是离合器盘的内径、外径；F 是离合器上的作用力；T_{avg} 是平均转矩，可由离合器主动侧和从动侧的动力学方程估算，即

$$T_{avg} = (T_{ci} + T_{co})/2 \quad (8\text{-}3\text{-}12)$$

对于离合器 C_1，

$$T_{ci} = K_i(\theta_i - \theta_m) + C_i(\dot{\theta}_i - \dot{\theta}_m) - T_{c2} - J_i\ddot{\theta}_i \quad (8\text{-}3\text{-}13)$$

$$T_{co} = \dfrac{1}{i_{g1}}[J_o\ddot{\theta}_o + K_o(\theta_o - i_o\theta_{fd}) + C_o(\dot{\theta}_o - i_o\dot{\theta}_{fd}) - i_{g2}T_{c2}] \quad (8\text{-}3\text{-}14)$$

对于离合器 C_2，

$$T_{ci} = K_i(\theta_i - \theta_m) + C_i(\dot{\theta}_i - \dot{\theta}_m) - T_{c1} - J_i\ddot{\theta}_i \quad (8\text{-}3\text{-}15)$$

$$T_{co} = \dfrac{1}{i_{g2}}[J_o\ddot{\theta}_o + K_o(\theta_o - i_o\theta_{fd}) + C_o(\dot{\theta}_o - i_o\dot{\theta}_{fd}) - i_{g1}T_{c1}] \quad (8\text{-}3\text{-}16)$$

式（8-3-13）~式（8-3-16）由式（8-3-2）和式（8-3-3）推导得到。对基于转矩的 DCT 控制，平均转矩是个重要的参数，因为它是接合离合器过程控制的目标值[1]。

8.3.3 DCT 的换挡冲击度

在忽略变速器中传动部件弹性、阻尼、间隙的条件下，换挡冲击度 j 可表示为

$$j = \dfrac{\mathrm{d}a}{\mathrm{d}t} = \dfrac{i_g i_o \eta_t}{\delta m R_d}\dfrac{\mathrm{d}T_c}{\mathrm{d}t} \quad (8\text{-}3\text{-}17)$$

式中，δ 是整车旋转质量换算系数；m 是整车质量；i_g 是变速器传动比；i_o 是主减速比；η_t 是变速器机械传动效率；R_d 是车轮动态滚动半径；T_c 是离合器摩擦转矩。

由式（8-3-17）可见，换挡冲击度与离合器转矩变化率成正比，转矩变化越快，离合器换挡时间越短，但换挡冲击度也越大。

8.3.4 DCT 的滑摩功

DCT 的滑摩功可通过式（8-1-2）求得。

8.3.5 DCT 的换挡时间

DCT 的换挡过程由转矩相和惯性相两个阶段，类似于图 8-4-1 所示的动力换挡变速器换挡过程。因此，其换挡时间为

$$t = t_t + t_i \tag{8-3-18}$$

式中，t_t 是转矩相时间长度；t_i 是惯性相时间长度。

8.4 动力换挡变速器（PST）换挡过程动力学

8.4.1 PST 换挡过程的动力学模型

典型的 2 速 PST 结构简图如图 8-4-1 所示，其换挡过程动力学简图如图 8-4-2 所示。其离合器、制动器均可处于滑摩状态。驱动电机的转矩首先加速电机的转动惯量，再经由其输出轴（即变速器的输入轴）传递到太阳轮。在行星齿轮系中，转矩的传递路径是从太阳轮传递到行星轮，再到行星架，然后通过变速器输出轴、主减速齿轮副、差速器将转矩传递到驱动轴或半轴，进而驱动整车。基于上述模型的动力学方程为

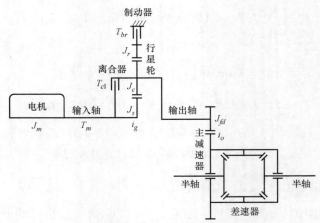

图 8-4-1 典型的 2 速 PST 结构简图

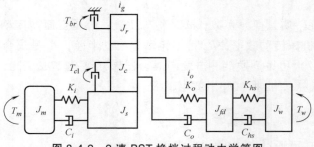

图 8-4-2 2 速 PST 换挡过程动力学简图

$$J_m \ddot{\theta}_m = T_m - K_c(\theta_i - \theta_m) - C_i(\dot{\theta}_i - \dot{\theta}_m) \tag{8-4-1}$$

$$J_s \ddot{\theta}_s = K_i(\theta_s - \theta_m) + C_i(\dot{\theta}_s - \dot{\theta}_m) - T_{cl} - \frac{T_{br}}{K} \tag{8-4-2}$$

$$J_c \ddot{\theta}_c = T_{cl} + \frac{K+1}{K}T_{br} - K_o(\theta_c - i_o\theta_{fd}) - C_o(\dot{\theta}_c - i_o\dot{\theta}_{fd}) \tag{8-4-3}$$

$$J_{fd} \ddot{\theta}_{fd} = K_o\left(\frac{\theta_c}{i_o} - \theta_{fd}\right) + C_o\left(\frac{\dot{\theta}_c}{i_o} - \dot{\theta}_{fd}\right) - K_{hs}(\theta_{fd} - \theta_w) - C_{hs}(\dot{\theta}_{fd} - \dot{\theta}_w) \tag{8-4-4}$$

$$J_w \ddot{\theta}_w = K_{hs}(\theta_{fd} - \theta_w) + C_{hs}(\dot{\theta}_{fd} - \dot{\theta}_w) - T_w \tag{8-4-5}$$

在忽略变速器中传动部件弹性、阻尼、间隙的条件下，将电机转动惯量等效到变速器输入轴，将主减速器转动惯量以及整车平移质量等效到变速器输出轴，并以集中质量的形式表达，则上述模型可简化为图 8-4-3 所示的刚体无阻尼动力学模型。基于该简化模型的动力学方程为[2]

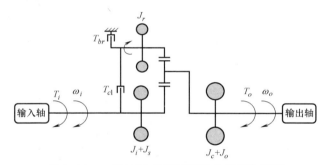

图 8-4-3　2 速 PST 换挡过程动力学简化模型

$$\begin{bmatrix} J_{11} & J_{12} \\ J_{21} & J_{22} \end{bmatrix} \begin{bmatrix} \ddot{\theta}_i \\ \ddot{\theta}_o \end{bmatrix} = \begin{bmatrix} T_i - a_{11}T_{br} - a_{12}T_{cl} \\ -a_{12}T_{br} + a_{12}T_{cl} - T_o \end{bmatrix} \tag{8-4-6}$$

即

$$(J_{11}J_{22} - J_{12}J_{21})\ddot{\theta}_i = J_{22}(T_i - a_{11}T_{br} - a_{12}T_{cl}) + J_{12}(a_{12}T_{br} - a_{12}T_{cl} + T_o) \tag{8-4-7}$$

$$(J_{12}J_{21} - J_{11}J_{22})\ddot{\theta}_o = J_{21}(T_i - a_{11}T_{br} - a_{12}T_{cl}) + J_{11}(a_{12}T_{br} - a_{12}T_{cl} + T_o) \tag{8-4-8}$$

式中，

$$J_{11} = J_i + J_s + J_r a_{11}^2 + J_p a_{12}^2 \tag{8-4-9}$$

$$J_{12} = J_{21} = J_r a_{11} a_{12} + J_p a_{21} a_{22} \tag{8-4-10}$$

$$J_{22} = J_r a_{12}^2 + J_p a_{22}^2 + m_p r_c^2 + J_c + J_o \tag{8-4-11}$$

$$a_{11} = -\frac{1}{K} \tag{8-4-12}$$

$$a_{12} = \frac{K+1}{K} \tag{8-4-13}$$

$$a_{21} = -\frac{2}{K-1} \qquad (8\text{-}4\text{-}14)$$

$$a_{22} = \frac{K+1}{K-1} \qquad (8\text{-}4\text{-}15)$$

式中，$\ddot{\theta}$ 是角加速度；K 是行星排特性参数（齿圈与太阳轮齿数之比）；J 是转动惯量；T 是转矩；m 是质量；m_p 是行星轮的总质量；r_c 是行星架的等效半径；下标 i 表示输入轴；o 表示输出轴；br 表示制动器；cl 表示离合器；s 表示太阳轮；p 表示行星轮；r 表示齿圈；c 表示行星架。

8.4.2 PST 的换挡冲击度

对于图 8-4-1 中所示的 PST 构型，其换挡冲击度为[2]为

$$j = \left[\frac{a_{12}(J_{11}+J_{21})\mathrm{d}T_{cl}}{\mathrm{d}t} + \frac{(a_{11}J_{21}-a_{12}J_{11})\mathrm{d}T_{br}}{\mathrm{d}t} - \frac{J_{21}\mathrm{d}T_i}{\mathrm{d}t} \right] \frac{r_w}{i_o(J_{11}J_{22}-J_{21}J_{12})} \qquad (8\text{-}4\text{-}16)$$

式中，r_w 是车轮半径。

对于给定结构参数的情形，换挡冲击度主要受输入转矩以及离合器、制动器转矩的时间变化率的影响。

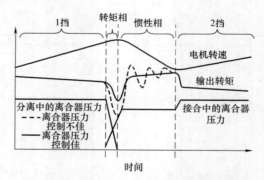

图 8-4-4 动力换挡变速器换挡过程的分析

8.4.3 PST 换挡的类型和过程分析

PST 换挡的类型和过程与上述 DCT 的类似，因此可参考 8.3.3 节的内容，在此从略。

动力换挡变速器（PST）的换挡过程可以分为转矩相和惯性相两个阶段[10]。以 1 挡升 2 挡为例，离合器压力、输出转矩、电机及输入转速的变化曲线如图 8-4-5 所示。

转矩相是换挡过程的第一阶段。此时，分离之中的离合器压力开始下降，但离合器尚处于接合状态，未产生滑摩。而接合中的离合器压力则开始升高，在摩擦转矩的影响下开始打滑。在这个阶段电机转速无突变，而转矩则有显著变化，因此称

为转矩相。

惯性相是换挡过程的第二阶段。此时，分离之中的离合器开始并保持打滑，直至接合中的离合器完全接合。由于两个离合器都出现滑摩，输出转矩与电机转速、传动比一起急剧变化，因此称为惯性相。

在换挡过程中，输出转矩会经历先降后升的变化，首先会降低到原挡位时的转矩以下，然后再升高到原挡位时的转矩以上，即所谓的转矩坑（Torque Hole）和转矩过调（Torque Overshoot），如图8-4-5所示。转矩坑的主要参数是深度和宽度。深度的定义是转矩下降达到的最小值和原挡位时的转矩之差，而宽度的定义是转矩坑最大宽度的一半。转矩过调则是转矩升高时达到的最大值与原挡位时的转矩之差。

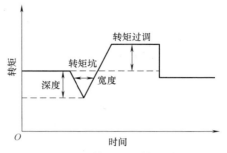

图 8-4-5 转矩坑和转矩过调

转矩坑越大，则在转矩相时转矩的降低越大，导致加速度的下降也就越明显，从而造成驾乘人员的舒适性变差。因此，转矩坑越浅、越窄就越好。转矩过调则表示输出转矩的量级，反映了换挡时的冲击与振动。接合中的离合器上施加的压力和输出转矩是防止换挡冲击与振动的最重要参数。在惯性相，接合中的离合器上施加的压力直接控制输出转矩，较大的压力可以减小转矩坑；而较低的压力则可以将转矩过调保持在可接受的水平，从而获得更好的换挡品质。

在换挡过程中，施加压力的过快变化会引起输出转矩的波动，而施加压力的过慢变化则会造成离合器滑摩时间过长，导致其磨损和温升。为了减缓离合器压力的增加，通常可以采用蓄能器、控制阀以及其他部件进行缓冲，避免摩擦转矩的急剧上升，同时使换挡时间尽可能缩短。

参 考 文 献

[1] ZHU B. Research of two speed DCT electric power-train and control system [D]. Sydney: University of Technology, 2015.

[2] 李军求, 陈建文, 王宜河, 等. 电动车辆组合式离合器换挡过程优化控制 [J]. 湖南大学学报（自然科学版）, 2016, 43 (2).

[3] ZHU C, LIN C, SUN F. Dynamic modeling and analysis of AMT shifting process for EV—bus [C]. IEEE Vehicle Power and Propulsion Conference, Harbin, China, 2008.

[4] 张炳力, 汤波, 周德明, 等. 基于AMT的自动换挡协调控制策略研究 [J]. 合肥工业大学学报（自然科学版）, 2016, 39 (9).

[5] 陈椒江. 纯电动汽车动力传动系统参数匹配与综合控制 [D]. 重庆：重庆大学, 2013.

[6] 赵玉才. 纯电动汽车AMT换挡执行机构设计及控制方法研究 [D]. 合肥：合肥工业大学, 2015.

[7] LOVAS L, PLAY D, MARIALIGETI J, et al. Mechanical behavior simulation for synchromesh mechanism improvements [J]. Proceedings of the Institution of Mechanical Engineers, Part D:

Journal of Automobile Engineering. 2006, 220 (7).

[8] YANG Y, WU S, CAO Z, et al. AMT research based on the electric drive system [C]. International Conference on Electric Information and Control Engineering, 2011.

[9] 顾强, 程秀生. 基于粒子群算法的电动汽车 DCT 升档动力协调控制 [J]. 农业工程学报, 2012, 28 (8).

[10] KUO K L. Simulation and analysis of the shift process for an automatic transmission [J]. International Journal of Mechanical, Aerospace, Industrial, Mechatronic and Manufacturing Engineering, 2011, 5 (4).

第 9 章 电动汽车变速器产品的测试和验证

电动汽车变速器是典型的电控机械系统,其测试和验证离不开系统可靠性、耐久性理论的指导。

9.1 系统可靠性理论简介

9.1.1 可靠度及失效度的定义

可靠性(Reliability)是指汽车产品在规定的使用条件下和规定时间内,完成规定功能的能力。汽车产品是指整车、总成、零部件、软件等,使用条件是指工作、维护、管理的条件,规定时间可以是行驶里程、小时、年限、次数等,而规定功能则包括功能以及处于一定性能参数范围内的工作或运行。

一般以可靠度或平均故障间隔时间对可靠性进行度量。可靠度是指产品在规定的使用条件下和规定时间内,完成规定功能的概率,即

$$R(t) = P(\tau \leq t) \qquad 0 \leq t < \infty \tag{9-1-1}$$

式中,τ 是产品寿命;t 是规定时间;$R(t)$ 是可靠度。

置信度(Confidence)是表明抽样指标和总体指标的误差不超过一定范围的概率保证度。对于 N 件产品,从开始工作到时刻 t 发生故障的件数为 $N_f(t)$,则其置信度为 50% 的平均可靠度估计值为

$$\hat{R}(t) = \frac{N - N_f(t)}{N} \tag{9-1-2}$$

其置信度为 100% 的可靠度理论值为

$$R(t) = \lim_{N \to \infty} \hat{R}(t) \tag{9-1-3}$$

当 N 足够大时,

$$R(t) \approx \frac{N-N_f(t)}{N} \tag{9-1-4}$$

例如，R95C50 是指产品可靠度为 95%（即 95% 的产品在规定的设计寿命期间不失效）且达到此可靠度的保证度为 50%。

失效（Failure）是指丧失了规定功能或性能，也称故障（Fault）。

失效度是指产品在规定的使用条件下和规定时间内，丧失规定功能的概率。

$$F(t) = P(\tau \geq t) = 1 - R(t) \qquad 0 \leq t < \infty \tag{9-1-5}$$

当 N 足够大时，

$$F(t) \approx \frac{N_f(t)}{N} \tag{9-1-6}$$

对于不可维修产品，还可以用失效前平均工作时间（MTTF）这一指标对其可靠性进行评估，它是指不可维修产品从开始工作到发生失效的平均时间。对于可维修产品，则可以用平均故障间隔时间（MTBF）这一指标对其可靠性进行评估，它是指可维修产品从一次故障到下次故障的平均时间。因此，对于 N 件产品，第 i 件产品失效前的工作时间为 t_i，$i=1,2,3,\cdots,N$。

$$\bar{t} = \text{MTTF} \text{ 或 } \text{MTBF} = \frac{1}{N}\sum_{i=1}^{N}t_i \tag{9-1-7}$$

产品寿命的另一种表述方式是 B_x 寿命，是指达到该寿命的这个工作时间点时，$x\%$ 的产品将会失效，汽车产品中常用 B_{10} 寿命来评价其可靠性，即少于 10% 产品发生失效的工作时间点。

9.1.2 失效率函数曲线

产品的失效率函数曲线如图 9-1-1 所示，该曲线又称为浴盆曲线。该曲线分为三个典型时期：①早期故障期：在产品刚开始使用后的一段时期，会有材料缺陷、加工质量、设计不完善造成的失效。尤其是电子产品容易出现早期故障，因此需预烧筛选；②偶然故障期：产品因承载非正常、超设计强度应力，或因使用、维护不当或润滑不良出现故障的时

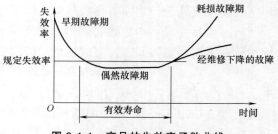

图 9-1-1 产品的失效率函数曲线

期；③耗损失效期：产品因老化、磨损、疲劳，在使用后期出现故障率升高的时期。

9.1.3 串并联系统的可靠性

汽车产品是由许多零部件组成的系统，系统可靠性取决于各零部件的可靠性、它们之间的组合方式和相互匹配，各零部件、子系统与系统可靠性之间的关系以及它们之间的装配关系或物理关系不同，都会对其可靠性产生显著的影响。

在图 9-1-2a 所示的可靠性逻辑图中,可以看出由两个单向阀组成的串联结构所对应的可靠性逻辑图是并联关系,也即两个单向阀都失效则系统才会失效。在图 9-1-2b 所示的可靠性逻辑图中,由电感 L 和电容 C 组成的并联结构所对应的可靠性逻辑图是串联关系,即无论电感 L 或是电容 C 失效则系统都会失效。

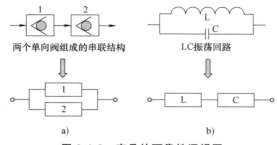

图 9-1-2 产品的可靠性逻辑图

对于一个由 n 个独立单元(零部件)组成的串联系统(见图 9-1-3),假定其各单元失效相互独立,则其可靠度为

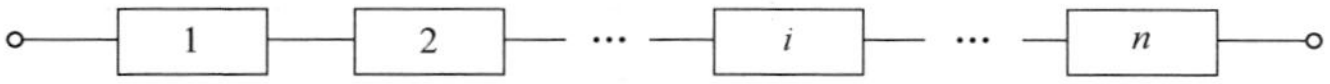

图 9-1-3 串联系统示意图

$$R_s(t) = R_1(t) \cdot R_2(t) \cdot \cdots \cdot R_n(t) = \prod_{i=1}^{n} R_i(t) \tag{9-1-8}$$

其特点是系统中任一单元失效即导致整个系统失效,仅当各个单元都正常工作时系统才正常工作。因此,提高可靠度 R_s 的办法有二:①提高每个单元的可靠度 R_i,尤其是可靠性最低的单元的可靠度;②减少单元数 n。

对于一个由 n 个独立单元(零部件)组成的并联系统(见图 9-1-4),假定其各单元失效相互独立,则其可靠度为

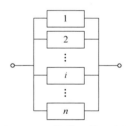

图 9-1-4 并联系统示意图

$$R_s(t) = 1 - \prod_{i=1}^{n} [1 - R_i(t)] \tag{9-1-9}$$

其特点是系统中只要有一个单元不失效,整个系统就能正常工作,仅当全部单元都失效时整个系统才失效。因此,提高可靠度 R_s 的办法是增加单元数 n。

9.1.4 耐久性的定义

耐久性(Durability)是指产品在规定的使用和维护条件下其使用寿命的一种度量。通常用不发生失效的行驶里程或年限来度量,是个随机变量。汽车整车及零部件寿命常常用 B_{10} 寿命进行度量,即产品到达这个寿命时失效的概率为 10%。例如整车的 B_{10} 寿命为 10 年或 15 万 km 即是指运行 10 年或 15 万 km 期间失效概率为 10%。对于不可修复产品,耐久性等于可靠性;对于可修复产品,耐久性等于产品

大修期、退役或报废期。

9.1.5 耐久性和疲劳寿命的关系

机械结构疲劳失效具有广泛性和复杂性。据统计，约 90% 的机械失效归因于疲劳失效。然而，目前尚无适用于所有设计情况的统一的疲劳分析方法。

机械构件的疲劳部件一般是指其受到周期性负载造成失效的过程，其原因是构件的材料在某些条件下在某一点或某几个点造成应力和应变的波动，导致在足够次数的波动后产生裂缝或完全断裂结局的渐进的局部永久性结构变化的过程。其发展过程一般分局部变形、裂纹（损伤）、渐进（累积）变形、不可逆损伤、最终失稳等阶段。

材料疲劳失效的相关理论可参考材料力学有关内容，在此从略。

9.1.6 疲劳寿命计算和试验

关于机械结构的疲劳寿命最简单的计算方法基于线性累积损伤准则（Palmgren-Miner Law），又称为迈纳法则（Miner's Rule）。因计算简单易行，该准则在汽车产品的疲劳寿命试验、评估和耐久性开发中得到了广泛的应用。

迈纳法则指出，当机械构件在等幅交变应力作用下，其循环破坏的寿命为 N，则在经受 n 次循环时的损伤为 n/N，当循环次数为 N 时，损伤为 1，则构件破坏。对于图 9-1-5 所示的多个高低不同的等应力幅值交变应力，假定第 i 个应力幅值的循环为 n_i 次，其相应的循环破坏寿命为 N_i 次，则第 i 个应力幅值的循环累积损伤 D_i 为

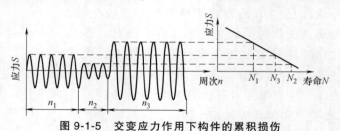

图 9-1-5 交变应力作用下构件的累积损伤

$$D_i = \frac{n_i}{N_i} \quad (9\text{-}1\text{-}10)$$

多个高低不同的等应力幅值交变应力造成的总的累积损伤为

$$\sum D_i = \sum \frac{n_i}{N_i} \quad (9\text{-}1\text{-}11)$$

而失效发生的条件为

$$D = \sum D_i \geqslant 1 \quad (9\text{-}1\text{-}12)$$

线性累积损伤准则的主要缺陷有三：①有时不可靠，即在一些情况下损伤远小于 1 时构件就已失效；②未考虑荷载顺序的影响；③无法反映不同应力或应变量级下物理损伤（裂纹尺寸或裂纹密度）与寿命份额之间关系的变化。

考虑到上述线性累积损伤准则不可靠带来的影响，对普通部件采用安全系数 2，关键部件采用安全系数 10。

为了计算累积损伤，必须统计各个应力幅值下的循环次数。已有的方法包括位阶计数法、峰谷计数法、范围计数法、幅值计数法、马尔可夫计数法以及雨流计数法等多种方法。其中，由于雨流计数法有较严格的力学基础，对迟滞回线逐个计数（见图 9-1-6），结果与实际较符合，因而使用最为广泛。

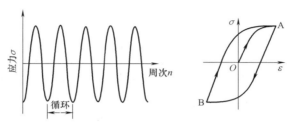

图 9-1-6　交变应力作用下的迟滞回线

有关雨流计数法的细节，在此从略。

在整车运行过程中，传动部件所承受的载荷通常随时都在变化。为了对其疲劳寿命进行评估，一般需要将复杂的载荷史简化成若干与疲劳损伤相关的简单循环，如图 9-1-7 所示。当采用样件进行疲劳寿命试验时，一般采用平均应力为零的交变等幅载荷。以上对部件载荷史的简化必须依据两个原则：①损伤相关度接近；②失效模式相关度接近。

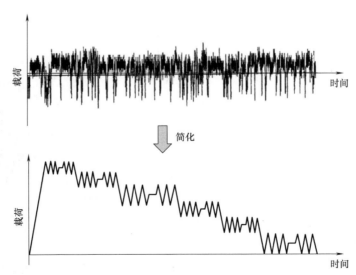

图 9-1-7　复杂载荷史简化为简单循环示意图

采用雨流计数法，可将其中构成迟滞回线的循环进行计数，统计出载荷的范围和平均值，对其中第 i 个循环的载荷平均值 $\overline{F_i}$，我们有

$$\overline{F}_i = \frac{F_{istart} + F_{iend}}{2} \qquad i = 1, 2, 3, \cdots, n \qquad (9\text{-}1\text{-}13)$$

第 i 个循环的范围 R_i 则有

$$R_i = |F_{iend} - F_{istart}| \qquad i = 1, 2, 3, \cdots, n \qquad (9\text{-}1\text{-}14)$$

式中，F_{istart} 是第 i 个载荷循环的起始点载荷；F_{iend} 是第 i 个载荷循环的结束点载荷；n 是构成迟滞回线的循环总个数。

9.1.7 加速疲劳寿命试验

动力总成的耐久性装车试验一般在验证车场进行，试验项目包括环道连续行驶、各挡全加速、多种路面行驶、驻车等，按照一定的规程进行，完成一次试验循环后，再重复多次同样的规程，直至达到特定的限值（Bogey）。该限值与整车的设计疲劳寿命之间有一定的当量关系，它通常是判断部件达到设计寿命与否的耐久性测试循环数，可以根据工程实践经验加以确定。

验证车场耐久性试验中通常采集车速、车轮转矩、挡位等信号，对这些信号时间历程的原始数据进行挡位分解，可以得到不同挡位下关键传动部件的转矩-周次分布图，如图 9-1-8 所示。齿轮轮齿的受载状况类似于悬臂梁，其受到的弯曲力矩与传递的转矩成正比，因此其失效机理主要是由于交变载荷造成的弯曲应力作用，导致轮齿疲劳断裂。据此，根据迈纳法则，通过等效损伤计算，可以制订出测功机耐久性试验的加载计划。等效损伤计算的公式为

$$n_2 = n_1 \left(\frac{T_1}{T_2}\right)^{-\frac{1}{b}} \qquad (9\text{-}1\text{-}15)$$

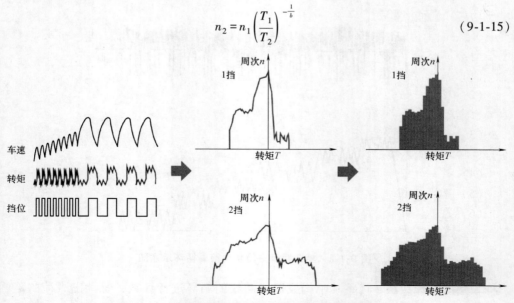

图 9-1-8 信号时间历程原始数据的挡位分解示意图

工作点（T_1，n_1）处的疲劳损伤可以等效于工作点（T_2，n_2）处的疲劳损伤，如图9-1-9所示。因此，已知斜率b时可以用式（9-1-15）将图9-1-8所示中的转矩-周次分布图转化为转矩直方图，用于测功机耐久性试验的加载。

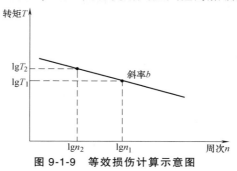

图 9-1-9　等效损伤计算示意图

9.2　设计验证试验的项目

变速器的设计和过程验证主要通过台架和整车试验进行，整车试验又包括验证场试验和道路试验。变速器的设计和过程验证试验的项目多达数十项，可分为功能和性能试验、耐久性试验、标定试验、NVH试验、电气试验、一般性试验等类型，简单介绍如下。

9.2.1　功能和性能试验

功能和性能试验的目的是验证变速器的系统、子系统主要技术指标以及在各种工况、路面、环境条件其驻车、行驶、换挡等满足设计要求。这些试验可分为以下子类型：

（1）系统试验　效率、阻力矩、安全性。

（2）子系统试验　齿轮接触印痕、齿轮侧隙、油泵、通气塞、油位、油流优化、泄漏、离合器特性、阀体系统特性、换挡力。

（3）行驶及换挡功能试验　蠕进、软件验证行驶、坡道加减速转弯、坡道爬坡能力、爬坡性能、换挡功能、拖运车适应性。

（4）驻车功能试验　驻车可靠性。

（5）地域和环境适应性试验　高海拔行驶、高低温环境行驶。

（6）舒适性试验　换挡品质。

主要试验的名称及其简单描述见表9-2-1。

表 9-2-1　主要试验的名称及其简单描述

序号	试验名称	试验简单描述
1	蠕进速度	在正常运行温度、坡度为零路面、前进挡条件下，测试加速踏板开度为零时整车前进速度最大值

(续)

序号	试验名称	试验简单描述
2	爬坡能力	以整车总质量在各种气温、海拔高度、各种坡度路面上以前进挡面向上坡方向和倒挡面向下坡方向时,对整车行驶(包含从静止起步)爬坡能力进行测试
3	受各向力时的功能	在整车强烈制动、高速打圈、环道行驶时测试变速器功能
4	坡道保持能力	在不加速或制动时,不同负载下在 D 挡和 R 挡中,整车在一定坡度以下的坡道上保持静止的能力
5	制动作用	滑行时在各挡下测试电机制动能量回馈作用的制动作用
6	变速器效率	测试各种油温、转矩、转速条件下各挡的机械传动效率
7	侧隙测量	测试变速器的侧隙以及输入、输出端之间的迟滞转矩
8	变速器质量参数	确定变速器的质量、质心、惯量
9	溢油	在最大油面高度和最高油温下,测试整车各向运行时变速器油溢出情况
10	倾覆时溢油	测试静态、动态时变速器各角度下的最大泄漏量
11	加速试验	测试从静止起步全加速到最高安全车速的时间-车速以及时间-距离数据
12	冷态、热态起步试验	测试各种温度下变速器从 P 挡时换到 D 挡或 R 挡后以各种踏板开度加速整车的起步时间
13	中性挡起步试验	测试加速踏板开度为零时变速器在 N 挡时有无蠕进
14	驻车功能—最大车辆移动量	测试在坡道驻车时整车前向方向最大移动量
15	变速器驻车棘爪冲击试验	测试变速器驻车机构受冲击时的可靠性
16	驻车达成试验	测试换挡手柄换入 P 挡后驻车机构达成的可靠性
17	极限扭矩试验	测定驻车系统的极限静态断裂负荷
18	误挂驻车挡试验	测试误挂驻车挡加速以及在行驶过程中挂驻车挡对其可靠性的影响

9.2.2 耐久性试验

耐久性试验的目的是验证变速器的系统、子系统的耐久性满足设计要求。耐久性试验可分为以下子类型:

(1) 系统试验　一般性换挡循环、高速、传动系统冲击、道路载荷数据。

(2) 子系统试验　齿轮、轴、轴承、差速齿轮、差速器、同步器、驻车机构、离合器、花键。

主要试验的名称及其简单描述见表 9-2-2。

表 9-2-2　主要试验的名称及其简单描述

序号	试验名称	试验简单描述
1	乘用车耐久性道路测试	包括在不平路面上进行的结构耐久性测试以及在平整路面上进行的一般性耐久测试
2	拖车牵引试验	测试变速器在拖车牵引条件下的耐久性
3	起动/停止试验	测试变速器在中等油门开度下起步条件下的耐久性和耐磨损性,覆盖城市驾驶条件,在整个使用寿命期间的可靠性
4	最高车速试验	测试变速器的高速耐久性,验证变速器最弱部件的耐久性
5	牵引车辆试验	测试被拖车后对变速器的影响
6	系统关键寿命试验	测试变速器总成及其部件的耐久性
7	差速器试验	测试各转速、转矩组合下差速器左、右侧之间有转速差的工况下运行的耐久性
8	驻车系统耐久性	测试驻车系统接合和脱开的耐久性
9	驻车系统总成疲劳循环试验	测试变速器换挡杆和驻车系统从 P 挡至另一端位置换挡循环的疲劳寿命

9.2.3　标定试验

标定试验的目的是确定变速器控制软件中的控制参数并验证整车的各项性能满足设计要求,一般包括电机特性图、基本标定验证、标定评估等试验项目。主要试验的名称及其简单描述见表 9-2-3。

表 9-2-3　标定试验及其描述

试验名称	试验简单描述
换挡、加速踏板感觉、高海拔、冷热态等标定	对变速器各项性能进行主观评价,评价结果与目标值对比

9.2.4　NVH 试验

NVH 试验的目的是验证变速器的 NVH 性能满足设计要求,一般包括齿轮噪声、NVH 评估等试验项目。主要试验的名称及其简单描述见表 9-2-4。

表 9-2-4　NVH 试验及其描述

序号	试验名称	试验简单描述
1	主观 NVH 评价	对变速器的 NVH 性能进行主观评价
2	车内噪声测量	测试变速器噪声对驾乘人员的影响
3	声学试验台噪声声级试验	在声学试验台上对辐射和沿结构传播的噪声进行测量,通过频谱分析检测噪声源(泵、齿轮等),建立与车辆噪声测量的相关性

9.2.5 电气试验

电气试验的目的是验证变速器电气系统的性能及鲁棒性满足设计要求。一般包括电气电子部件环境、电气电子部件选择过程、电气系统对电气电子部件性能要求、电磁兼容性能、线束保护、总线通信系统以及电路电压下跌、电气设备滥用、经受长期振动的可靠性等试验项目。主要试验的名称及其简单描述见表 9-2-5。

表 9-2-5　主要电气试验及其描述

序号	试验名称	试验简单描述
1	电磁兼容性试验	测试变速器电气系统在复杂电磁环境下工作的可靠性
2	振动可靠性试验	测试在长期振动条件下变速器电气系统的可靠性
3	环境适应性及鲁棒性试验	测试变速器电气系统在各种温度、溅水、盐雾、浸泡、机械冲击、跌落等情况下的适应性及鲁棒性
4	控制器软硬件试验	测试控制器软硬件的功能以及在极限和故障情况下的工作可靠性

9.2.6 一般性试验

一般性试验的目的是验证变速器对气候与温度、腐蚀的耐受性及安全性满足设计要求，一般包括抗腐蚀能力、盐雾、高低温、喷淋、浸泡等试验项目。主要试验的名称及其简单描述见表 9-2-6。

表 9-2-6　一般性试验及其描述

序号	试验名称	试验简单描述
1	"8"字试验	测试变速器油封在极端试验条件下的密封效果
2	路面和飞溅保护	测试水洗、浸泡、泥浴和盐浴环境下的变速器可靠性
3	洗车试验	测试洗车时溅入前舱盖下的水对变速器的影响
4	加速腐蚀试验	测试在盐、灰尘和沙砾以及各种环境温度和湿度下变速器的抗腐蚀能力
5	故障安全性的耐久性及功能测试	验证出现故障后跛行回家模式的可靠性

9.3 主要验证试验的原理及方法

9.3.1 传动效率试验

变速器效率试验台架的典型设置如图 9-3-1 所示。通常采用交流电力测功机台架，驱动端采用交流电机驱动，通过转速/转矩传感器连接到变速器输入端。差速器的两个输出端分别通过转速/转矩传感器连接到两台交流电力测功机提供负载。变速器挡位由挡位控制系统进行控制，而油温则由变速器油恒温控制系统保证，变速器挡位和油温由测控计算机实时采集、记录。测控计算机通过驱动电机、电机控制器对变速器的输入、输出参数进行控制，一般驱动电机采用转矩闭环控制，而两台测功电机则采用转速闭环控制。同时，测控计算机通过转速/转矩传感器对输入输出转速和转矩进行实时采集、记录。

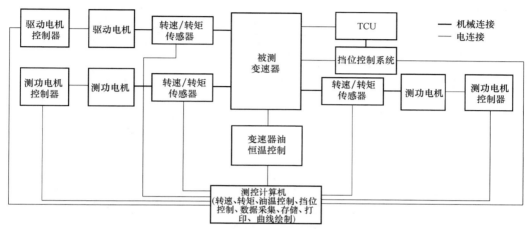

图 9-3-1　变速器效率试验台架的典型设置示意图

挡位控制系统由脉冲信号采集器和脉冲信号发生器组成，如图 9-3-2 所示。将原先连接 TCU 的输入、输出转速传感器引线从 TCU 断开后，与脉冲信号采集器相连，再将挡位控制系统的脉冲信号发生器两根引线与 TCU 的输入、输出转速传感器接口相连。由脉冲信号发生器模仿输入、输出转速传感器的脉冲信号，发出适当频率的脉冲信号组合，通过 TCU 将挡位控制在某一挡位。

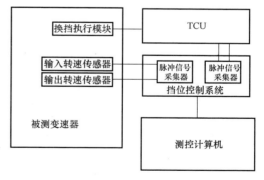

图 9-3-2　换挡控制系统简图

当需要换到另一挡位时，仅需要发出另一种频率的脉冲信号组合即可实现。脉冲信号的采集和发生均由测控计算机进行控制。

变速器油恒温控制系统如图 9-3-3 所示。循环泵将变速器油从油底壳抽出，若油温高于要求值，则进入水油换热器，通过冷却液对变速器油进行冷却，将其冷却到要求的温度，再进入蓄油筒。若油温低于要求值，则通过控制阀的切换使变速器油直接进入蓄油筒，在蓄油筒中由加热控制器对油进行加热，再由回流管返回变速器。

变速器的传动效率 η 采用输出功率与输入功率直接比较法得到，即

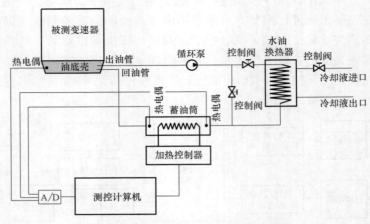

图 9-3-3　变速器油恒温控制系统简图

$$\eta = \frac{T_{o1}\omega_{o1} + T_{o2}\omega_{o2}}{T_i\omega_i} \tag{9-3-1}$$

式中，T_{o1} 是输出第一轴转矩（N·m），由输出转矩传感器测得；ω_{o1} 是输出第一轴角速度（rad/s），由转速传感器测得的转速 N_{o1}（单位为 r/s）由下式算出

$$\omega_{o1} = 2\pi N_{o1} \tag{9-3-2}$$

T_{o2} 是输出第二轴转矩（N·m），由输出转矩传感器测得；ω_{o2} 是输出第二轴角速度（rad/s），由转速传感器测得的转速 N_{o2}（单位为 r/s）由下式算出

$$\omega_{o2} = 2\pi N_{o2} \tag{9-3-3}$$

T_i 是输入轴转矩（N·m），由输入转矩传感器测得；ω_i 是输入轴角速度（rad/s），由输入转速传感器测得的转速 N_i（单位为 r/s）由下式算出

$$\omega_i = 2\pi N_i \tag{9-3-4}$$

对于纵置变速器，可以采用双变速器对拖方式测量效率，仅需一台驱动电机和一台测功机配合。这种测试方法可以避免转速测量误差对结果的影响，精度较高。

变速器的效率测定一般按照油温、挡位、输入转矩、输入转速以及这些参数的极限值编出矩阵进行测试。

9.3.2　换挡品质评估试验

换挡品质评估主要采用两种体系：一种是主观评估体系，另一种是客观评估体系。为了对换挡过程给出全面的评估，通常这两种体系应该共同采用。

1. 主观评价体系

主观评价体系基于评估者对整车换挡品质的感受给出一项数值化的评分，它可以对顾客感受的换挡事件提供重要的反馈。具体的评分标准见表 9-3-1，评分应该以 0.5 分为增量进行记录。

表 9-3-1　换挡品质的主观评价评分标准

工程评分指数	1	2	3	4	5	6	7	8	9	10
换挡性能评估	不可接受		低劣		勉强	可接受	一般	良好	非常好	优秀
顾客满意度	非常不满意				有点不满意	尚且满意		非常满意		完全满意
希望改进的人群	全部顾客				普通顾客		关键顾客	受过培训的试驾人		无法感知

2. 客观评估体系

变速器的换挡品质评估的客观方法实际上仅有两种：一种称为转矩剂量值描述法（TDV），另一种称为振动剂量值描述法（VDV）。

转矩剂量值描述法（TDV）主要用于变速器的评估。转矩剂量值可用作换挡过程中产生转矩扰动的度量。变速器输出的转矩可以用安装在半轴上的传感器测得，经滤波后，再由下式计算得到转矩剂量值 T_{DV}

$$T_{DV} = \sqrt[4]{\int_{t_{start}}^{t_{end}} [T(t)]^4 dt} \tag{9-3-5}$$

式中，t_{start} 是开始时间；t_{end} 是结束时间；$T(t)$ 是半轴上转矩的时间序列。

振动剂量值描述法（VDV）主要用于整车的评估。振动剂量值可用作换挡过程中产生加速度扰动的无偏度量，它是评估变速器换挡感受以及在各车辆之间比较换挡感受的一种工程工具。车辆纵向加速度可以由安装在驾驶人座位轨道上加速度传感器测得，经滤波后，再由下式计算得到振动剂量值 V_{DV}

$$V_{DV} = \sqrt[4]{\int_{t_{start}}^{t_{end}} [a(t)]^4 dt} \tag{9-3-6}$$

式中，t_{start} 是开始时间；t_{end} 是结束时间；$a(t)$ 是驾驶座轨道上纵向加速度的时间序列。振动剂量值的物理意义就是换挡不平顺性，它是作为时间的一阶效果以及加速度扰动的四阶效果被感受到的。

9.3.3　威布尔分布

汽车零部件寿命的统计分布通常符合威布尔（Weibull）分布。

符合三参数威布尔分布的 t 时刻的可靠度 $R(t)$ 可表示为[2]

$$R(t) = \begin{cases} \exp\left[-\left(\dfrac{t-t_0}{\tau}\right)^m\right] & t \geq t_0 \\ 0 & t < t_0 \end{cases} \tag{9-3-7}$$

式中，t_0 是位置参数，反映寿命的极限值或最小值的位置；τ 是尺度参数，反映故障平均间隔时间；m 是形状参数，反映不同时期故障率曲线的形状。由于 $t < t_0$ 时无失效，因此三参数威布尔分布经常应用于开始使用后有一时间段内不发生失效的情况。三参数威布尔分布的参数估计较复杂，可以采用极大似然估计（MLE）法、相关系

数优化法、灰色模型法、遗传算法等进行参数估计,其中以 MLE 法最为常用。由于计算较为复杂,三参数威布尔分布在工程实践中应用得较少。

当 $t_0 = 0$ 时,上述三参数威布尔分布简化为二参数威布尔分布,意味着开始使用后即有发生失效的情况。符合二参数威布尔分布的 t 时刻的可靠度 $R(t)$ 可表示为

$$R(t) = \begin{cases} \exp\left[-\left(\dfrac{t}{\tau}\right)^m\right] & t \geqslant 0 \\ 0 & t < 0 \end{cases} \quad (9\text{-}3\text{-}8)$$

相应的失效概率密度函数为

$$f(t) = \dfrac{m}{\tau}\left(\dfrac{t}{\tau}\right)^{m-1} \exp\left[-\left(\dfrac{t}{\tau}\right)^m\right] \quad t \geqslant 0 \quad (9\text{-}3\text{-}9)$$

几种不同形状参数 m 对应的失效概率密度函数如图 9-3-4 所示。机械零部件的威布尔斜率 m 一般在 1.7~3.2 之间,电气、电子部件的威布尔斜率 m 一般为 1.0,而系统的威布尔斜率 m 一般也为 1.0。

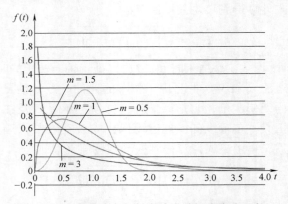

图 9-3-4　不同威布尔斜率的失效概率密度函数

9.3.4　部件级可靠性、耐久性试验

汽车传动系统的部件级可靠性、耐久性试验通常有四种:①属性试验;②延长试验;③失效性试验;④步进应力加速试验。

1. 属性(Attribute)试验

部件级属性试验是指对部件进行耐久性测试,直至限值时停止。根据出现失效与否,对部件的耐久性作出通过还是不通过的判断。这种试验一般用于量产发布前验证新产品的最低可靠度。

抽样中观察到的失效不大于样本中的失效数目的概率为

$$P(x \leqslant n_f) = \sum_{x=0}^{n_f} C_n^x R^{n-x} (1-R)^x = 1 - C \quad (9\text{-}3\text{-}10)$$

$$C_n^x = \dfrac{n!}{x!(n-x)!} \quad (9\text{-}3\text{-}11)$$

式中，x 是抽样中观察到的失效；n_f 是样本中的失效数目；C 是置信度；R 是可靠度；n 是样本的大小。

对于抽样中没有观察失效的情形，即 $x=0$，式（9-3-10）简化为

$$n = \frac{\ln(1-C)}{\ln R} \tag{9-3-12}$$

式（9-3-12）可用于计算满足给定可靠度和置信度下通过属性试验所需连续抽样不失效的抽样数。由式（9-3-12）可知，连续抽样 22 件不失效才能满足 R90C90 要求，而连续抽样 59 件不失效才能满足 R95C95 要求。

2. 延长（Extended）试验

延长试验是指对部件进行超出测试限值的耐久性测试，即将测试时间延长，其优点是可以减小样本数量。延长试验需要满足两个条件：①被测部件的故障率符合威布尔分布且威布尔斜率已知；②样本集的抽样在测试结束时无失效。

延长时间超出限制的倍数可以下式求得

$$\frac{t_{test}}{t_{bogey}} = \left[\frac{\ln(1-C)}{n\ln R}\right]^{\frac{1}{m}} \tag{9-3-13}$$

式中，t_{test} 是延长测试的时间；t_{bogey} 是测试限值时间；C 是置信度；n 是测试至 t_{test} 无失效的抽样数；R 是可靠度；m 是威布尔斜率。

3. 失效性（Test-to-Failure）试验

失效性试验是指对被测零部件或系统进行测试，直至其失效为止的测试方法。

由于汽车零部件通常有明确的失效模式，并且可以通过试验得知，因此失效性试验非常适合于汽车零部件的寿命验证。其优点是用较少的样件即可对其可靠性进行估计，在一定情况下能降低样件试制成本，有助于确定其潜在失效模式。

对于符合位置参数 $t_0=0$ 条件的二参数威布尔分布的零部件，其平均寿命 $\bar{\tau}$ 为

$$\bar{\tau} = \tau\Gamma\left(1+\frac{1}{m}\right) \tag{9-3-14}$$

式中，τ 是特征寿命（指到达该寿命时发生失效的概率为 63.2%）；Γ 是伽马函数。其 B_x 寿命为

$$B_x = \tau\left(\ln\frac{100}{100-x}\right)^{\frac{1}{m}} \tag{9-3-15}$$

式中，x 是达到 B_x 寿命时的失效百分数。因此，10%失效零部件所对应的寿命为

$$B_{10} = \tau\left(\ln\frac{10}{9}\right)^{\frac{1}{m}} \tag{9-3-16}$$

使用失效性试验的正确方法是对被评估的若干样件进行随机抽样，然后对抽样样件要求最少三次测试至失效。对于一些电动汽车零部件有国家或行业标准规定的抽样样件数量的情形，则应满足这些标准的要求。根据对抽样样件进行失效性试验得到其已知失效寿命数据，再利用商业软件的 MLE 函数即可较为方便地估计出其特

征寿命 τ 和威布尔斜率 m，然后根据式（9-3-16）估算其 B_{10} 寿命。

4. 步进应力加速（Step-stress Accelerated）**试验**

步进应力加速试验是指用一组高于正常应力水平的应力 S_1，S_2，$\cdots$，S_k 对被测零部件或系统进行试验，$S_1 < S_2 < \cdots < S_k$。试验开始时，先以一定数量的样件置于 S_1 应力下试验至时间 t_1，再将未失效的样件置于 S_2 应力下试验至时间 t_2，如此重复，直至 S_k 应力下一定数量的样件发生失效为止，如图 9-3-5 所示。

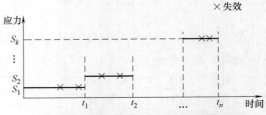

图 9-3-5 步进应力加速试验示意图

由于汽车零部件和系统的设计寿命通常都很长，以正常应力水平进行试验很难满足整车的开发周期要求。因此，步进应力加速寿命试验得到广泛使用，以便对被测零部件或系统的可靠性和寿命进行快速评估。

加速寿命试验方法的正确应用必须满足三个基本条件：①失效机理的一致性，即不同应力水平下样件的失效机理保持不变。通常这项条件由试验设计保证，试验中采用的应力水平不应超过样件材料的破坏极限；②失效分布的同一性，即在不同应力水平下样件寿命服从同一分布；③失效过程的规律性，即样件寿命与所受应力之间存在确切的函数关系式，符合加速模型。

对于在恒定应力下寿命符合二参数威布尔分布且形状参数 m 不变的被测零部件，假定其尺度参数 τ 为

$$\tau = \left(\frac{C}{S_i}\right)^B \tag{9-3-17}$$

式中，S_i 是应力水平；B、C 均是正数且是与材料有关的常数。假设步进应力加速试验的应力加载历程为

$$S = \begin{cases} S_1 & 0 \leq t < t_1 \\ S_2 & t_1 \leq t < t_2 \\ \vdots \\ S_k & t_{k-1} \leq t < t_k \end{cases} \tag{9-3-18}$$

式中，S_1 是正常应力水平，且 $S_1 < S_2 < \cdots < S_k$。则根据式（9-3-18），在应力水平 S_i 上失效概率的累积分布为

$$F_i(t) = 1 - \exp\left[-\left(\frac{t}{\tau_i}\right)^{-m}\right] \tag{9-3-19}$$

式中，特征寿命 τ_i 为

$$\tau_i = \left(\frac{C}{S_i}\right)^B \tag{9-3-20}$$

因 $t_0 = 0$，该步进应力加速试验的累积失效概率为[1]

$$F_{1\to k}(t)=1-\exp\left(-\Theta^{-m}\right) \qquad (9\text{-}3\text{-}21)$$

式中，

$$\Theta=\frac{\Delta t_1}{\tau_1}+\frac{\Delta t_2}{\tau_2}+\cdots+\frac{\Delta t_{i-1}}{\tau_{i-1}}+\frac{t-t_{i-1}}{\tau_i} \qquad i=1,2,\cdots,k \qquad (9\text{-}3\text{-}22)$$

$$\Delta t_i=t_i-t_{i-1} \qquad (9\text{-}3\text{-}23)$$

借助最小二乘法对下式进行参数拟合，使 Ψ 最小化，可求得威布尔分布参数的估计值（B_e，C_e，m_e）。

$$\Psi=\sum_{i=1}^m\left(F_{1\to k}(t)-F_{r,i}\right)^2 \qquad (9\text{-}3\text{-}24)$$

式中，$F_{r,i}$ 是 n_f 次失效对应的中位秩、90%位秩或95%位秩，取决于所要求的置信度，$i=1,2,\cdots,n_f$。基于求得的估计值（B_e，C_e，m_e），则可认为被测零部件的威布尔分布斜率 $m=m_e$，且在正常应力水平 S_1 上的寿命为

$$\tau=\left(\frac{B_e}{S_1}\right)^{C_e} \qquad (9\text{-}3\text{-}25)$$

然后，根据式（9-3-15）可计算其 B_x 寿命。

9.3.5 系统级可靠性、耐久性试验

系统级可靠性、耐久性试验通常包括三组：①整车耐久性道路试验；②动力总成耐久性试验；③高速耐久性试验。

1. 整车耐久性道路试验

这项试验通常分为下述两个阶段。

第一阶段为结构耐久性试验，即在不平路面上以耐久性测试载荷行驶 D_1 里程（例如10%），再以最大耐久性测试载荷行驶 D_2 里程（例如3%）。最大耐久性测试载荷比例的例子为，最大载荷占里程 D_2 的50%，中等载荷占里程 D_2 的40%，空载占里程 D_2 的10%。

第二阶段为一般耐久性试验，即在平整路面上以耐久性测试载荷行驶 D_3 里程（例如87%），耐久性测试载荷的例子为，基本循环占里程 D_3 的75%，高速循环占里程 D_3 的25%。

2. 动力总成耐久性试验

这项试验的目的主要是验证变速器在拖车牵引条件下的耐久性。道路试验与一般耐久性第二阶段试验相同，即以最大耐久性试验载荷行驶运行 D 里程，由 n_1 个基本循环和 n_2 个高速循环试验距离组成。

3. 最高车速试验

这项试验的目的是验证变速器的高速耐久性。一般以最高车速连续运行 t_1 小时，接着是 t_2 小时的冷却阶段，如此循环进行，达到 t_3 总小时数后结束。在一定条件下，通过该试验可以识别变速器的最弱部件。

上述试验的通过标准有二：①试验中不允许任何失效，即整车或变速器性能的

客观数据或主观感觉没有任何可识别的恶化；②试验后拆解变速器进行检查，不能有任何可见磨损或趋于失效的损坏迹象。

参 考 文 献

[1] LEE Y L, PAN J, HATHAWAY R, et al. Fatigue Testing and Analysis（Theory and Practice）[M]. Amsterdam: Elsevier, 2005.

[2] KAPUR K C, LAMBERSON L R. Reliability in Engineering Design [M]. New York: Wiley, 1977.